상상공작 3D 프린팅

WellBook

Well Life, Well Book

팅커캐드로 만드는 상상공작 3D프린팅

초판 4쇄 발행_ 2024년 1월 15일

지은이 웰북교재연구회
발행인 임종훈
표지·편집디자인 인투
출력/인쇄 정우 P&P
주소 서울시 마포구 방울내로 11길 37 프리마빌딩 3층
주문/문의전화 02-6378-0010 **팩스** 02-6378-0011
홈페이지 http://www.wellbook.net

발행처 도서출판 웰북

© **도서출판 웰북 2023**
ISBN 979-11-86296-51-6 13000

창의적인 발상의 첫 걸음, 팅커캐드를 만나봅시다!

3D 프린터는 여러분의 생각을 현실로 만들어 주는 여러 도구 중 중요한 하나가 될 것입니다. 3D 프린터를 통해 결과물을 만들어내기 위해서는 3D 모델링 프로그램을 이용하여 만들어야 합니다. 다양한 3D 모델링 프로그램 중에서 처음 배우는 초보자들에게 가장 편리하고 쉽게 접근할 수 있는 프로그램 중 하나가 바로 팅커캐드(Tinkercad)입니다. 팅커캐드는 설계용 프로그램인 오토캐드로 유명한 오토데스크(Autodesk)사에서 제공하는 프로그럼으로 웹브라우저에서 직접 3D 모델링을 할 수 있다는 장점이 있습니다. 팅커캐드는 다양한 도형 블록을 연결하고 변형시켜 여러분이 생각하는 것들을 형상화 할 수 있으며, 이렇게 만들어진 결과물들을 대부분의 3D 프린터에서 출력할 수 있게 됩니다. 블록 장난감을 가지고 노는 것과 같이 쉽게 만들어진 팅커캐드를 통해 얻을 수 있는 효과는 아래와 같이 정리할 수 있습니다.

1. 3D 모델링을 통해 공간지각능력을 기를 수 있습니다.

공간지각능력은 사람의 오감 중 특히 시각을 통해 2차원 상을 3차원으로 지각하는 능력입니다. 이런 공간지각능력은 다양한 훈련을 통해 더욱 발달시킬 수 있으며 교육에 있어 읽기, 쓰기, 산수 등에 큰 연관성을 가지게 됩니다. 3D 모델링을 통해 입체적인 사고방식을 배울 수 있습니다.

2. 팅커캐드를 통해 생각의 폭을 넓힐 수 있습니다.

단순한 작업으로 해결하던 기존의 컴퓨터 교육에서 벗어나 다양하고 창의적인 상상을 통해 아이디어를 발견하고 결과물을 만들어내는 과정으로 누구도 생각하지 못했던 나만의 독창적인 작품을 만들어 낼 수 있습니다. 팅커캐드의 사용법은 간단하지만 다양한 사고방식의 전개로 여러분의 생각을 더욱 다양하게 만들 수 있도록 도와줍니다.

3. 누구나 쉽고 빠르게 3D 프린팅을 배울 수 있습니다.

팅커캐드는 인터넷이 연결되는 컴퓨터라면 언제 어디에서나 사용할 수 있습니다. 웹브라우저로 사용하는 방식인 팅커캐드는 작업한 결과물이 클라우드 방식으로 서버에 자동 저장되며, 완성된 결과물을 모든 3D 프린터에서 사용할 수 있는 STL형식의 파일로 저장할 수 있습니다. 고급 기능을 제공하는 전문 프로그램을 배우기 전에 3D 프린팅에 대한 이해를 높이는데 큰 도움이 될 것입니다. 팅커캐드는 3D 프린팅을 입문하는데 있어 쉽고 편리한 기능을 제공합니다. 창의적인 사고방식을 개발하려는 학생들에게, 3D 모델러를 꿈꾸는 학생들에게 팅커캐드는 생각을 더 키워주는 좋은 도구가 될 것입니다. 팅커캐드를 이용하여 나만의 재미있는 3D 작품을 만들며 컴퓨터 실력이 업그레이드되기 바랍니다!

꼭 기억하세요!

상담을 원하시거나 아이가 컴퓨터 수업에 출석할 수 없는 경우 아래 연락처로
미리 연락 주시기 바랍니다.

타수체크

초급단계

월 일	월 일	월 일	월 일	월 일	월 일
월 일	월 일	월 일	월 일	월 일	월 일
월 일	월 일	월 일	월 일	월 일	월 일
월 일	월 일	월 일	월 일	월 일	월 일
월 일	월 일	월 일	월 일	월 일	월 일

월 일	월 일	월 일	월 일	월 일	월 일
월 일	월 일	월 일	월 일	월 일	월 일
월 일	월 일	월 일	월 일	월 일	월 일
월 일	월 일	월 일	월 일	월 일	월 일
월 일	월 일	월 일	월 일	월 일	월 일

월 일	월 일	월 일	월 일	월 일	월 일
월 일	월 일	월 일	월 일	월 일	월 일
월 일	월 일	월 일	월 일	월 일	월 일
월 일	월 일	월 일	월 일	월 일	월 일
월 일	월 일	월 일	월 일	월 일	월 일

이 책의 차례

Contents

Chapter 01

팅커캐드 살펴보기

3D 프린팅을 위한 프로그램 중 누구나 쉽게 배울 수 있는 팅커캐드를 소개합니다.
팅커캐드의 실행 방법과 작업 화면을 살펴보겠습니다.

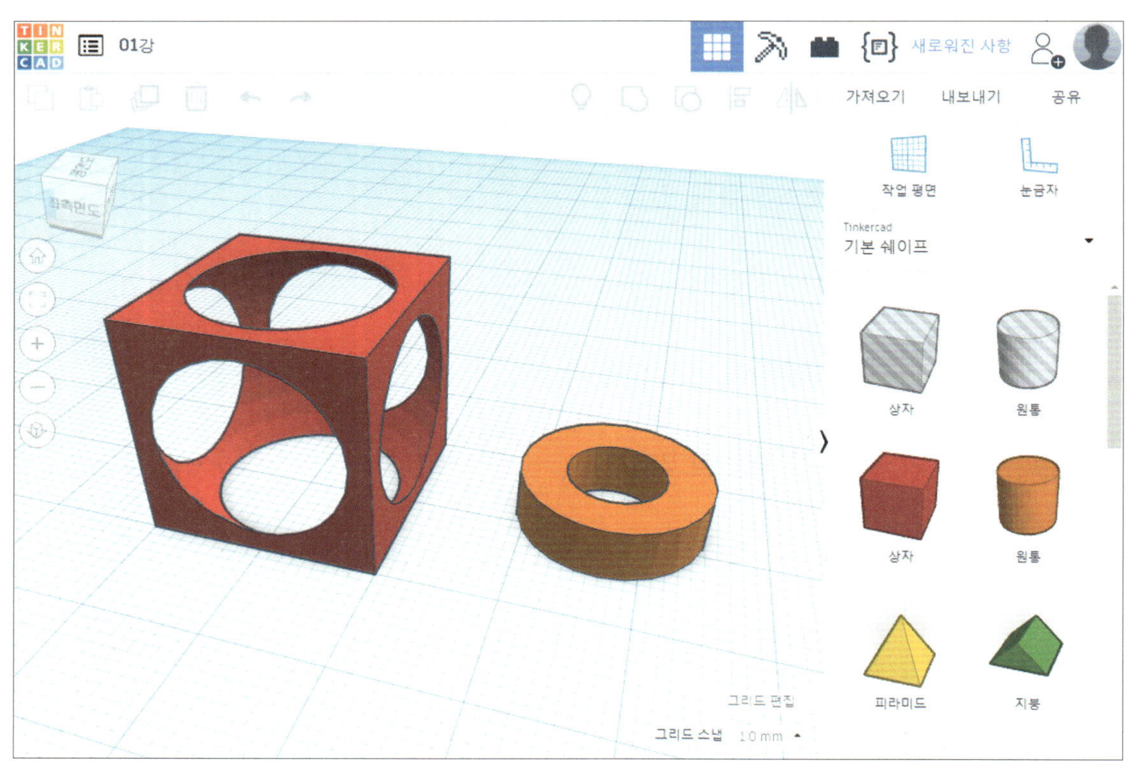

▲ 팅커캐드 실행화면

생각해보아요

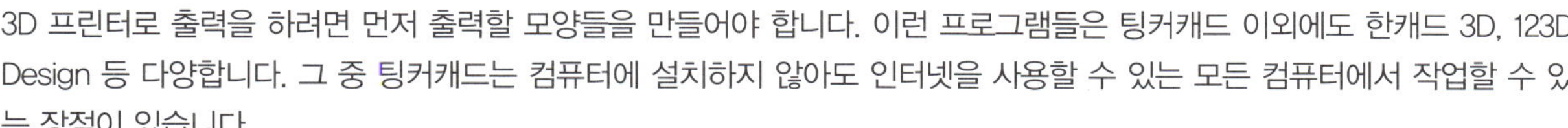

3D 프린터로 출력을 하려면 먼저 출력할 모양들을 만들어야 합니다. 이런 프로그램들은 팅커캐드 이외에도 한캐드 3D, 123D Design 등 다양합니다. 그 중 팅커캐드는 컴퓨터에 설치하지 않아도 인터넷을 사용할 수 있는 모든 컴퓨터에서 작업할 수 있는 장점이 있습니다.

팅커캐드는 인터넷 웹브라우저에서 직접 실행하여 사용하게 됩니다. 팅커캐드를 실행하는 방법을 알아보겠습니다.

01 팅커캐드를 실행하기 위해 웹브라우저를 실행한 후 'www.tinkercad.com' 웹사이트를 방문합니다. 웹사이트 화면이 표시되면 [지금 팅커링 시작]을 클릭합니다.

02 그림과 같은 계정 작성 창이 표시되면 회원가입을 하기 위해 [국가]와 [생일]란에 정보를 입력한 후 [다음] 단추를 클릭합니다.

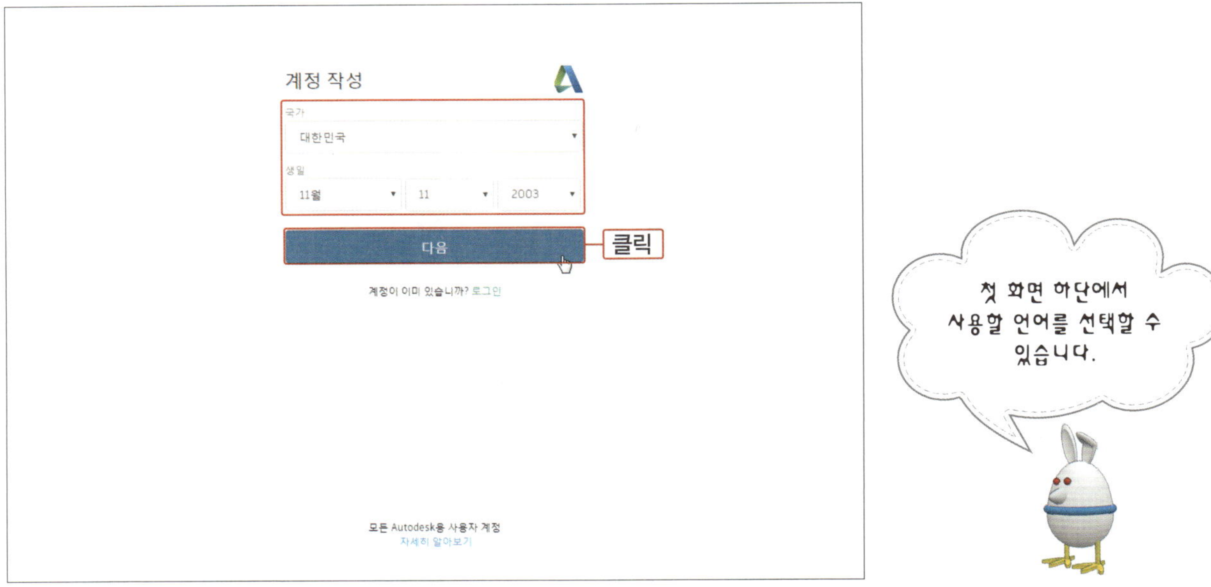

03 [전자 메일]에 이메일 주소를 입력하고 암호를 설정한 후 약관에 동의하고 [계정 작성] 단추를 클릭합니다.

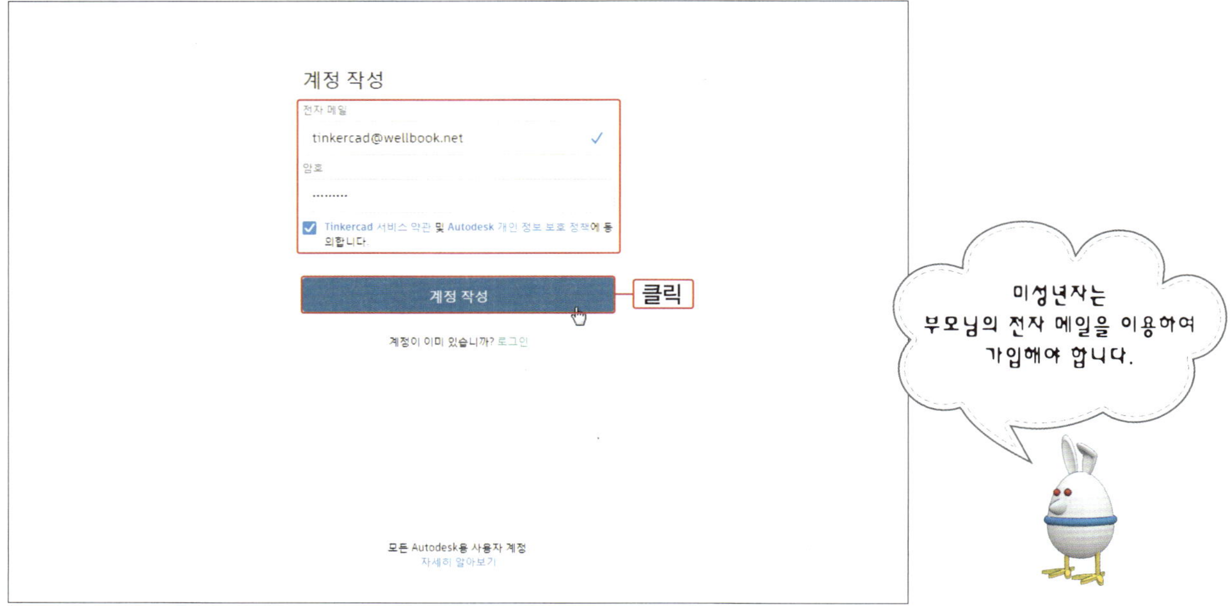

04 가입이 완료되면 자동으로 로그인되고 그림과 같이 예제 파일이 실행된 화면이 표시됩니다.

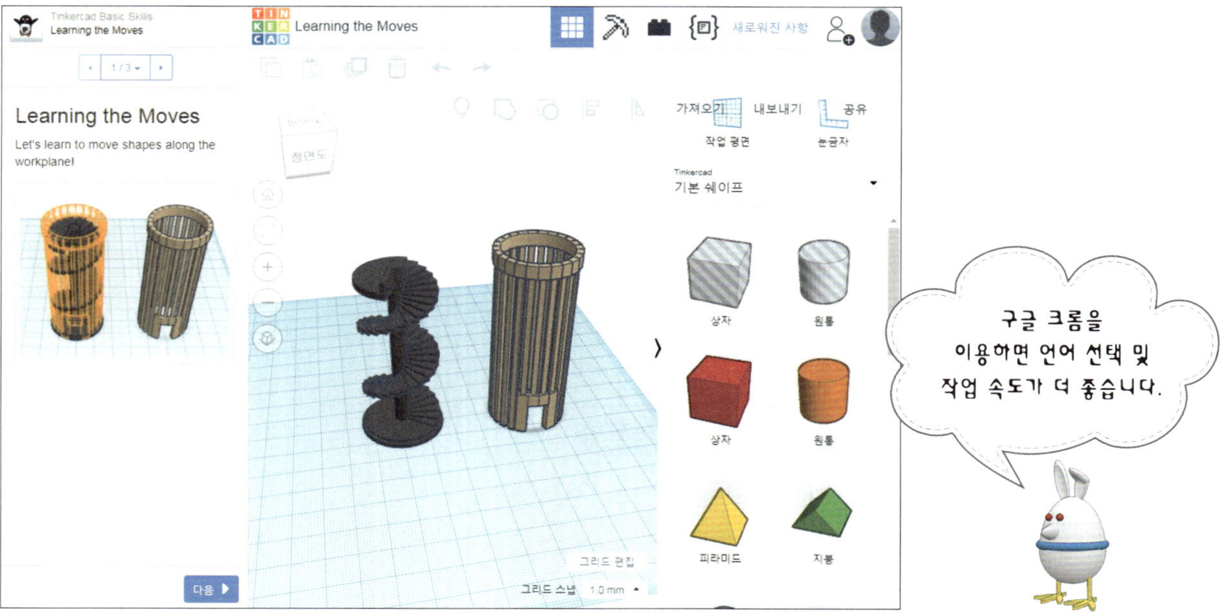

팅커캐드를 구성하는 화면과 메뉴들을 살펴보고 각 기능에 대해 알아보겠습니다.

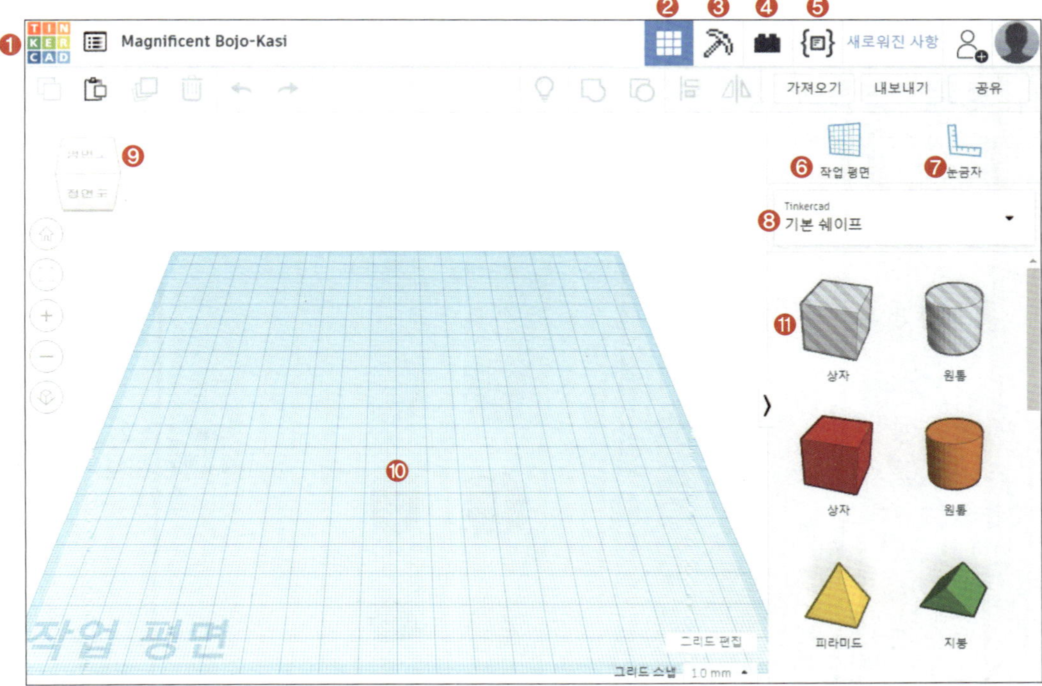

▲ 팅커캐드(Tinkercad) 화면 구성

❶ **[Tinkercad] 로고** : 클릭하면 팅커캐드 홈 화면으로 이동합니다.

❷ **[Design] 탭** : 개체를 복사/복제, 삭제하거나 회전/대칭 등의 설정을 할 수 있습니다.

❸ **[Blocks] 탭** : 개체를 마인크래프트에서 사용할 수 있는 모양으로 만들 수 있습니다.

❹ **[Bricks] 탭** : 개체를 레고 블록과 같은 모양으로 만들 수 있습니다.

❺ **[Shape Generators] 탭** : 새로운 모양의 개체를 만들 수 있습니다.

❻ **[작업 평면] 메뉴** : 작업의 기준이 되는 작업 평면의 위치를 바꿀 수 있습니다.

❼ **[눈금자] 메뉴** : 화면의 개체의 크기와 위치를 알려주는 눈금자를 표시합니다.

❽ **[쉐이프] 메뉴** : 선택한 분류에 해당하는 모양들을 목록으로 표시합니다.

❾ **이동 도구** : 작업 화면을 이동하거나 확대/축소할 수 있습니다.

❿ **작업 평면** : 모양들을 삽입하여 작업하는 공간입니다.

⓫ **모양 모음** : 각 분류에 해당하는 모양들을 표시합니다. 화면 중앙의 화살표를 누르면 감춰집니다.

작업 화면을 이동하고 확대/축소하는 방법에 대해 알아보겠습니다.

01 화면을 이동시키기 위해 작업화면 위에 마우스를 가져간 후 마우스 오른쪽 버튼을 누른 상태에서 드래그합니다. 원하는 방향으로 회전하는 것을 확인할 수 있습니다.

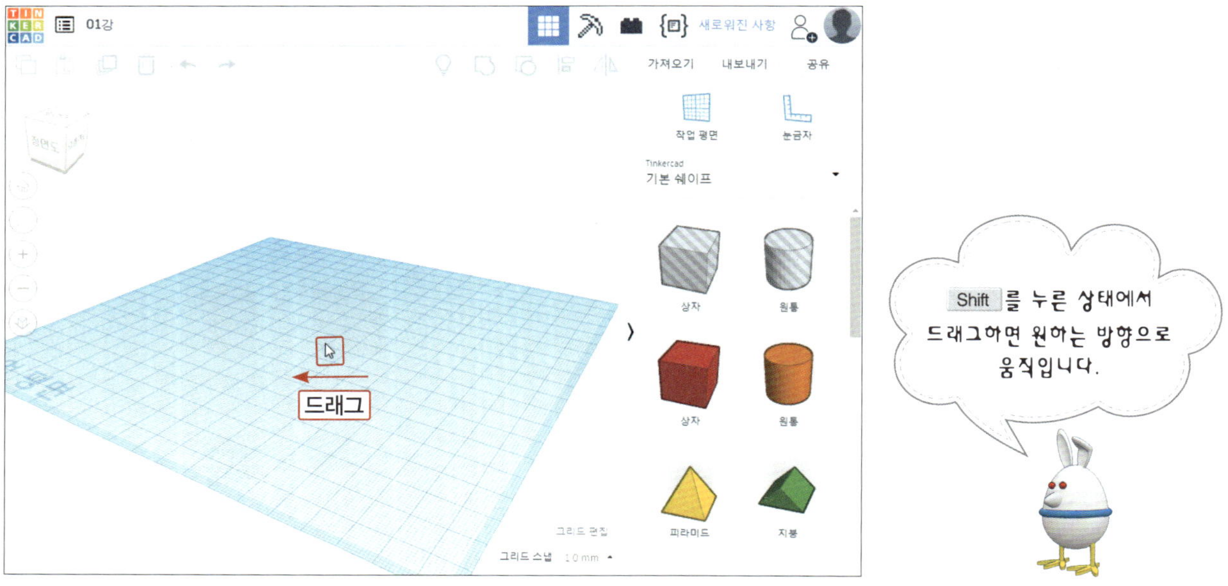

02 이동 도구를 이용하여 작업 평면을 이동할 수 있습니다. 이동 도구로 마우스 포인터를 가져가 표시하고 싶은 부분이 파란색으로 표시되면 클릭합니다.

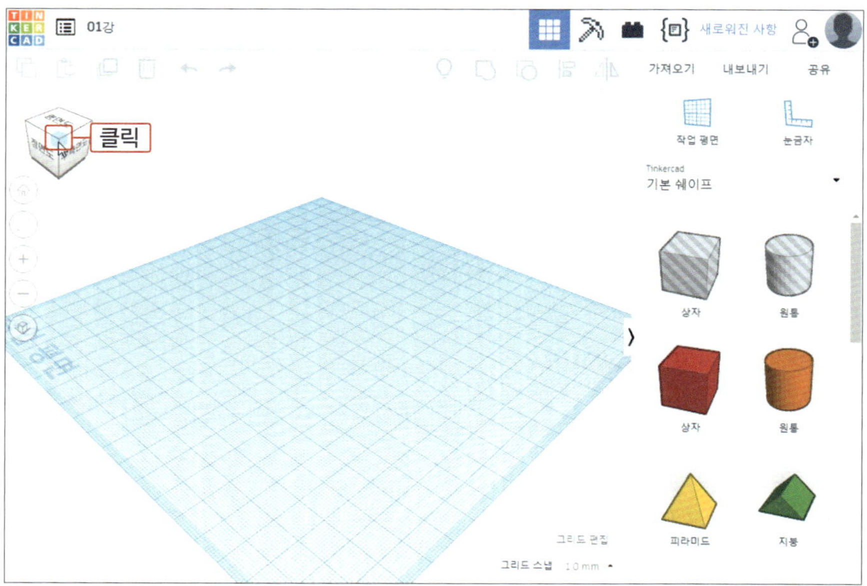

03 이동 도구를 마우스로 드래그합니다. [작업 평면]이 이동하면 원하는 모양이 나왔을 때 마우스 왼쪽 단추를 놓아 선택할 수 있습니다.

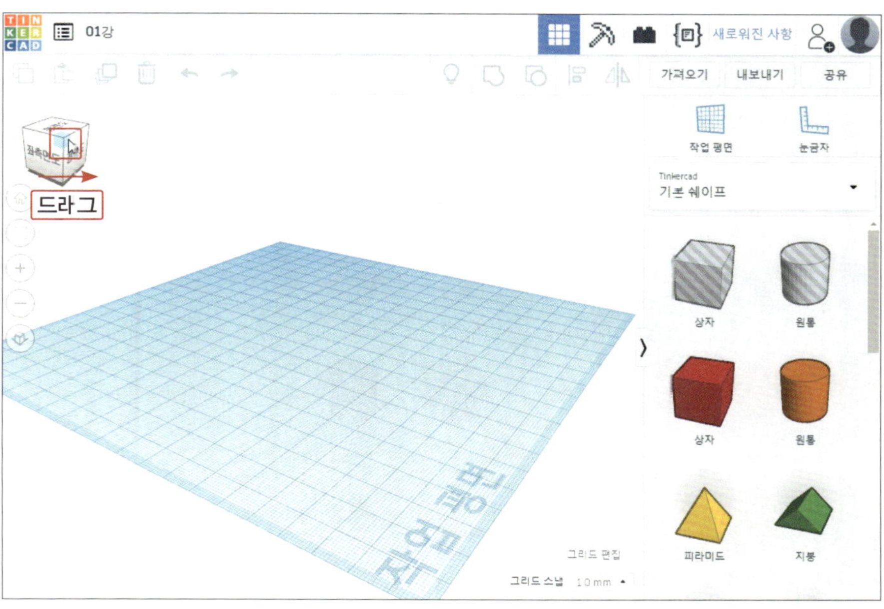

04 화면을 확대/축소하기 위해 작업화면 위에서 마우스 휠 버튼을 드래그합니다. 드래그할 때 마다 작업 평면이 확대/축소됩니다.

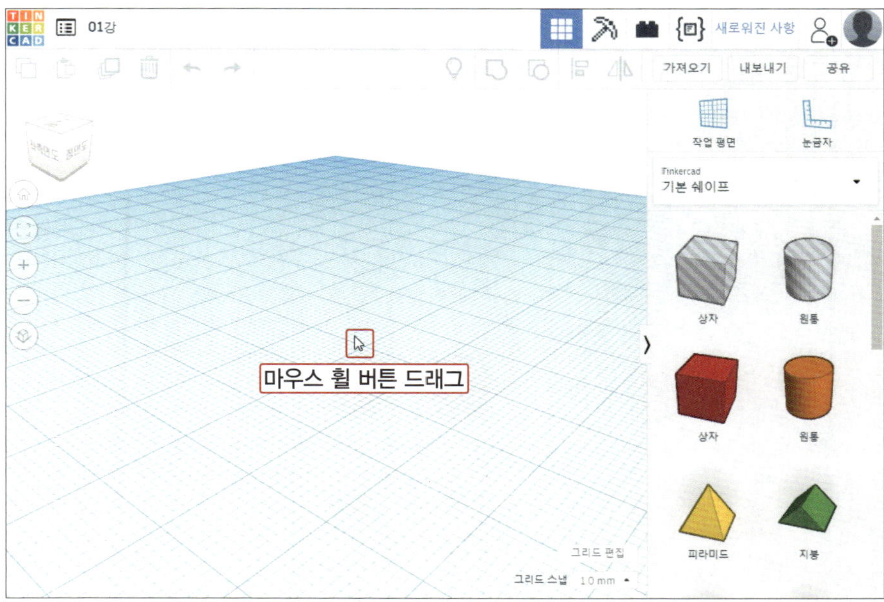

05 이동 도구 아래의 [줌 확대], [줌 축소] 버튼을 클릭할 때마다 화면이 확대/축소되는 것을 확인할 수 있습니다.

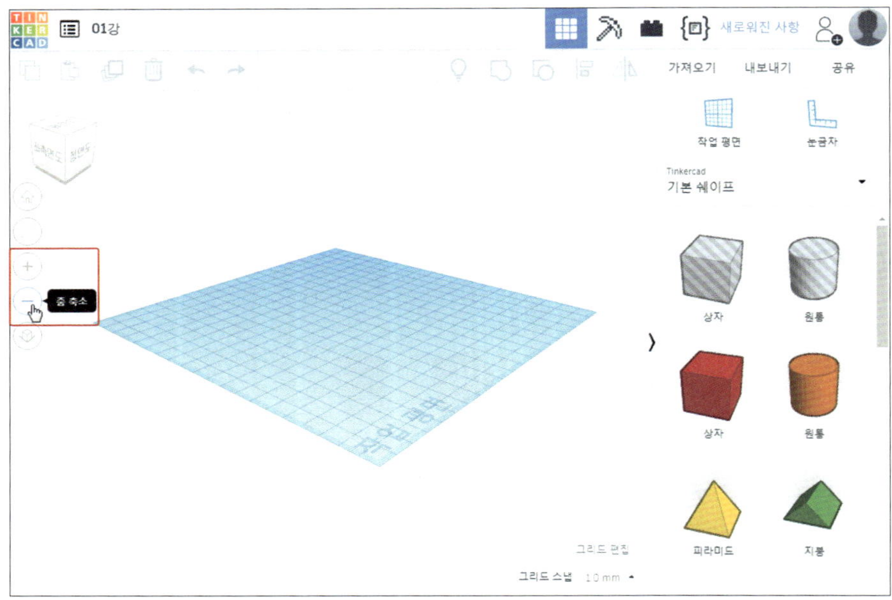

06 다시 원래 위치로 이동시키기 위해 이동 도구 아래의 [홈 뷰] 버튼을 클릭합니다. 그림과 같이 처음 위치로 이동하고 화면이 자동으로 축소됩니다.

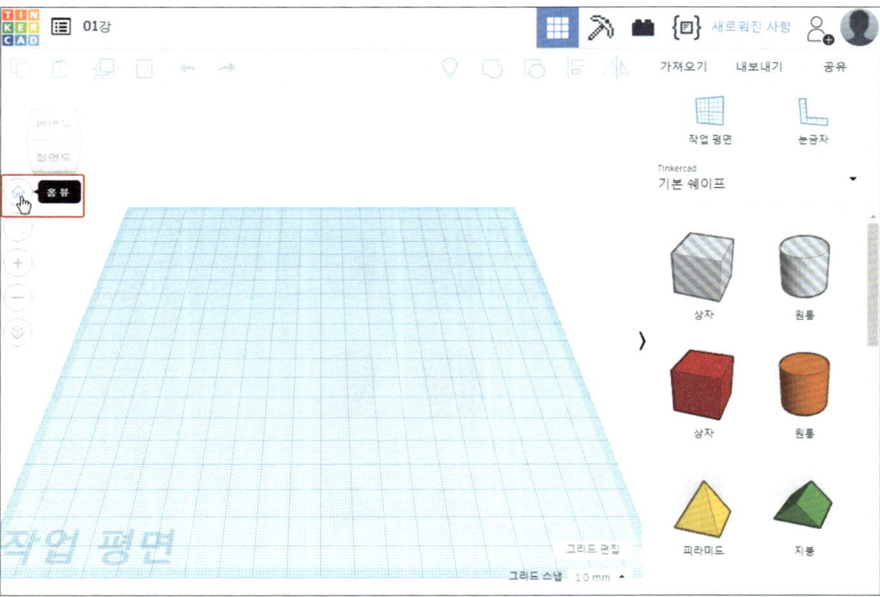

① 화면을 확대/축소하거나 이동시켜 그림과 같은 모양이 표시되도록 만들어 보세요.

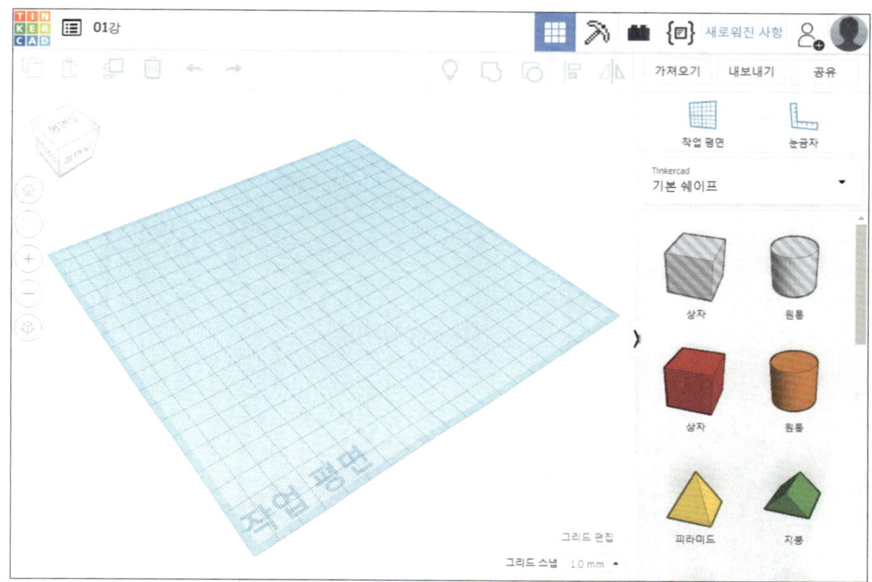

② 그림과 같이 사용자의 프로파일 정보를 바꿔 보세요.

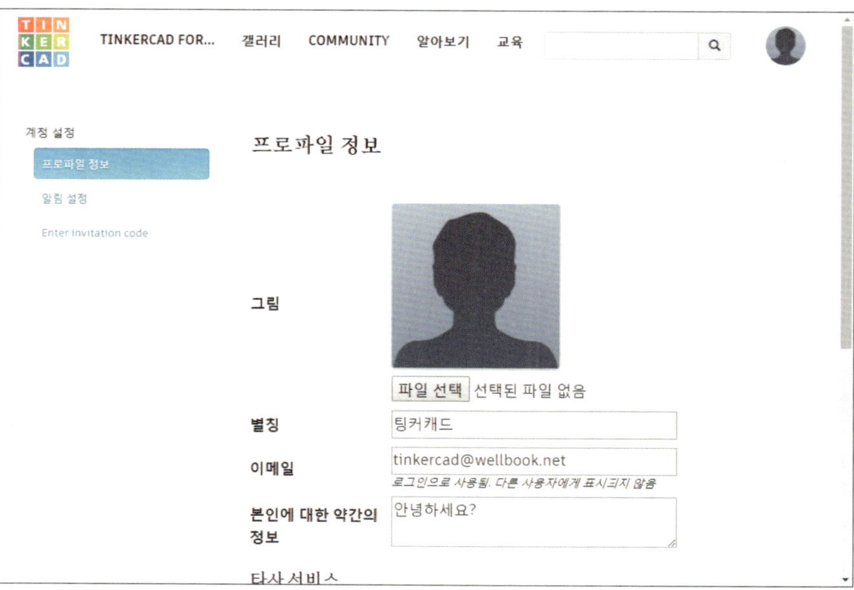

Chapter 02

도형 삽입과 배치하기

팅커캐드는 다양한 도형을 삽입하고 연결하여 재미있는 모양을 쉽게 만들 수 있습니다.
도형을 삽입하고 배치하는 방법을 알아보겠습니다.

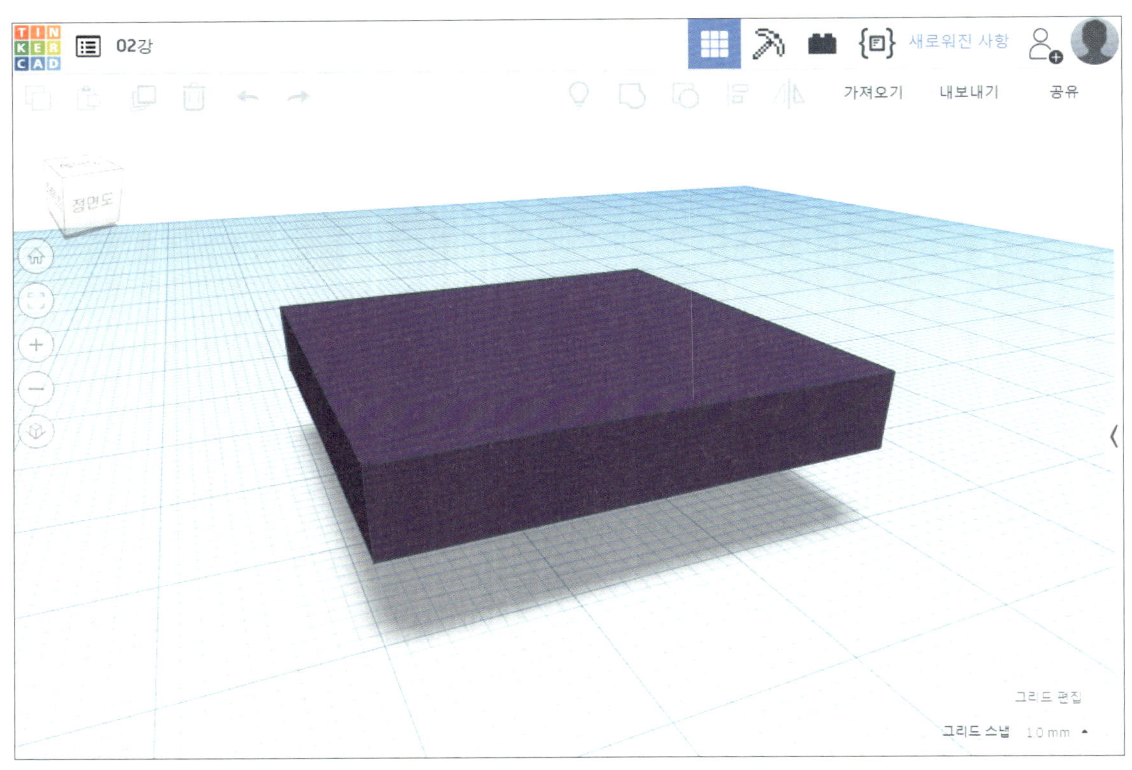

▲ 완성이미지

생각해보아요

팅커캐드는 기본적으로 도형을 이용하여 3D 결과물을 만들 수 있습니다. 여러분들이 사용해 봤었던 레고와 같은 블록 장난감을 생각한다면 더 쉽게 이해할 수 있을 것입니다. 여러 블록을 어떻게 연결하느냐에 따라 재미있는 결과물을 만들 수 있습니다. 각 도형들을 살펴보고 어떤 작품을 만들지 생각해 봅니다.

팅커캐드에 기본으로 포함되어 있는 도형을 가져오는 방법을 알아보겠습니다.

01 팅커캐드를 실행한 후 오른쪽 모양 모음에서 [기본 쉐이프]를 클릭합니다. 그림과 같이 해당되는 모양들이 표시됩니다.

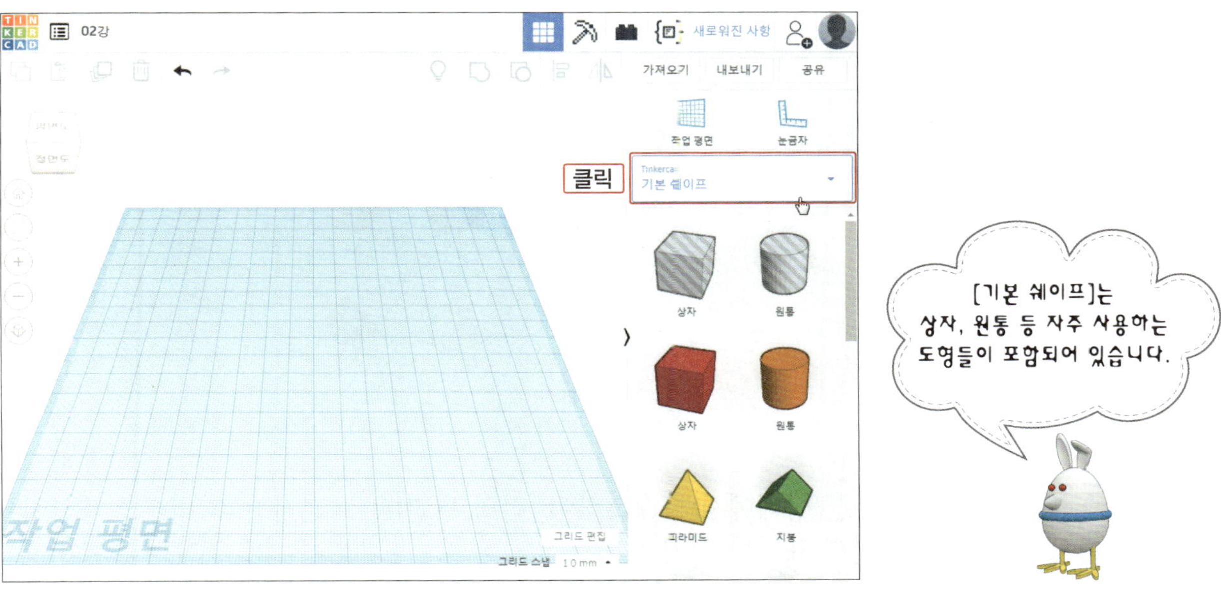

02 목록에서 사각형 모양의 '상자'를 클릭하여 선택한 후 마우스를 드래그하여 [작업 평면] 위로 가져가면 선택한 도형이 나타나는 것을 확인할 수 있습니다.

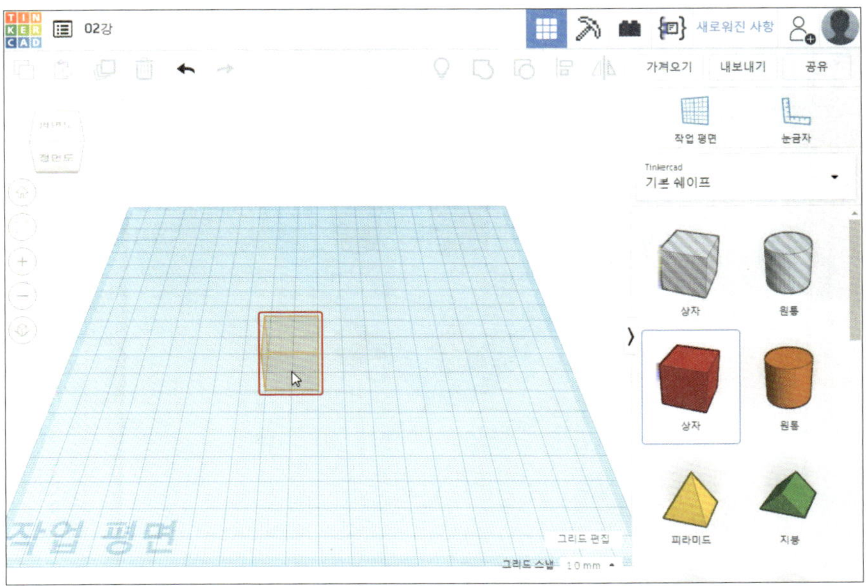

03 삽입할 위치를 선택한 후 마우스 왼쪽 버튼을 놓습니다. 그림과 같은 위치에 상자를 삽입하도록 합니다.

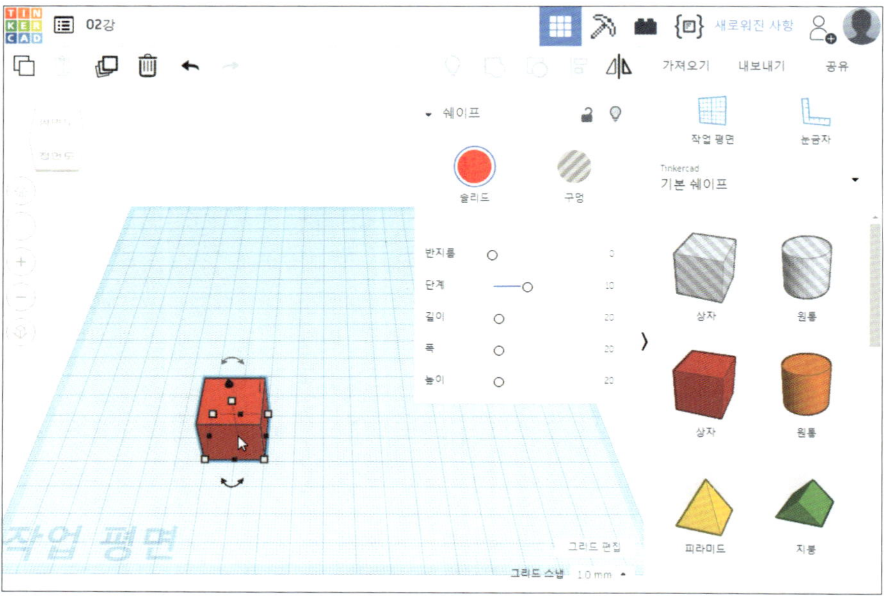

04 마우스 오른쪽 버튼을 누른 상태에서 드래그하여 [작업 평면]을 회전시킨 후 마우스 휠 버튼을 이용하여 확대해 그림과 같이 표시합니다.

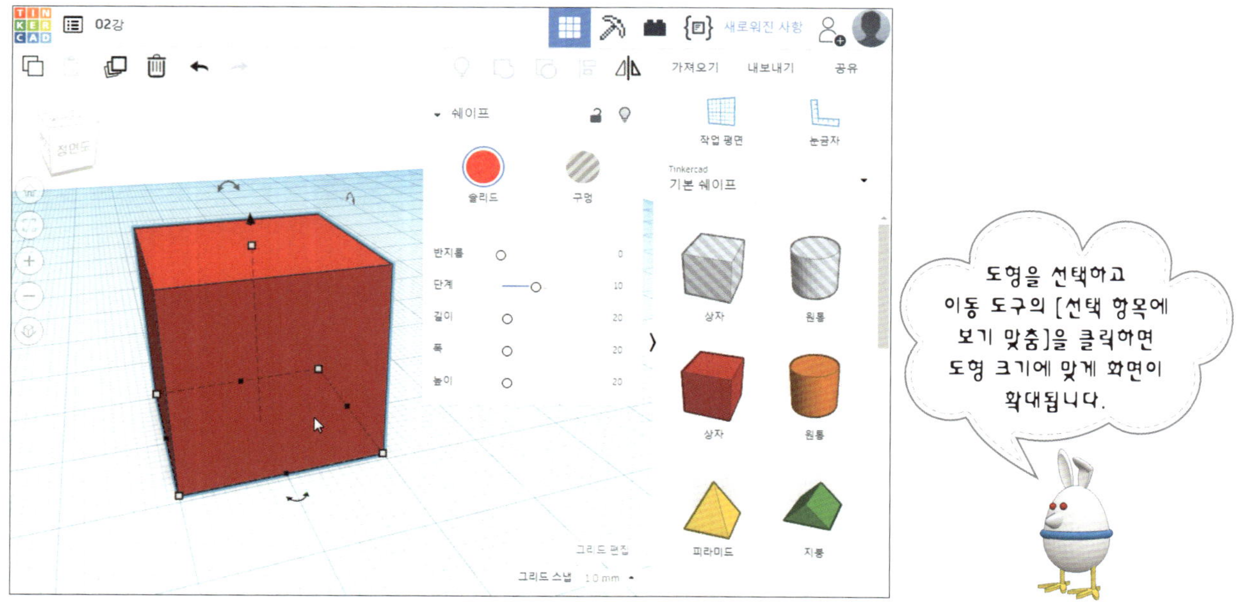

삽입한 도형은 다른 색으로 바꿀 수 있습니다. 도형의 색을 바꾸는 방법에 대해 알아보겠습니다.

01 삽입한 '상자'를 선택한 후 화면에 표시된 [쉐이프] 대화상자의 '솔리드'를 클릭합니다.

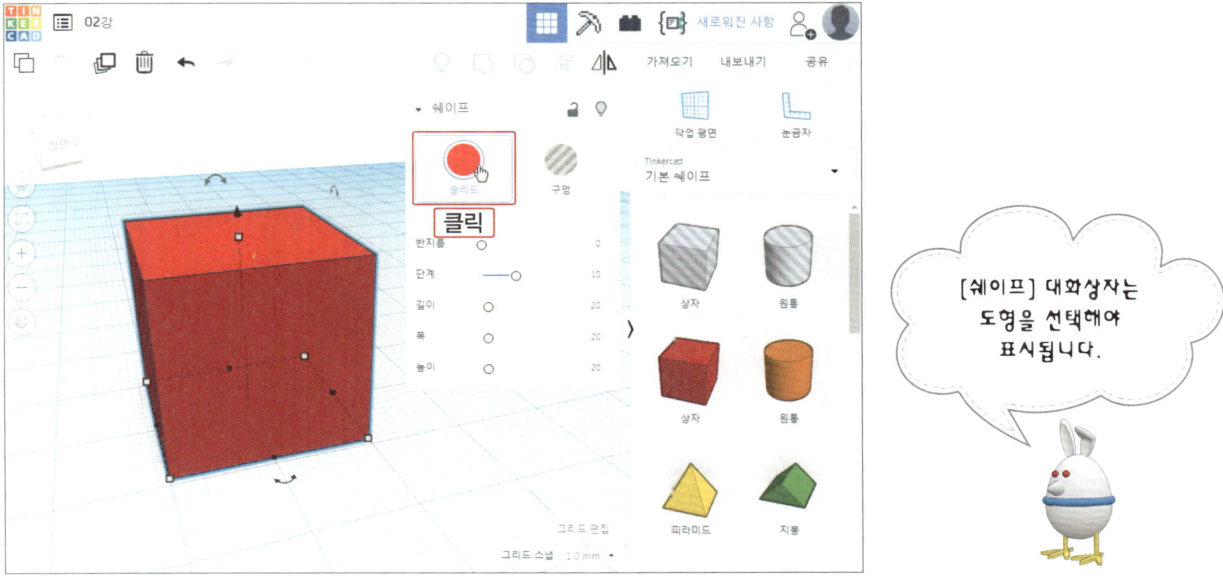

02 그림과 같이 색 목록이 표시되면 바꾸려는 색을 클릭하여 선택합니다. 도형의 색이 바뀌는 것을 확인할 수 있습니다.

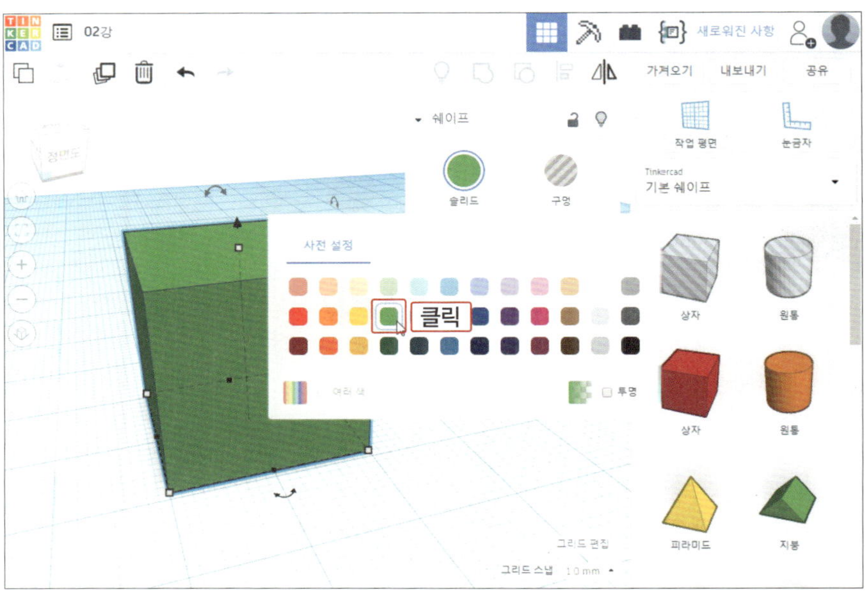

03 [쉐이프] 대화상자의 '투명'을 선택하면 선택한 도형의 색이 투명하게 표시됩니다.

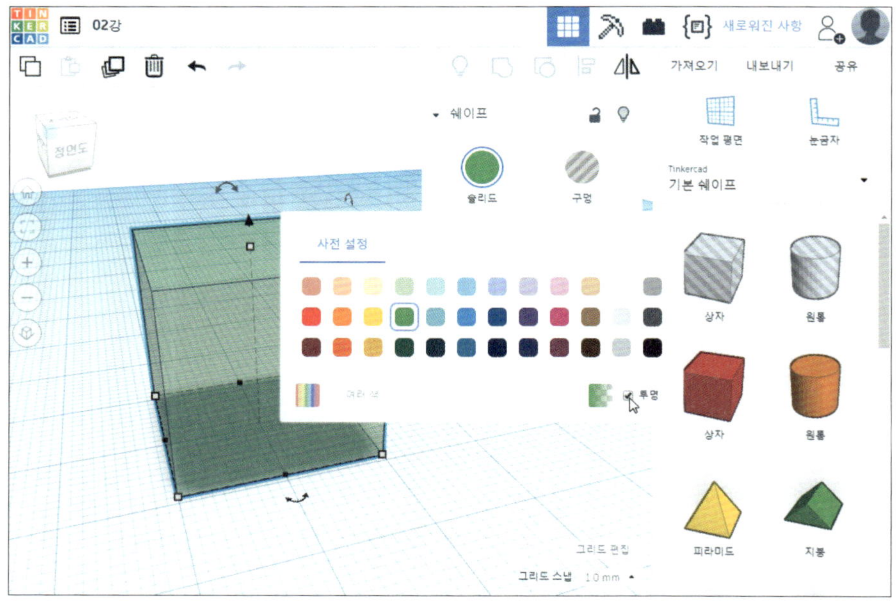

04 다시 '투명'을 해제하고 도형의 색을 '보라색' 계열로 변경합니다.

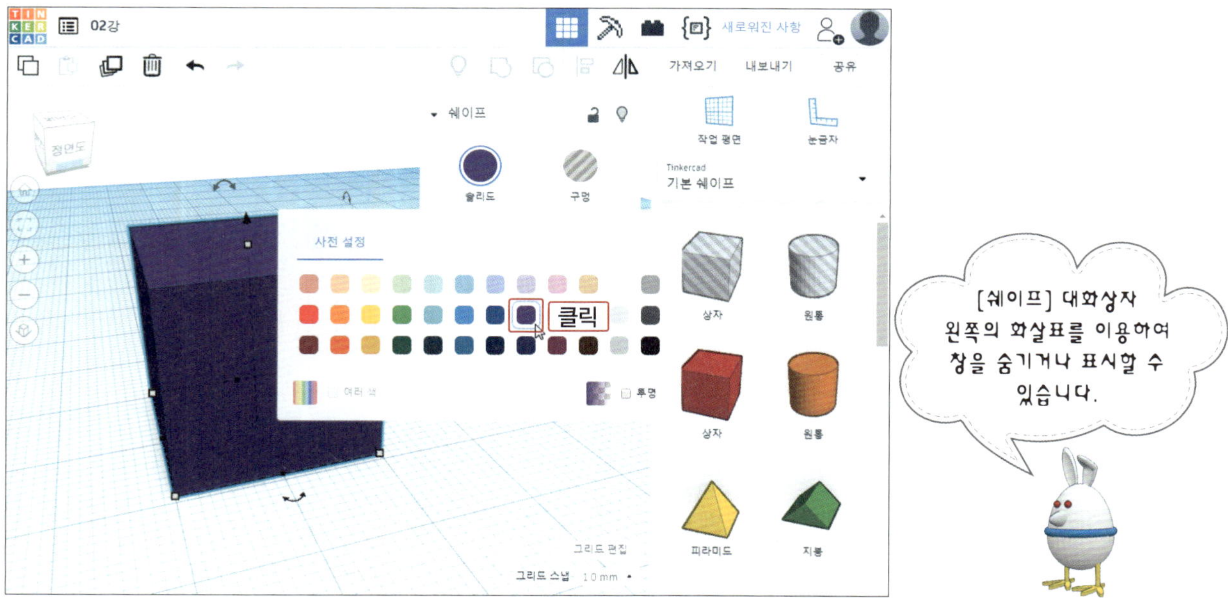

삽입한 도형의 위치를 바꾸고 크기를 조절하는 방법에 대해 알아보겠습니다.

01 도형을 선택한 후 오른쪽으로 드래그합니다. 도형 아래에 움직인 만큼 수치가 표시되면 그림과 같이 '10mm' 만큼 이동합니다.

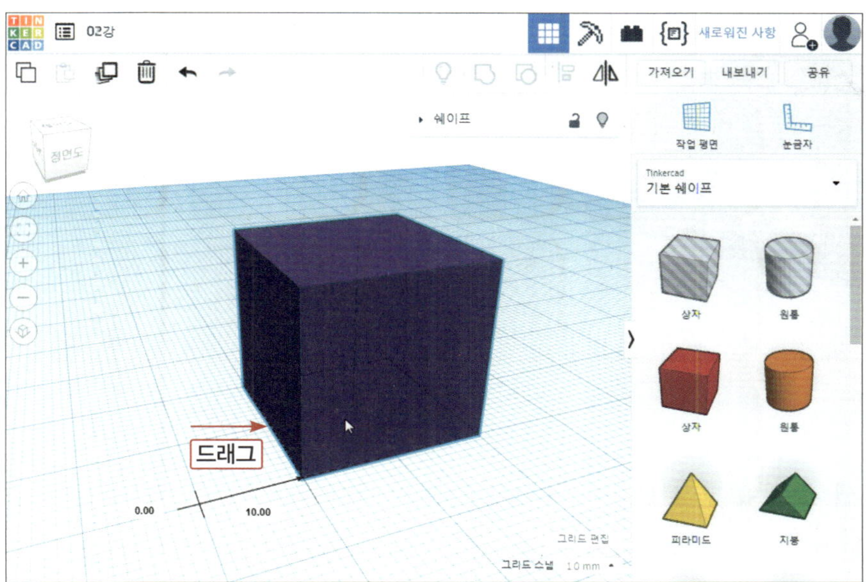

02 도형 위에 표시된 흰색 점을 선택한 후 아래로 드래그하여 높이가 '5mm'가 되도록 조절합니다.

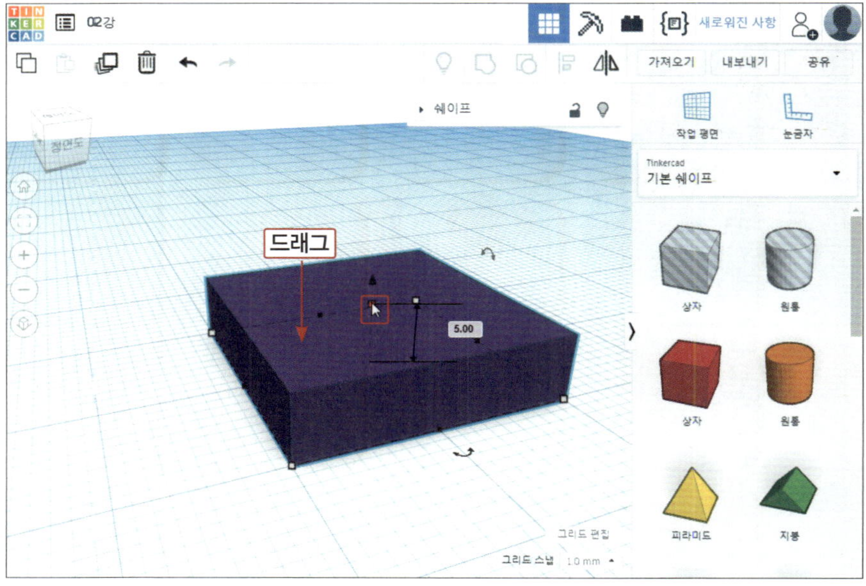

03 도형 바깥 부분의 흰색 점을 선택한 후 드래그하여 가로와 세로 너비가 각각 '30mm'가 되도록
조절합니다.

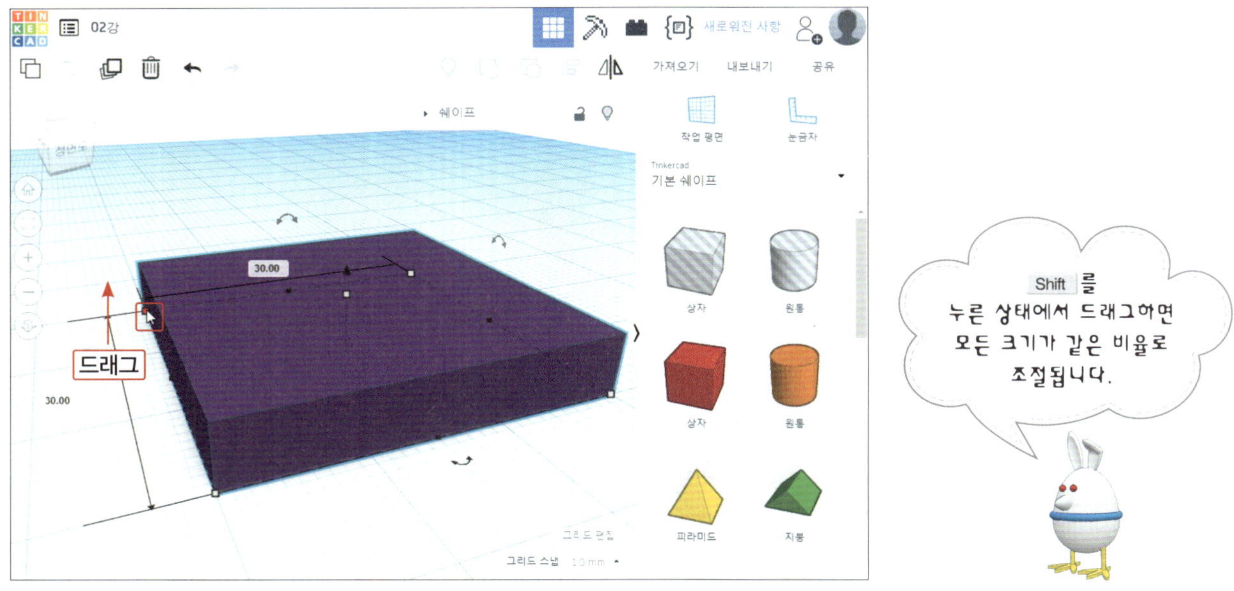

04 도형 위에 표시된 검은색 화살표를 선택한 후 위쪽으로 드래그하여 [작업 평면]과의 간격이
'5mm'가 되도록 조절합니다.

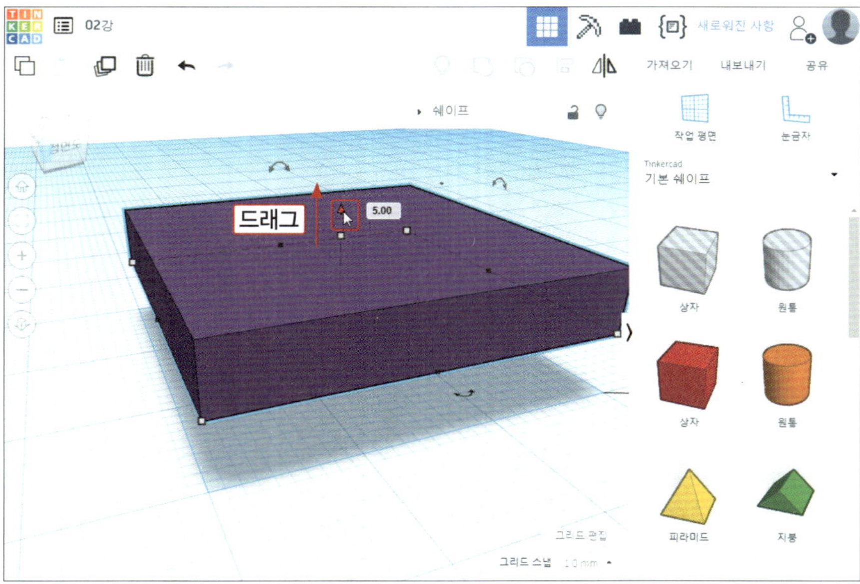

1 도형을 삽입하여 그림과 같이 만들어 보세요.

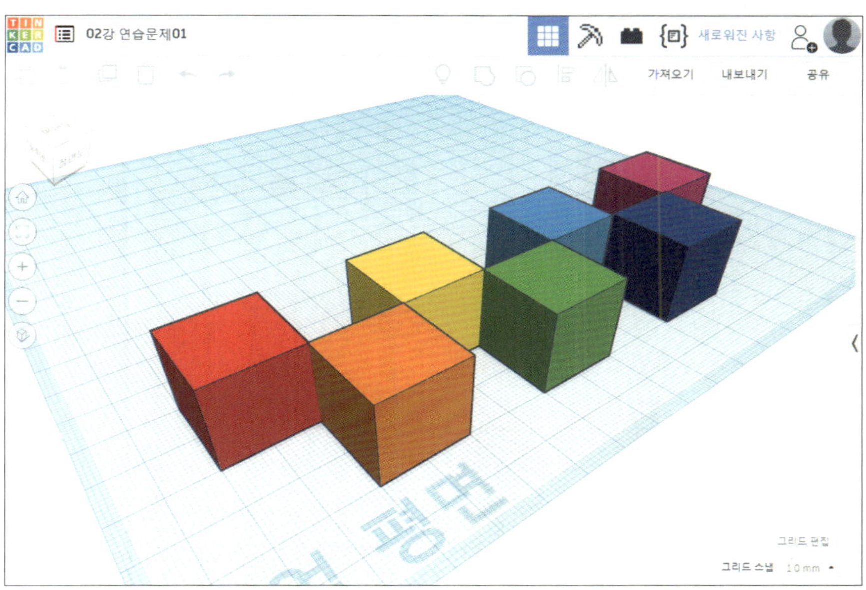

2 도형을 삽입하고 크기와 위치를 조절하여 그림과 같이 만들어 보세요.

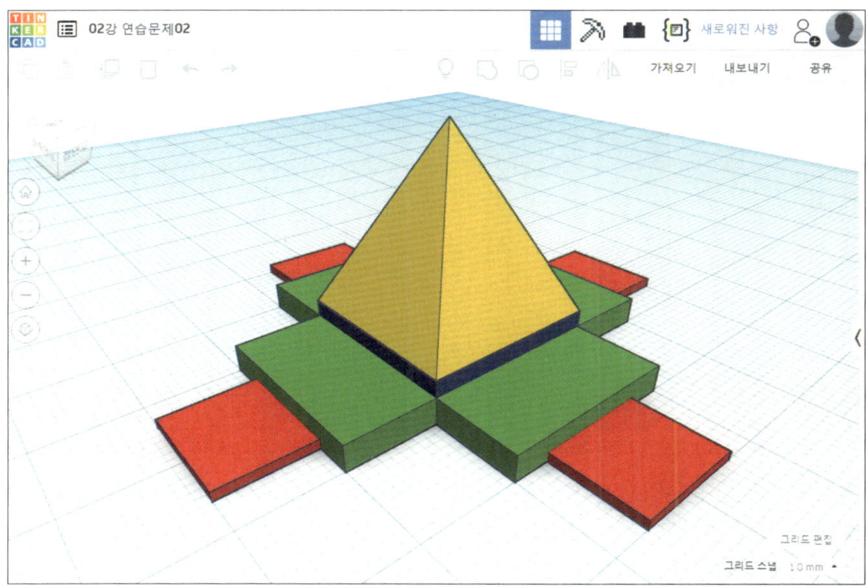

도형 회전과 눈금자 활용하기

팅커캐드를 이용하여 물체를 만들 때 회전 기능을 자주 사용하게 됩니다. 도형을 회전시키는 방법을 알아보고 눈금자를 이용하여 수치를 표시하는 방법을 알아보겠습니다.

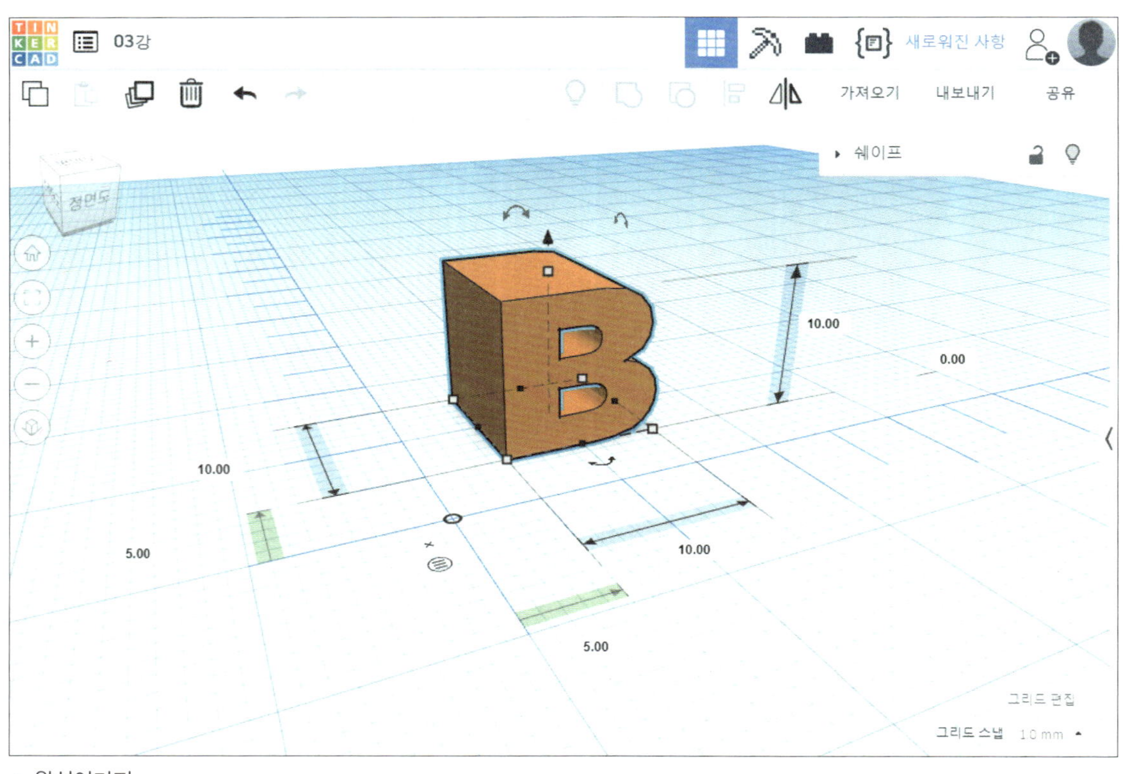

▲ 완성이미지

생각해보아요

이전까지 도형의 크기와 위치를 바꿔 모양을 만들었다면 이제 회전 기능을 배워보도록 합니다. 도형은 각도를 이용하여 원하는 방향으로 회전시킬 수 있습니다. 원하는 방향으로 회전시키고 연결하면 여러분들이 생각하는 결과물을 만들기 편리하게 도와줍니다. 각도를 설정하고 회전시키는 것은 자주 사용하는 기능이므로 충분히 연습하도록 합니다.

삽입한 도형을 회전시키는 방법에 대해 알아보겠습니다.

01 팅커캐드를 실행한 후 오른쪽 모양 모음에서 [문자]를 클릭합니다. 모양들이 표시되면 'B' 모양의 도형을 선택하고 그림과 같이 삽입한 후 작업 평면을 회전시키고 확대하여 그림과 같이 표시합니다. 도형을 클릭하면 바깥 부분에 3개의 회전 도구가 표시된 것을 확인할 수 있습니다.

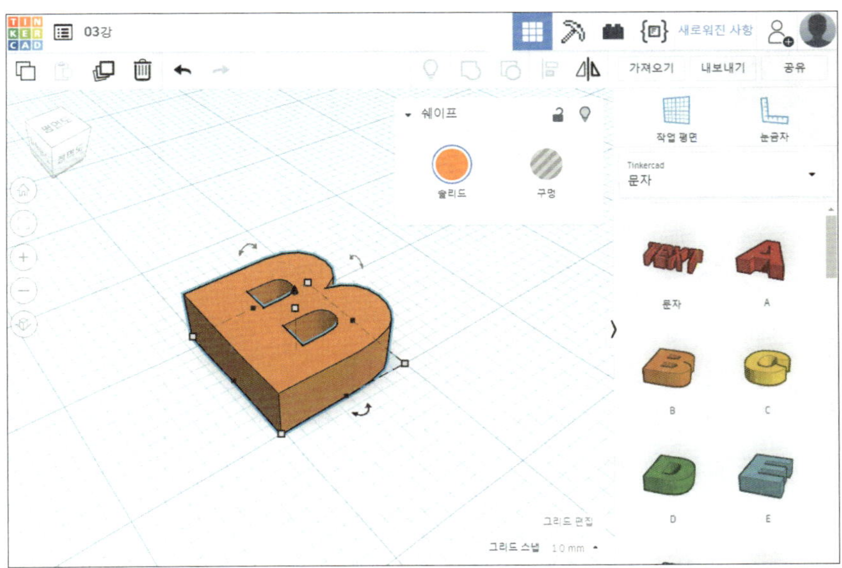

02 도형 왼쪽 아래의 회전 도구에 마우스를 가져갑니다. 그림과 같이 회전 도구가 빨간색으로 바뀌고 도형 바깥 부분에 각도기 모양이 표시됩니다.

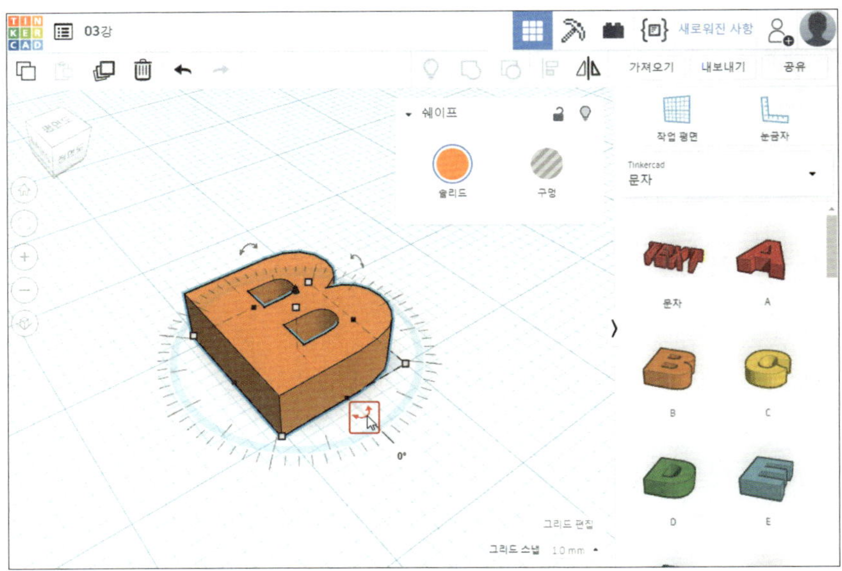

03 회전 도구를 오른쪽 방향으로 드래그하여 그림과 같이 '-90도' 회전시킵니다.

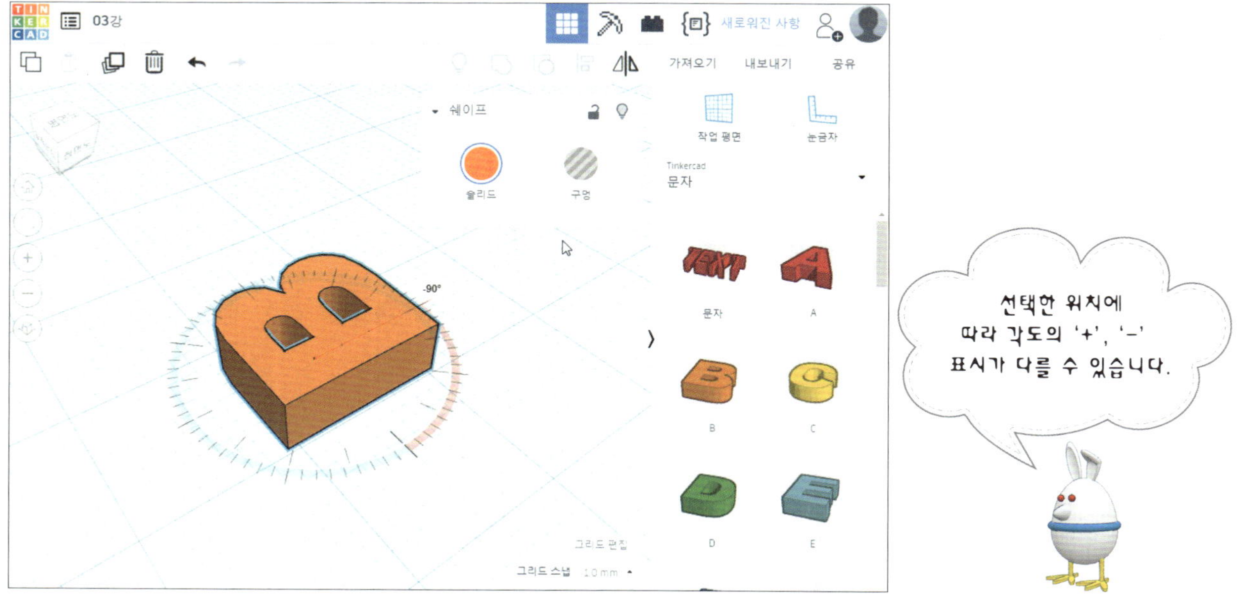

04 도형 오른쪽의 회전 도구를 아래 방향으로 드래그하여 그림과 같이 '90도' 회전시킵니다.

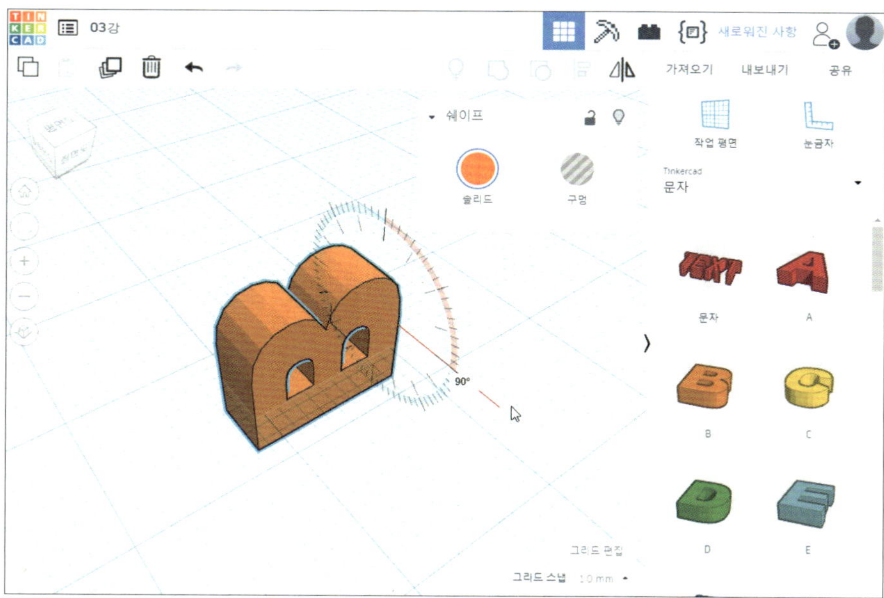

05 도형 위의 회전 도구를 오른쪽 방향으로 드래그하여 그림과 같이 '-90도' 회전시킵니다.

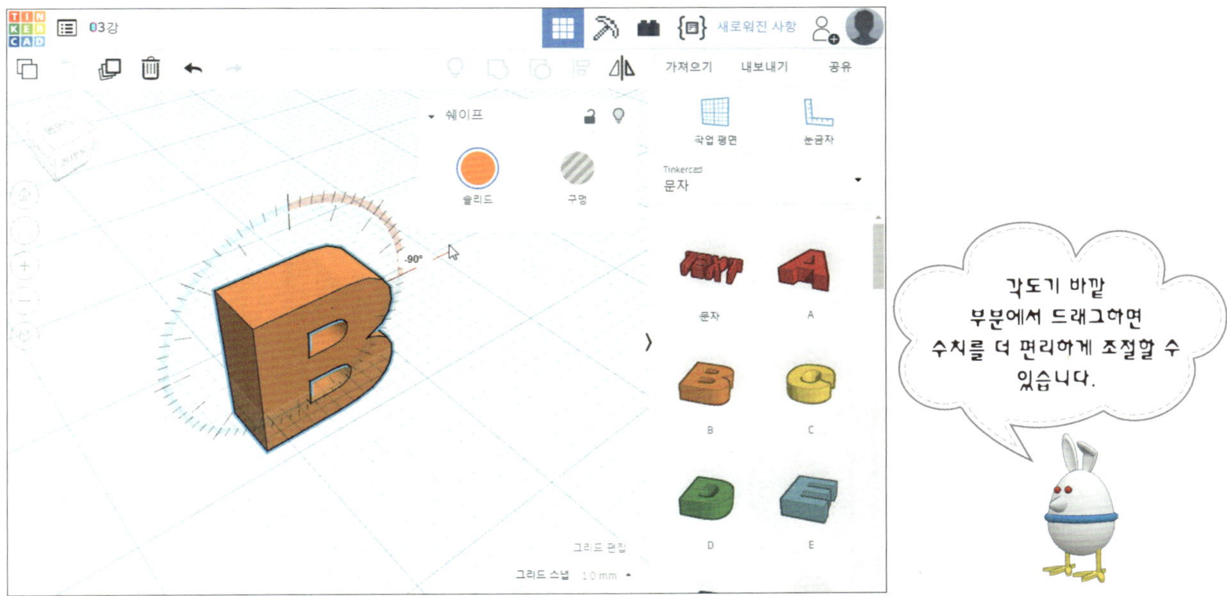

06 [작업 평면] 아래로 들어간 도형을 올리기 위해 도형 위의 검은색 화살표를 위로 드래그하여 그림과 같이 아래가 표시되도록 만듭니다.

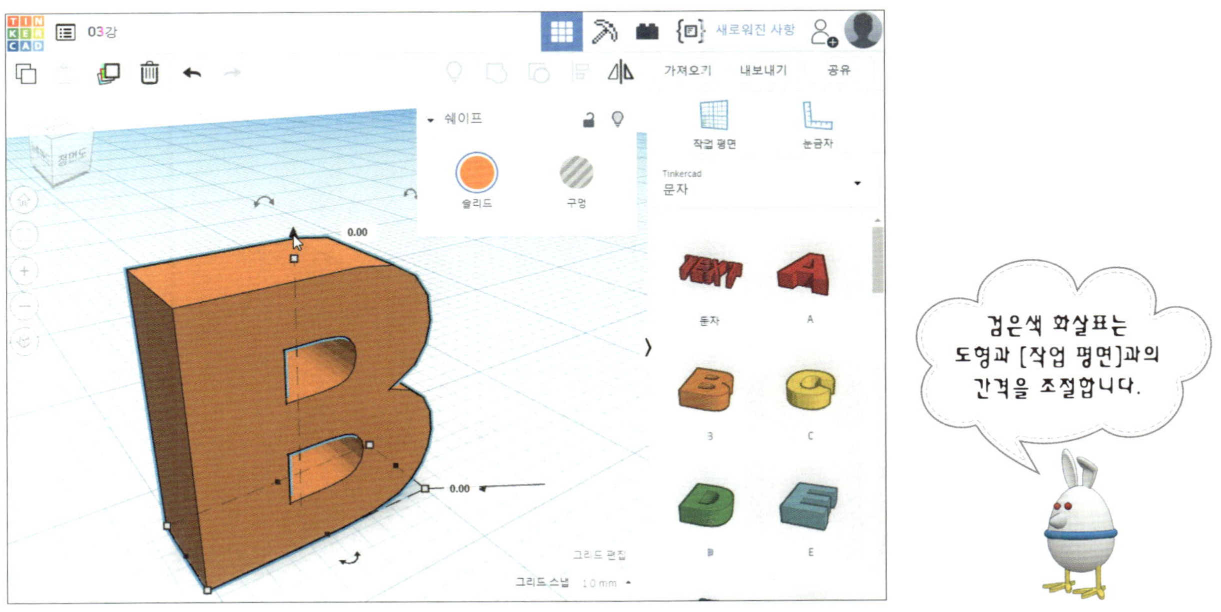

눈금자를 이용하여 도형의 크기와 위치, 간격을 쉽게 설정할 수 있습니다. 눈금자를 활용하는 방법에 대해 알아보겠습니다.

01 [작업 평면]에 눈금자를 표시하기 위해 '눈금자'를 선택합니다.

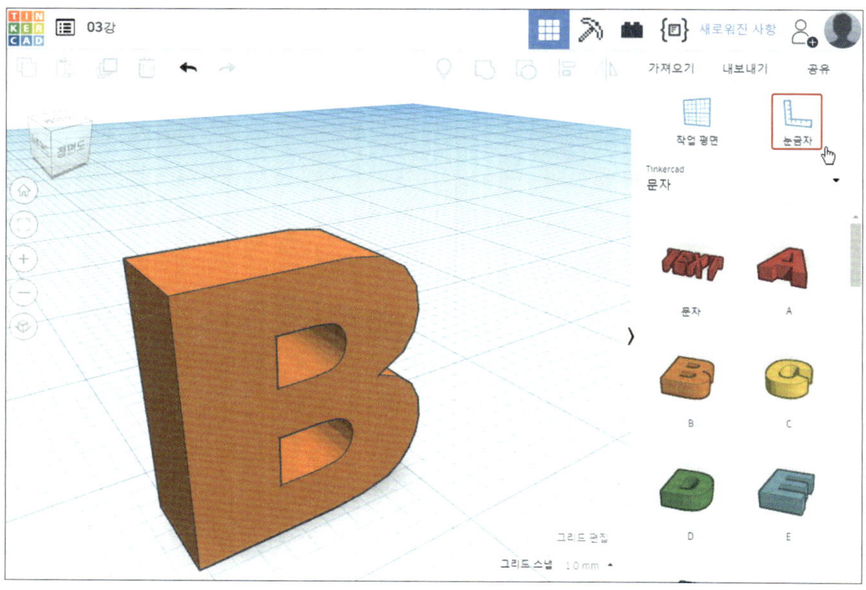

02 마우스를 [작업 평면]에 가져가면 그림과 같이 눈금자와 빨간색 점이 표시됩니다. 그림과 같은 위치에 빨간색 점을 위치한 후 클릭합니다.

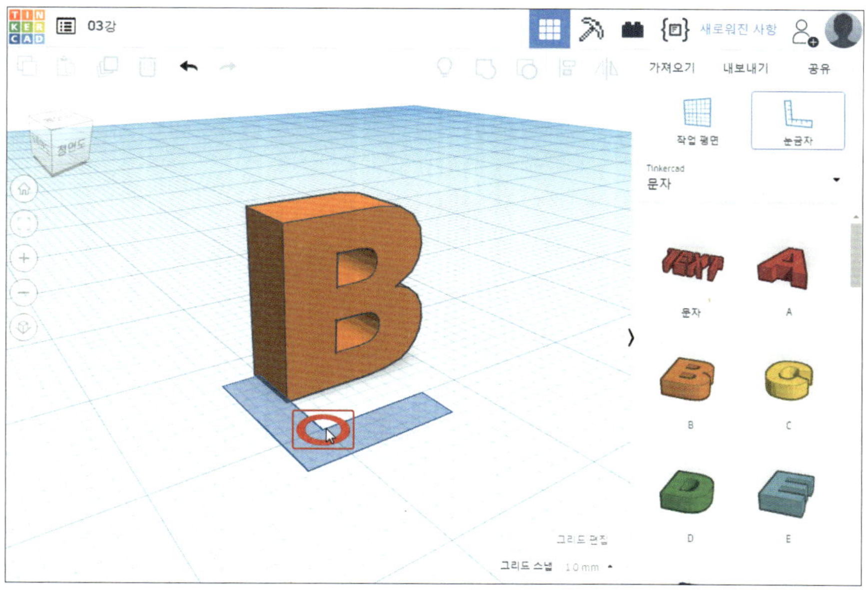

03 눈금자를 설정하고 도형을 클릭하면 그림과 같이 도형 바깥 부분에 수치가 표시됩니다. 눈금자의 빨간점으로 설정한 부분을 기준점으로 도형과의 간격도 표시됩니다.

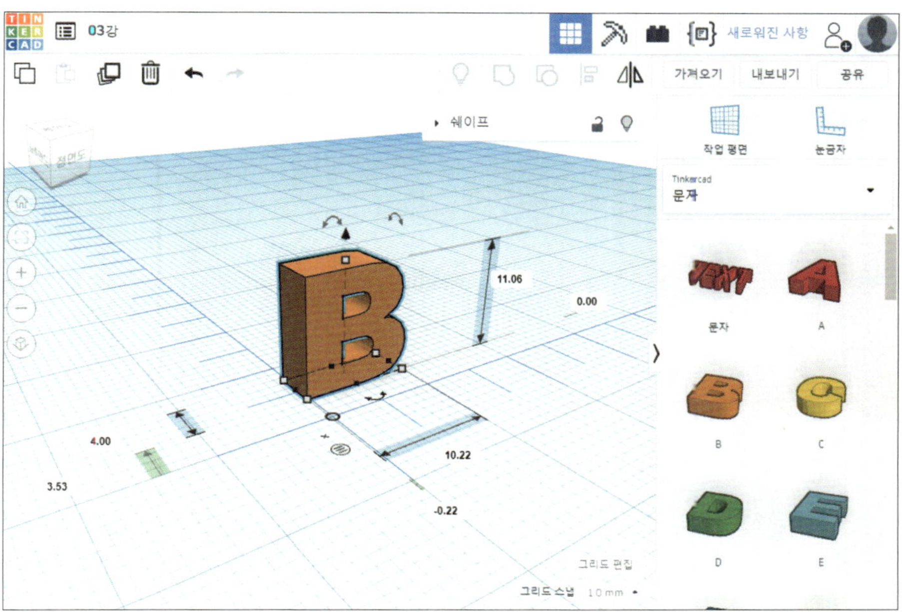

04 도형을 드래그하여 기준점부터 '5mm' 간격이 되도록 이동합니다.

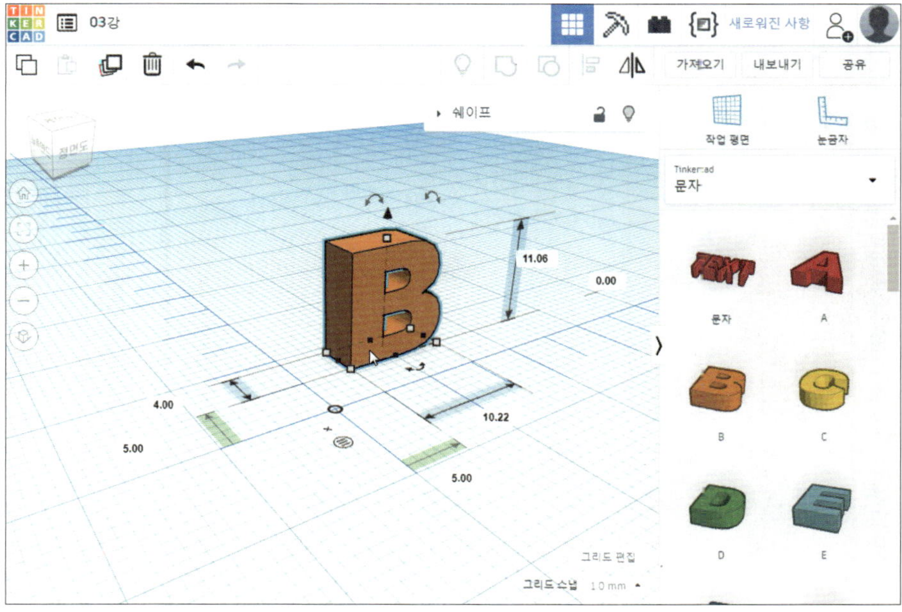

05 숫자를 직접 입력하여 도형의 크기를 조절할 수 있습니다. 도형의 높이 부분의 숫자를 클릭하여 그림과 같이 입력할 수 있게 되면 '10'을 입력하고 Enter 를 누릅니다.

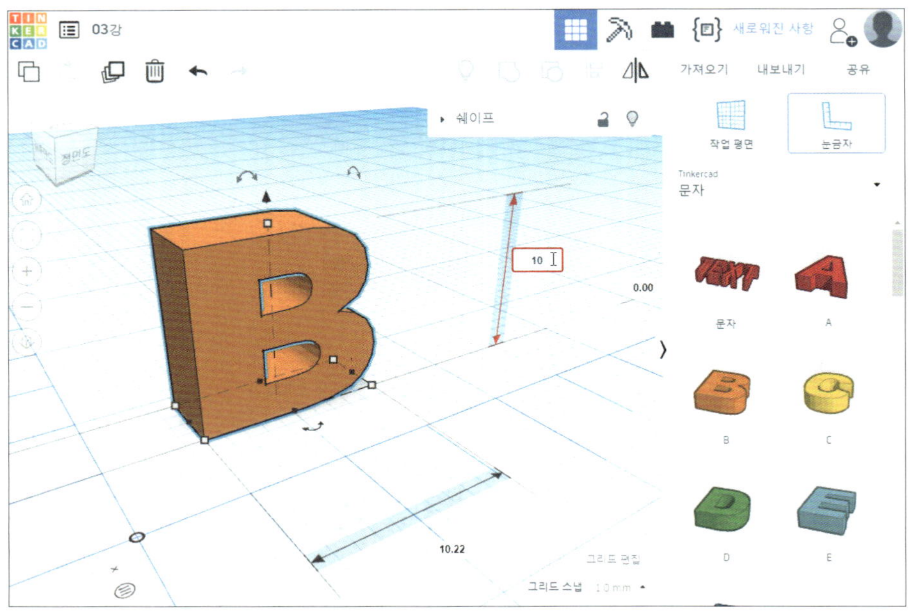

06 같은 방법을 이용하여 도형의 가로와 세로 너비, 높이를 각각 '10mm'로 지정합니다.

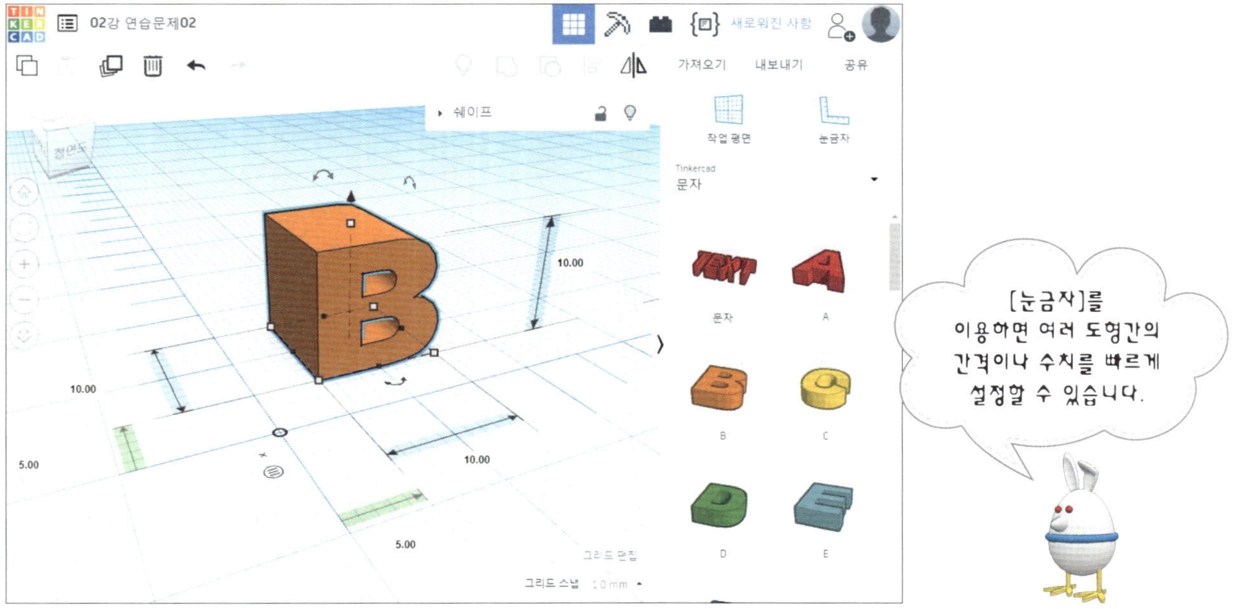

(TIP)

1 그림과 같이 '문자'에서 도형을 선택해 삽입하고 회전시켜 보세요.

조건 각 도형의 크기는 다른 도형과 어울리도록 조절하고 'O' 모양의 도형은 회전시키시오.

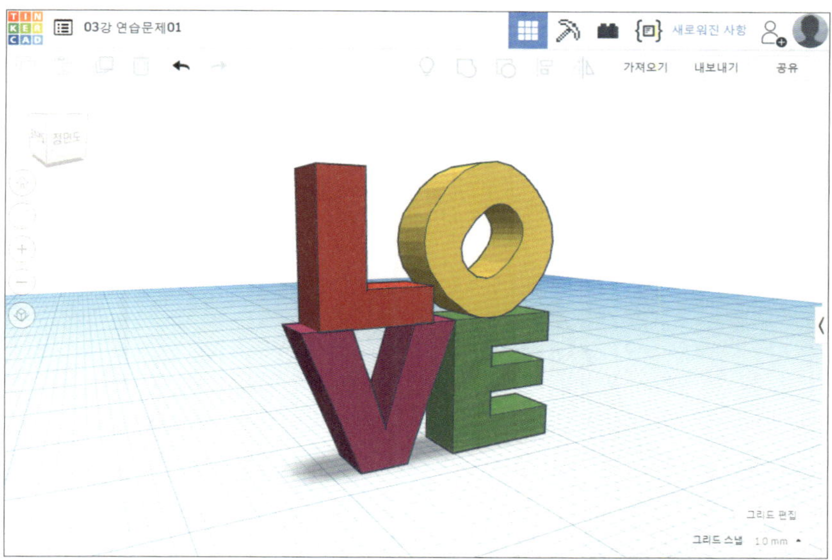

2 '문자'에서 도형을 선택해 삽입하고 그림과 같은 모양이 되도록 회전시켜 보세요.

조건 각 도형의 가로, 세로, 높이는 '10mm'로 설정하시오. 단, 'I' 모양의 도형은 가로를 '4mm'로 설정하시오.

도형 정렬과 그룹 설정하기

여러 도형들을 이용하여 물체를 만들 때 정렬과 그룹 설정 기능을 이용하면 작업이 편리합니다. 도형을 정렬하고 그룹으로 설정하는 방법을 알아보겠습니다.

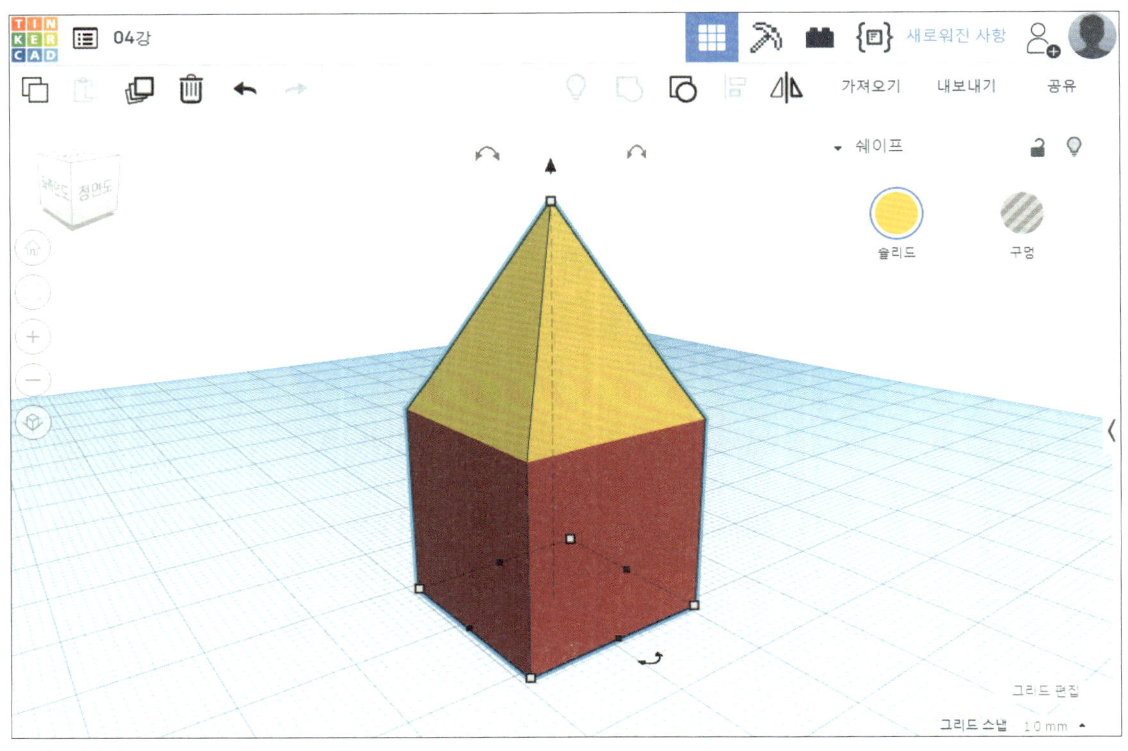

▲ 완성이미지

생각해보아요

마우스를 드래그하여 도형을 이동하는 것이 쉽지는 않습니다. 특히 여러 도형을 함께 연결시키는 것은 생각보다 까다로운 작업이 될 수 있습니다. 팅커캐드의 정렬과 그룹 기능은 여러 도형을 원하는 위치로 빠르게 이동시켜줄 뿐 아니라 하나의 도형으로 만들어 원하는 작품을 만드는데 도움을 줍니다. 팅커캐드에서 자주 사용하는 기능이므로 충분한 연습을 통해 정확하게 익히도록 합니다.

여러 도형을 삽입했을 때 도형 정렬 기능을 이용하면 쉽게 위치를 변경할 수 있습니다. 도형을 정렬하는 방법을 알아보겠습니다.

01 '기본 쉐이프'에서 도형들을 가져와 그림과 같이 삽입합니다.

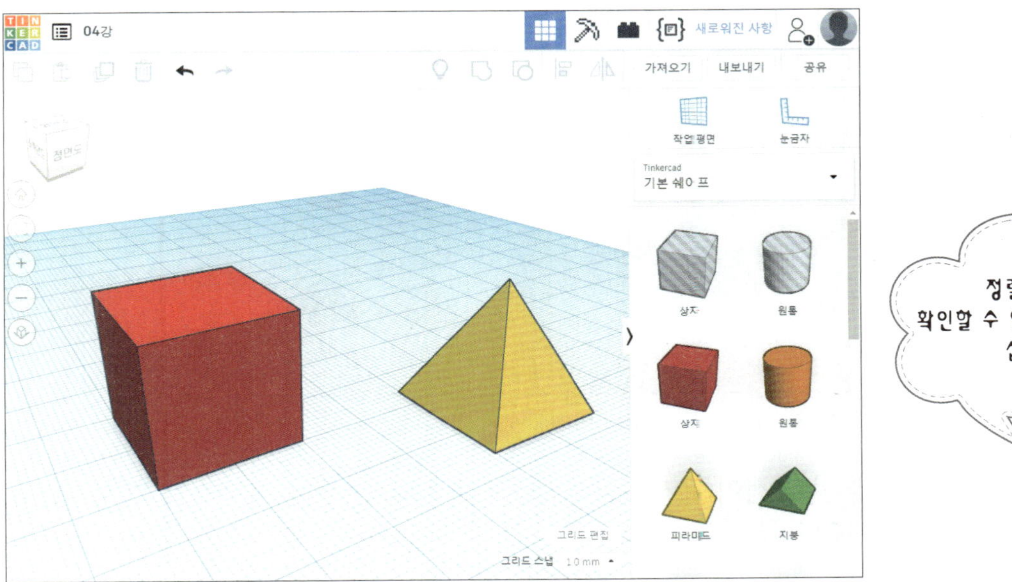

02 삽입한 도형들을 모두 선택하기 위해 도형 바깥 부분에서 마우스를 드래그합니다.

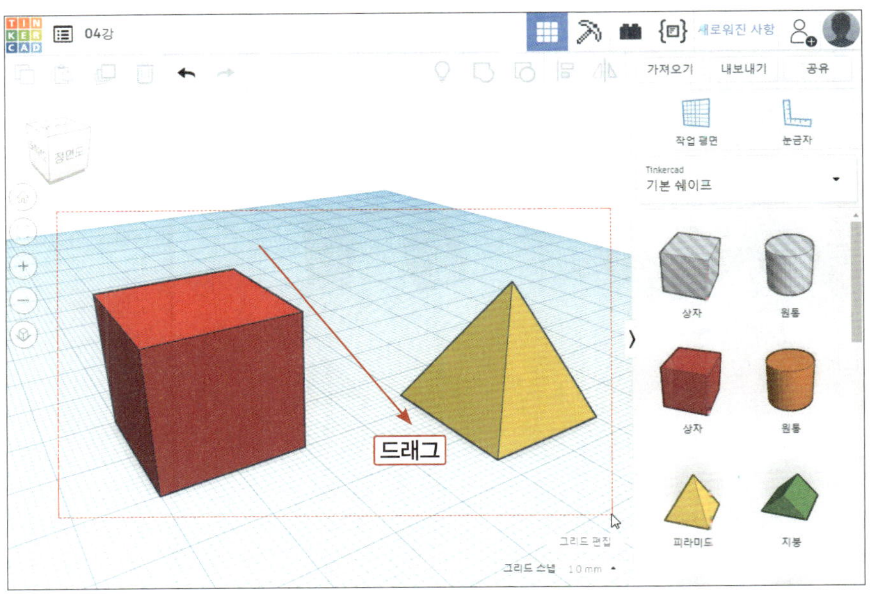

03 두 개의 도형이 선택되면 정렬하기 위해 상단 메뉴의 [정렬]을 선택합니다.

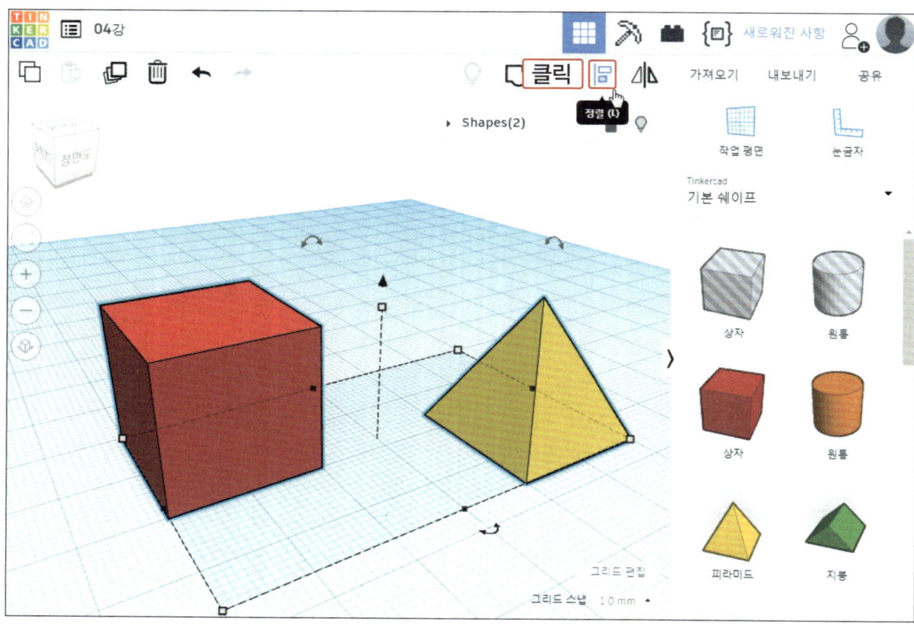

04 그림과 같이 도형 아래에 선과 점이 표시됩니다. 가장 왼쪽의 점 위에 마우스를 가져가면 도형이 정렬될 모습을 미리 보여줍니다.

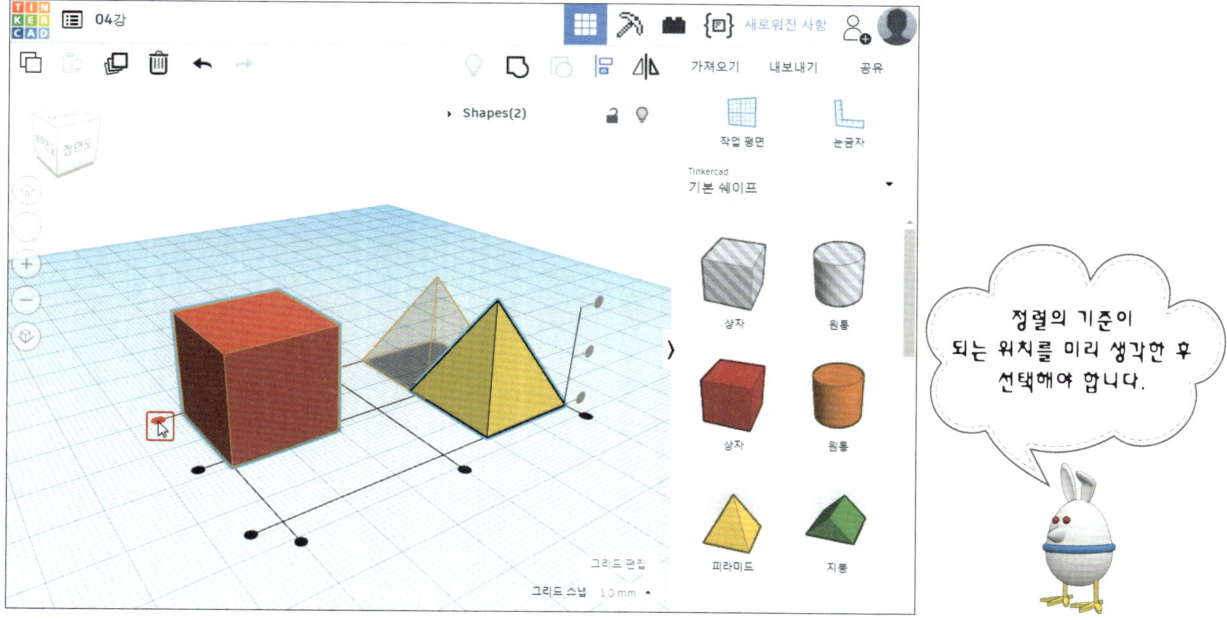

05 점을 클릭하면 그림과 같이 도형이 정렬된 것을 확인할 수 있습니다.

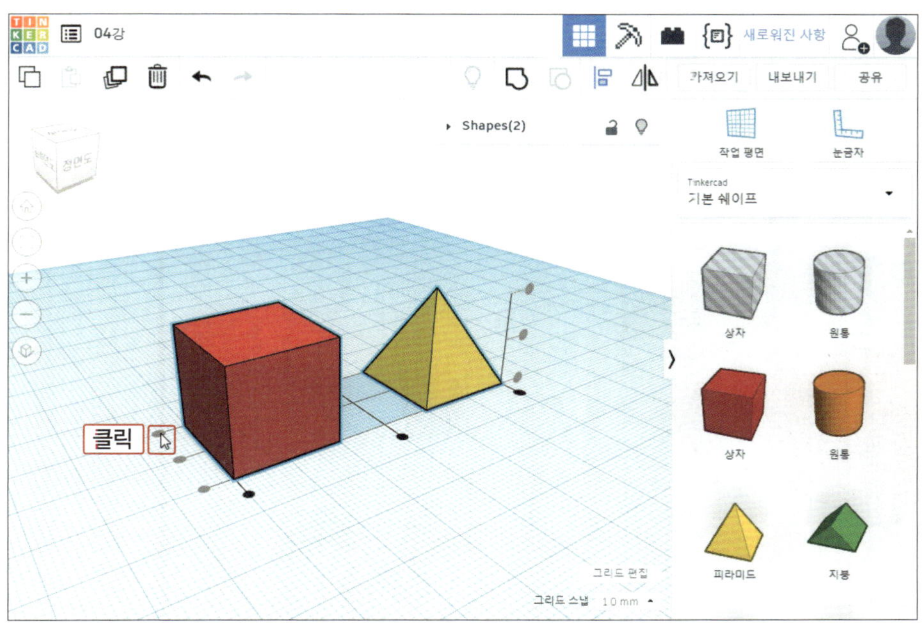

06 노란색 피라미드 도형을 선택한 후 검은색 화살표를 드래그하여 바닥부터의 높이가 '20mm'가
되도록 조절합니다.

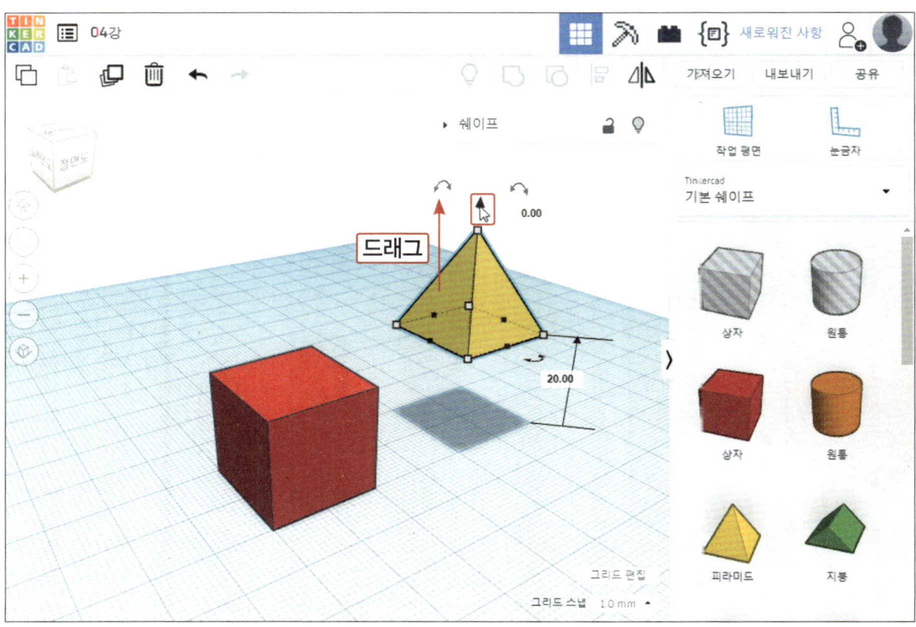

07 두 도형을 모두 선택한 후 상단 메뉴의 [정렬]을 선택합니다.

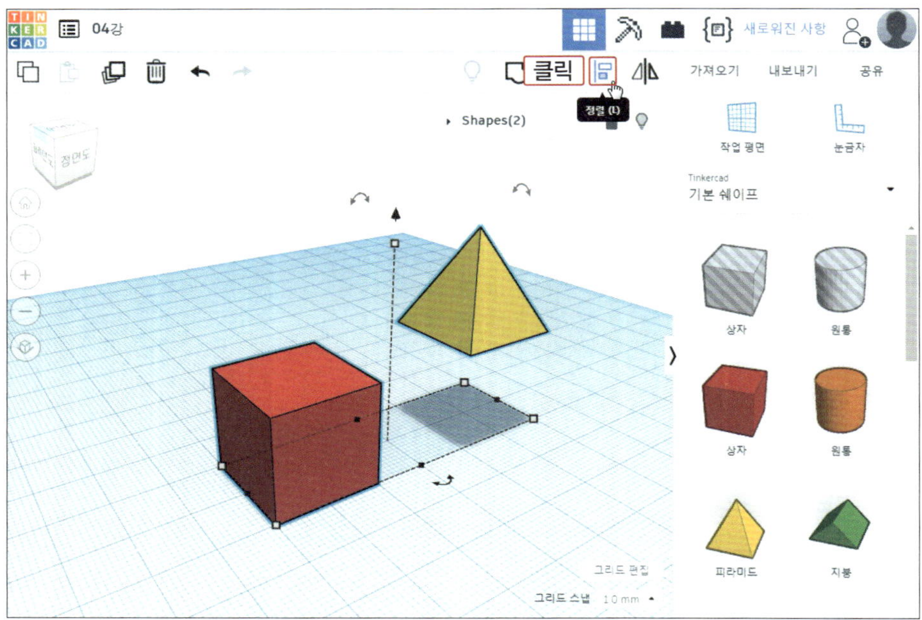

08 가장 왼쪽의 점을 클릭하면 상자 도형 위로 피라미드 도형이 이동합니다.

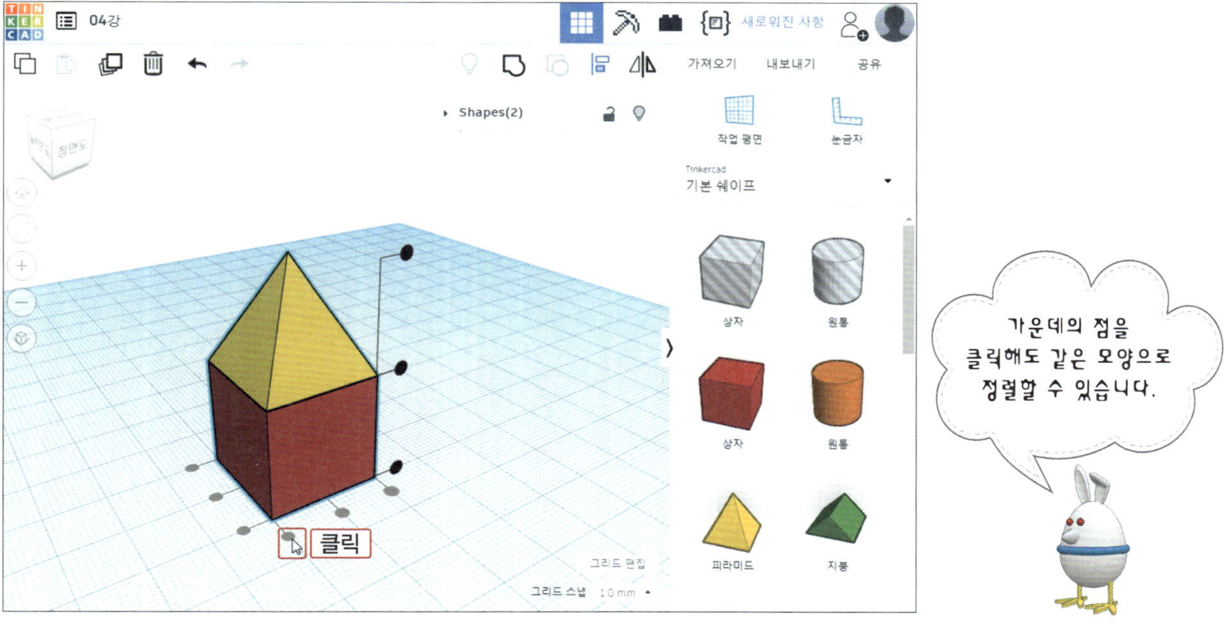

여러 도형을 하나로 묶으면 쉽게 이동할 수 있습니다. 그룹을 설정하는 방법을 알아보겠습니다.

01 두 도형을 하나로 묶기 위해 모두 선택한 후 상단 메뉴의 [그룹 만들기]를 선택합니다.

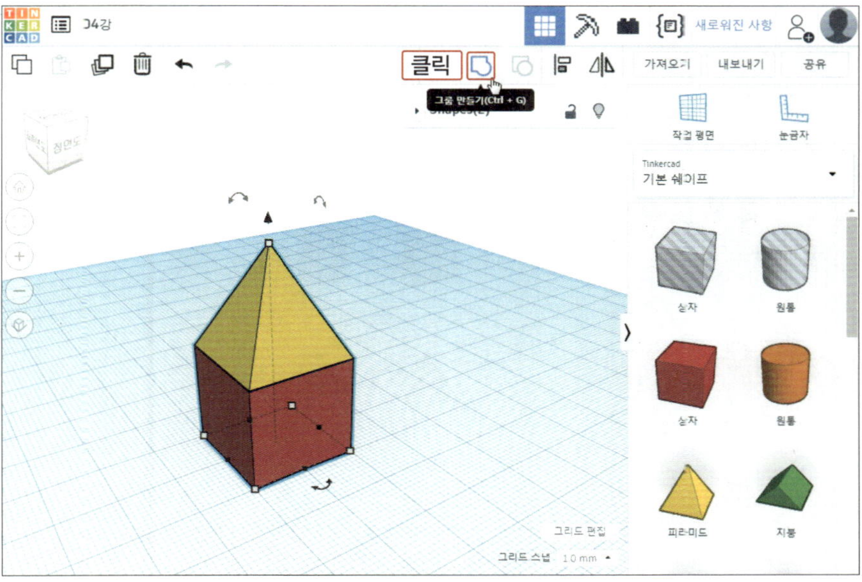

02 도형의 색이 동일하게 바뀌고 그룹이 설정됩니다. 도형을 드래그하면 하나의 도형처럼 이동하는 것을 확인할 수 있습니다.

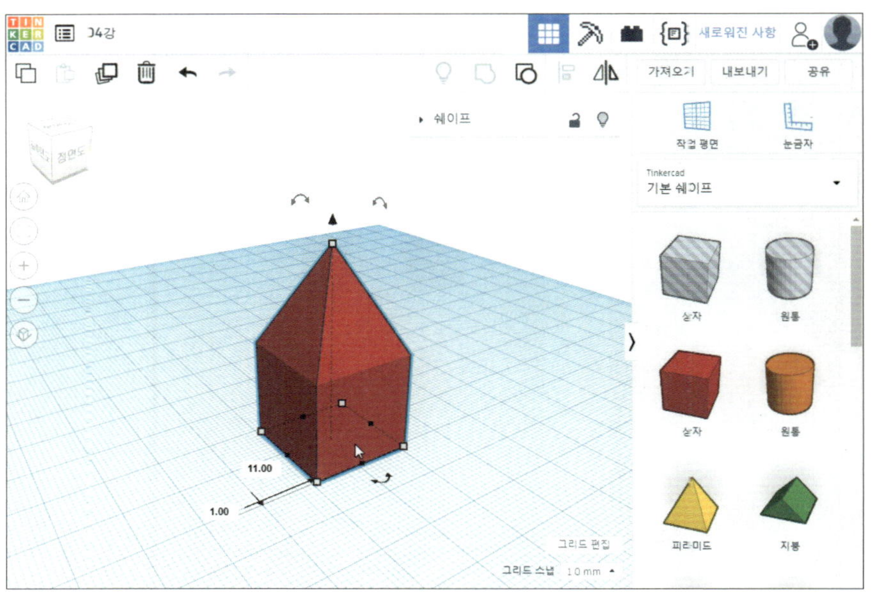

03 각 도형을 원래의 색으로 표시하기 위해 [쉐이프] 대화상자의 [솔리드]를 클릭합니다. 색 목록 아래의 '여러 색'을 선택하면 각 도형이 원래의 색으로 표시됩니다.

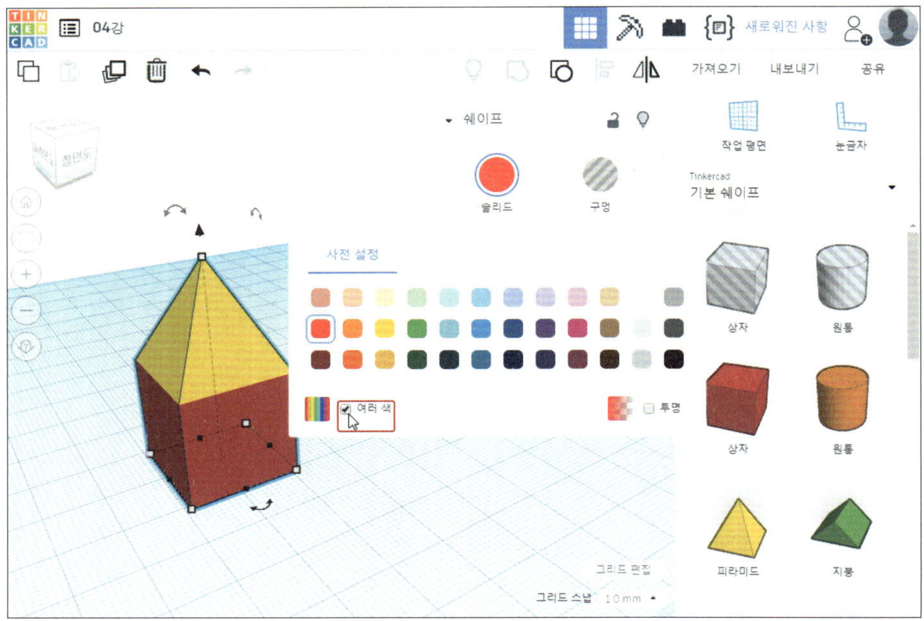

04 도형에 설정된 그룹을 해제하려면 상단 메뉴의 [그룹 해제]를 선택합니다.

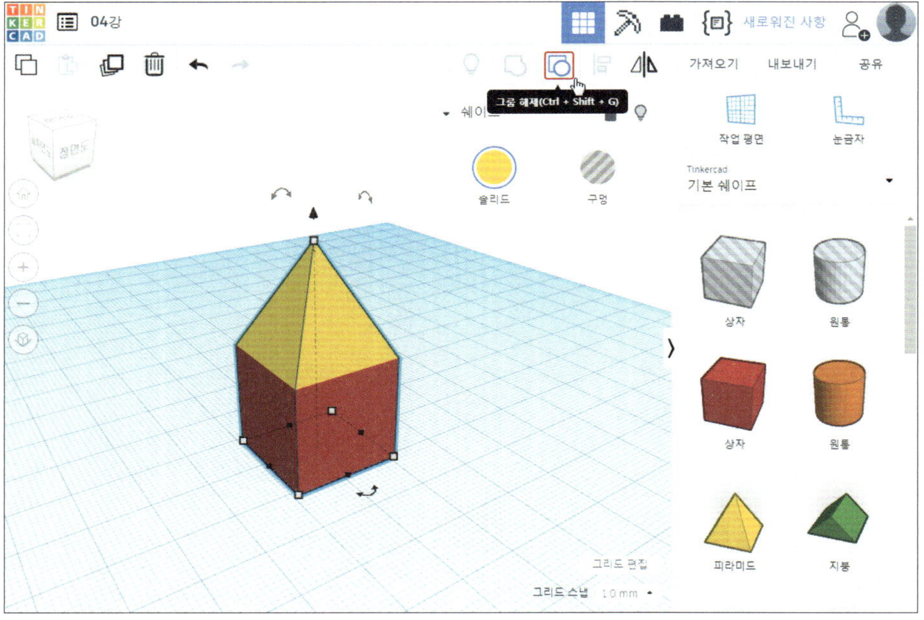

1 정렬 기능을 이용하여 그림과 같은 우주선 모양을 만들어 보세요.

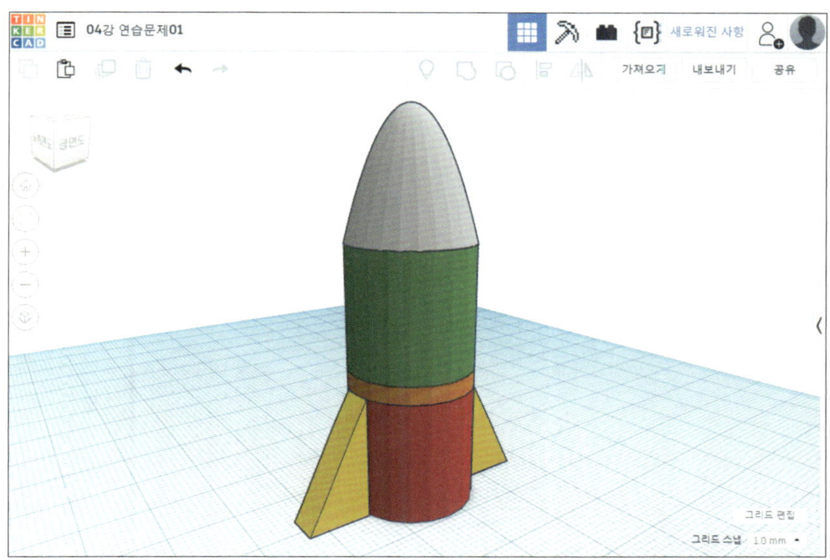

2 정렬 기능을 이용하여 그림과 같은 도형을 만들고 그룹으로 설정해 보세요.

> **조건** 도형의 가로는 '20mm', 세로는 '3mm', 높이는 '40mm'로 설정하시오.

전화번호판 만들기

여러 도형들을 이용하여 나만의 전화번호판을 만들어 보겠습니다. 반복되어 사용되는 도형들을 복사 기능을 이용하여 만드는 방법을 알아보겠습니다.

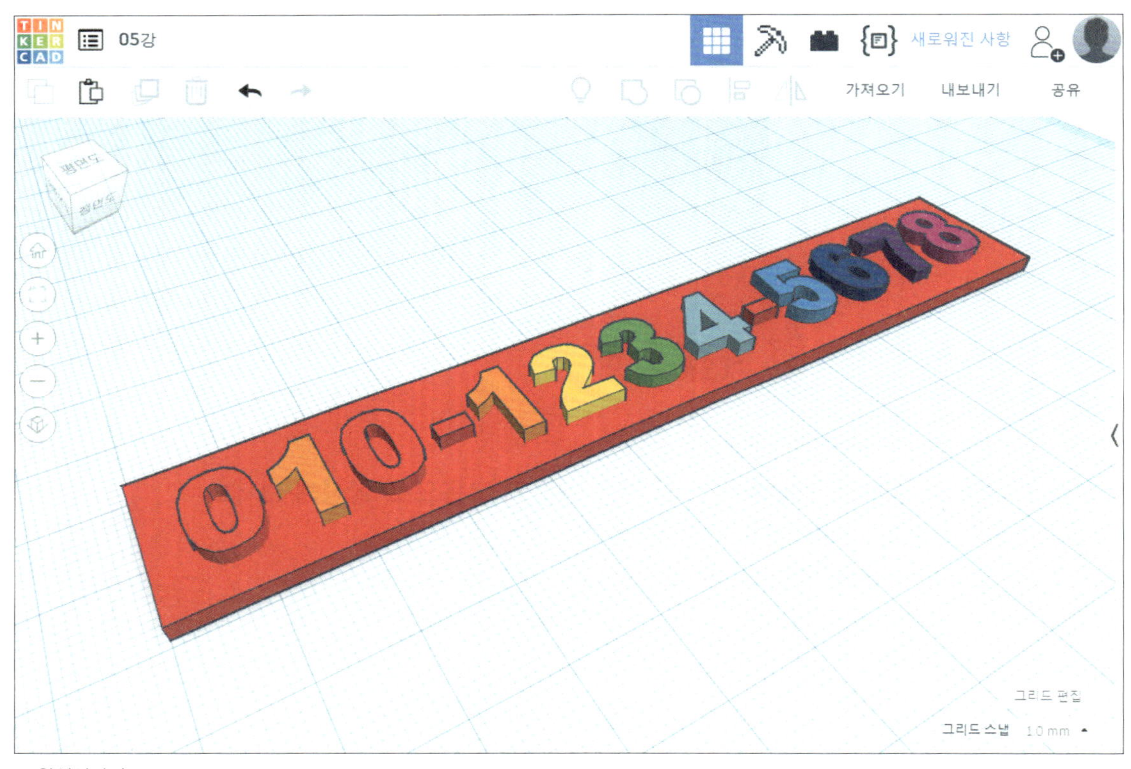

▲ 완성이미지

생각해보아요

전화번호판은 주차된 차량의 앞 유리에 넣어 운전자와 연락을 할 수 있도록 만드는 경우가 많습니다. 전화번호판에는 휴대폰 번호로 사용되는 숫자 이외에도 자신의 이름이나 정보를 입력해도 좋습니다. 결과물을 완성한 후 필요한 크기에 맞춰 축소하거나 확대하여 만들어 보도록 합니다.

팅커캐드의 기본 도형들을 이용하여 판을 만들고 그 위에 숫자를 삽입해 보겠습니다.

01 숫자가 입력될 판을 만들기 위해 오른쪽 모양 모음의 [기본 쉐이프]에서 '상자'를 선택합니다. [작업 평면]에 네모가 삽입되면 가로는 '120mm', 세로는 '20mm', 높이는 '2mm'가 되도록 설정합니다.

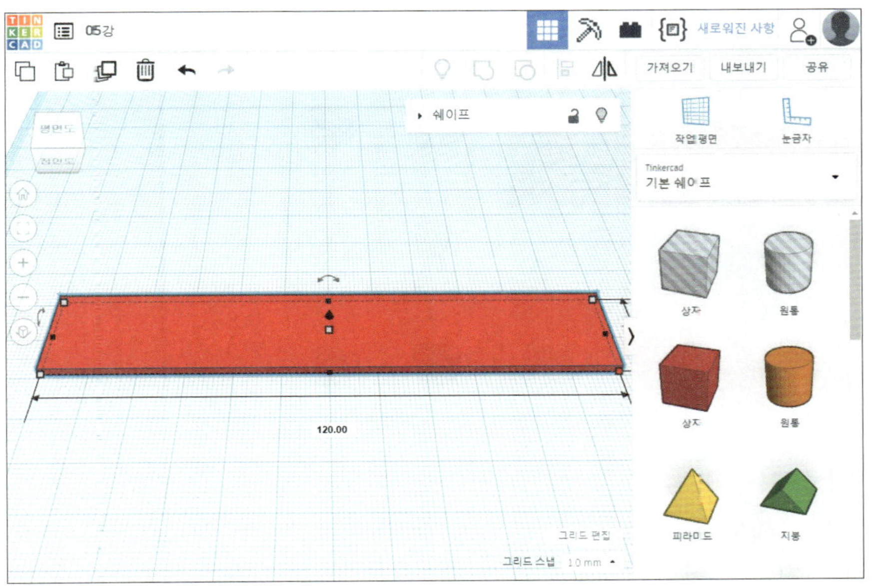

02 숫자를 입력하기 위해 모양 모음의 [문자]에서 '0'을 선택하고 삽입합니다. 높이는 '2mm'가 되도록 설정합니다.

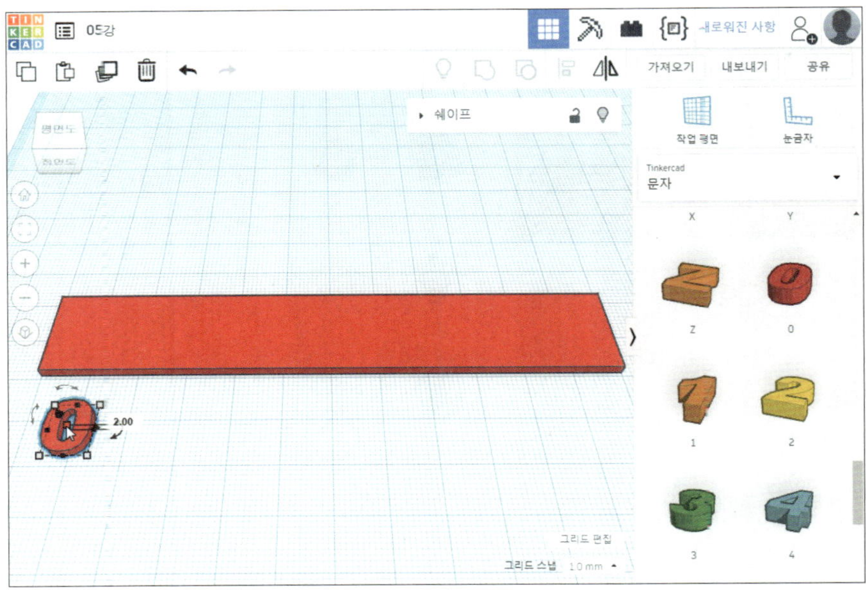

03 같은 방법을 이용하여 '1'을 입력한 후 '0'의 오른쪽에 삽입한 후 높이를 '2mm'가 되도록 설정합니다.

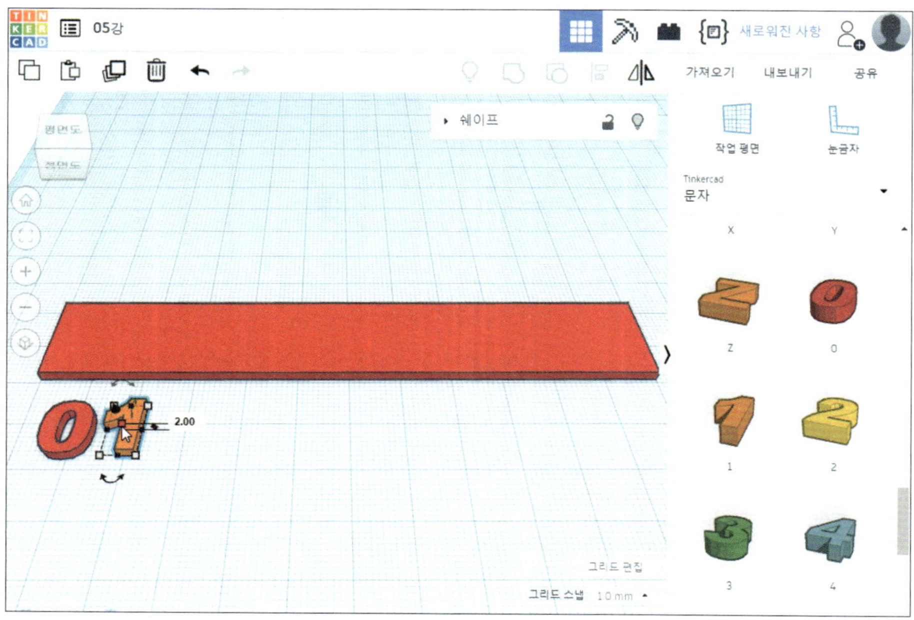

04 도형을 복사하기 위해 '0'을 선택하고 Ctrl + C 를 누른 후 Ctrl + V 를 누릅니다. 같은 모양의 도형이 하나 더 만들어진 것을 확인할 수 있습니다.

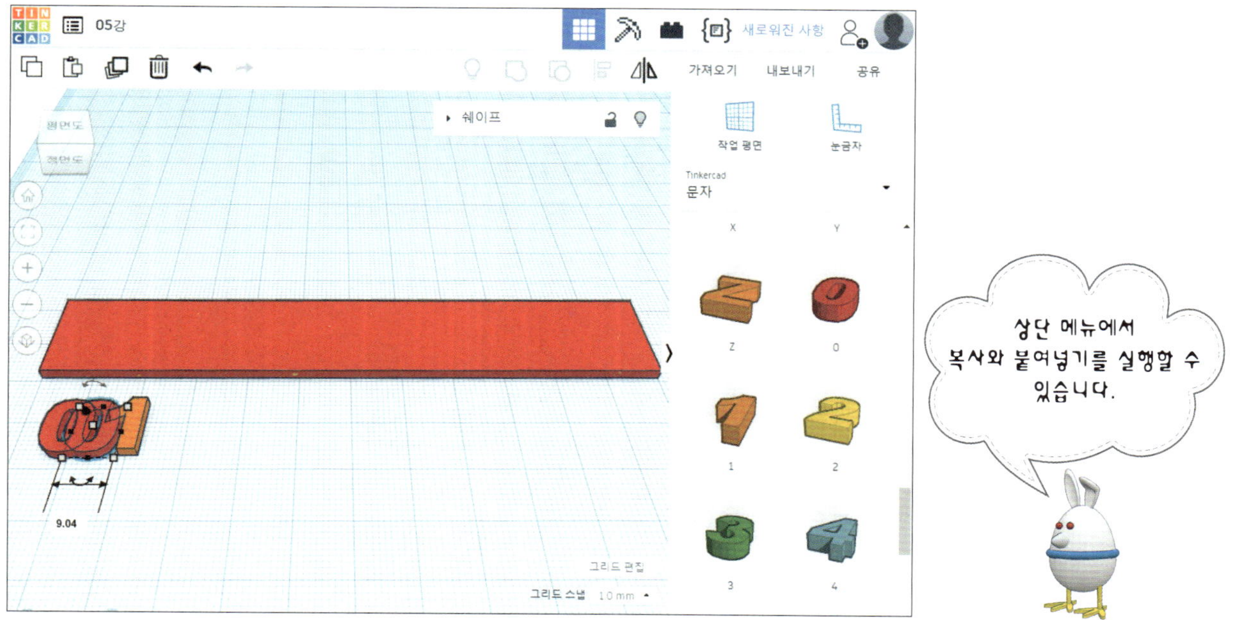

05 복사된 도형을 오른쪽으로 드래그하여 그림과 같이 배치합니다.

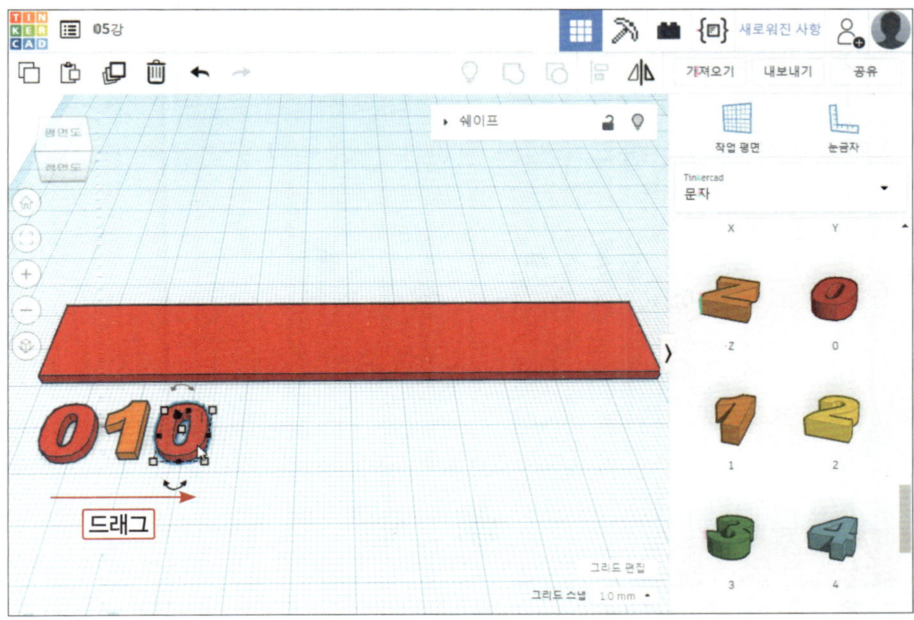

06 같은 방법을 이용하여 그림과 같이 전화번호를 입력합니다. 숫자가 같은 경우 이전에 삽입한 도형을 복사하여 사용합니다.

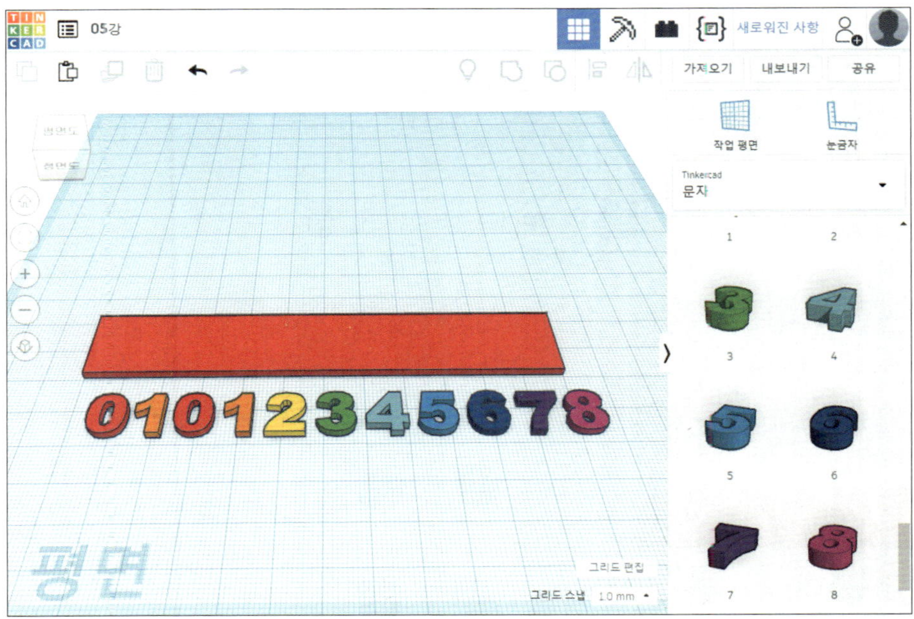

삽입한 도형을 선택하여 한꺼번에 크기와 위치를 조절하는 방법을 알아보겠습니다.

01 구분 기호 모양의 도형을 입력할 공간을 만들기 위해 그림과 같이 숫자 앞부분의 '010'에 해당하는 도형을 드래그하여 선택합니다.

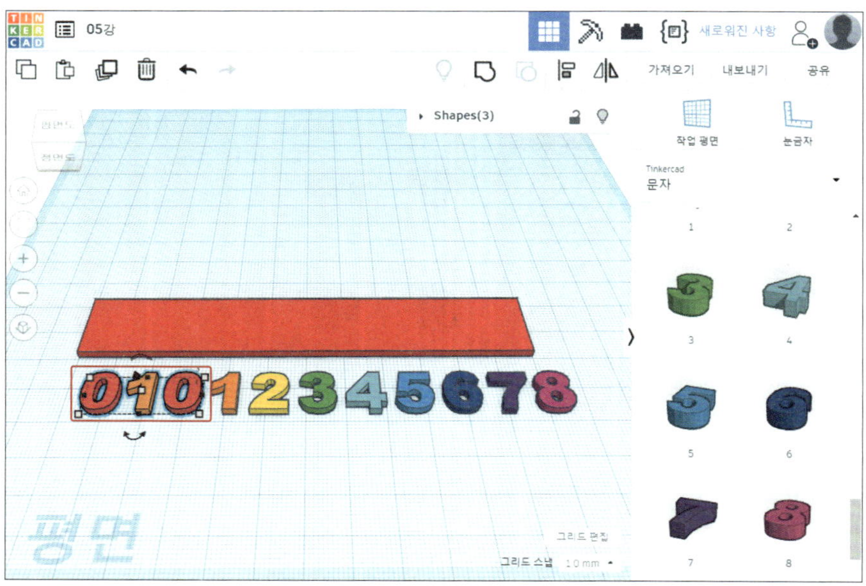

02 선택된 도형 오른쪽 바깥 부분의 점을 왼쪽으로 드래그합니다. 그림과 같이 선택된 도형들의 가로 크기가 줄어들게 됩니다.

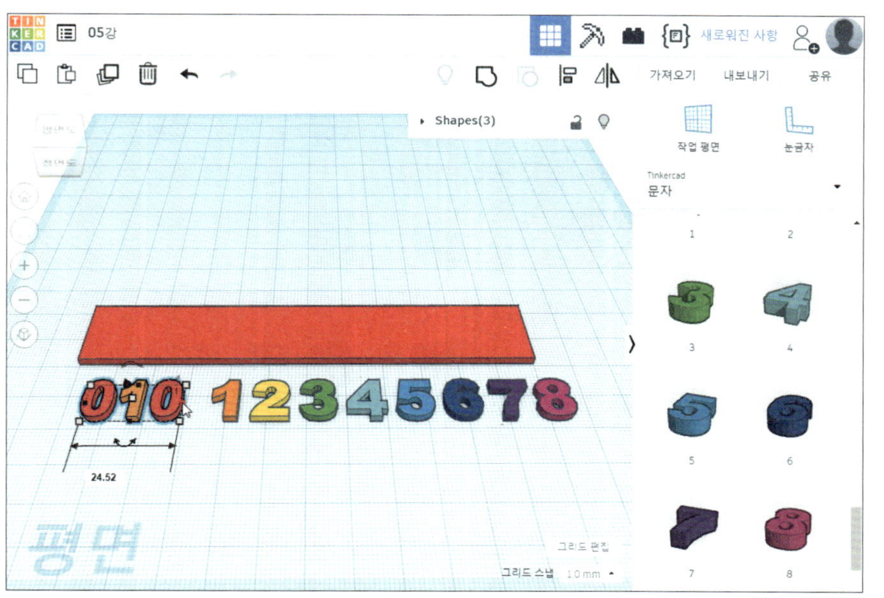

03 같은 방법을 이용하여 나머지 숫자들도 그림과 같이 도형의 가로 크기를 줄입니다.

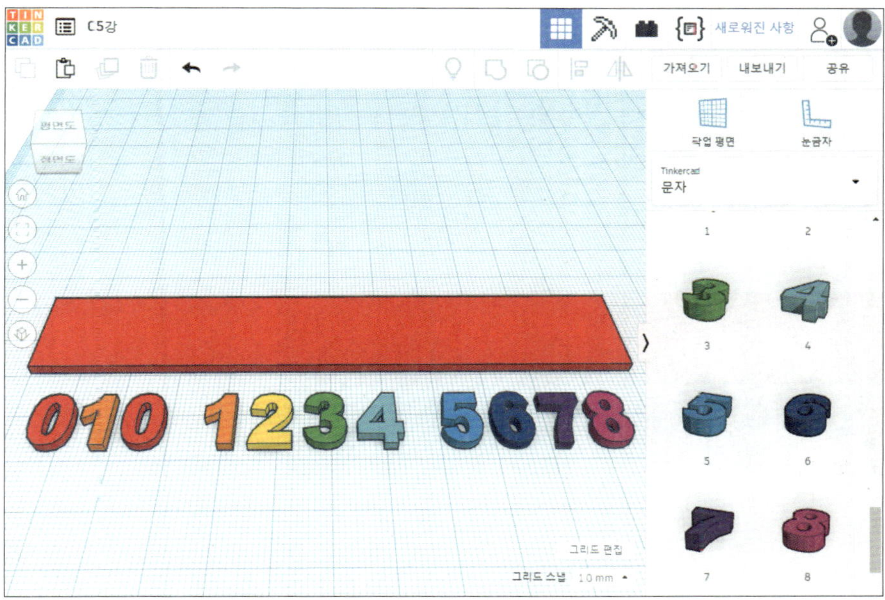

04 모양 모음의 [기본 쉐이프]에서 '상자'를 선택해 삽입하고 구분 기호가 들어갈 공간에 맞게 크기를 줄입니다. 도형을 복사하여 오른쪽 빈 공간에도 삽입합니다.

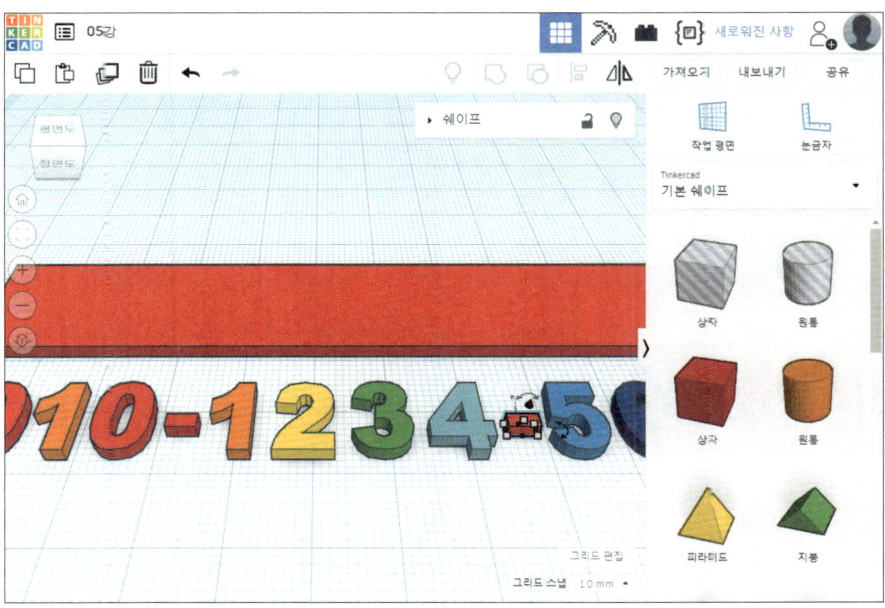

05 전화번호로 삽입한 모든 도형을 선택한 후 위쪽 화살표를 드래그하여 [작업 평면]과의 간격이 '2mm'가 되도록 만듭니다.

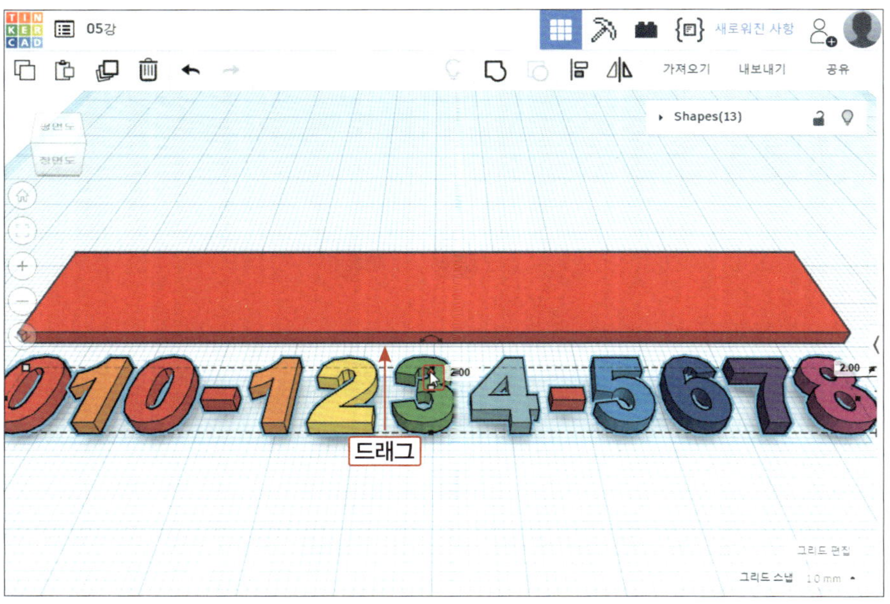

06 도형을 판 위로 이동하여 전화번호판을 완성합니다. 판의 크기가 작은 경우 오른쪽 점을 드래그 하여 크기를 조절합니다.

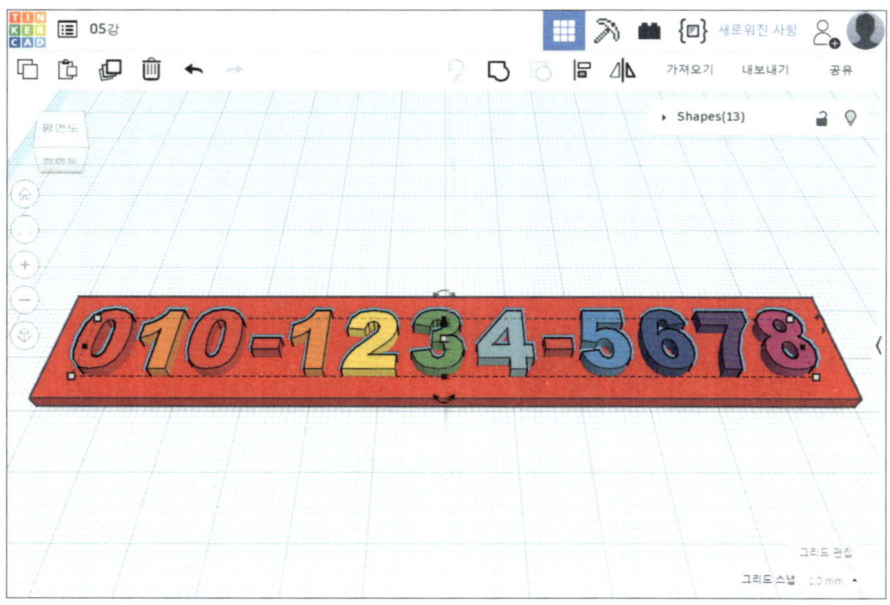

1 전화번호판의 모든 도형을 그룹으로 설정한 후 그림과 같이 회전시켜 보세요.

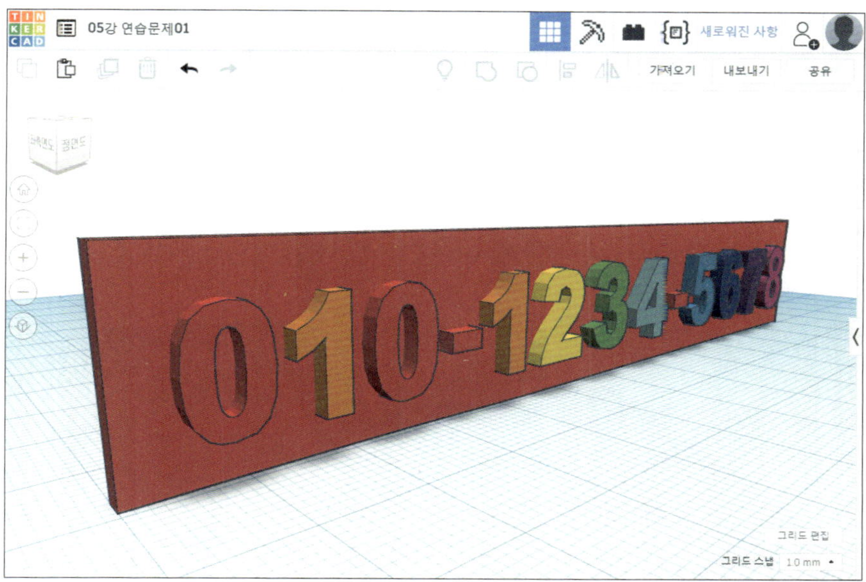

2 전화번호판의 뒷면에 그림과 같이 이름을 영문으로 입력해 보세요.

미니자동차 만들기

팅커캐드의 그룹 기능을 이용하면 여러 도형을 한꺼번에 묶어 편리하게 움직이거나 사용할 수 있습니다. 그룹 기능을 이용하여 미니자동차를 만드는 방법을 알아보겠습니다.

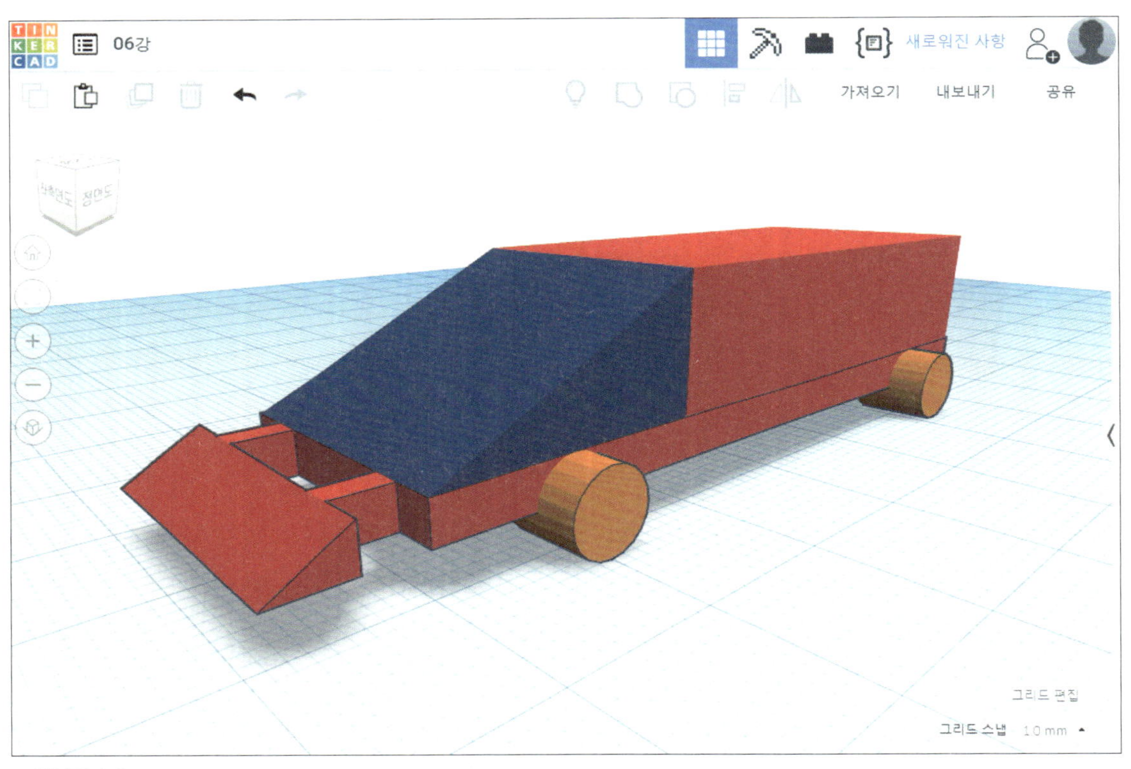

▲ 완성이미지

생각해보아요

여러 도형을 이용하여 미니자동차와 같이 재미있는 장난감을 만들 수 있습니다. 여러 도형을 삽입하여 연결하고 크기를 바꾸고 색을 변경하여 다양한 형태의 자동차를 만들 수 있습니다. 자동차의 각 부분의 명칭을 알아보고 쓰이는 용도에 따라 어떤 특징들이 있는지 알아보도록 합니다.

01 미니자동차 밑판 만들기

미니자동차 구조의 기본이 되는 밑판을 그룹 기능을 이용하여 만들어 보겠습니다.

01 모양 모음의 [기본 쉐이프]에서 '상자'를 선택하여 그림과 같이 삽입합니다.
(가로 : 60mm, 세로 : 20mm, 높이 : 3mm)

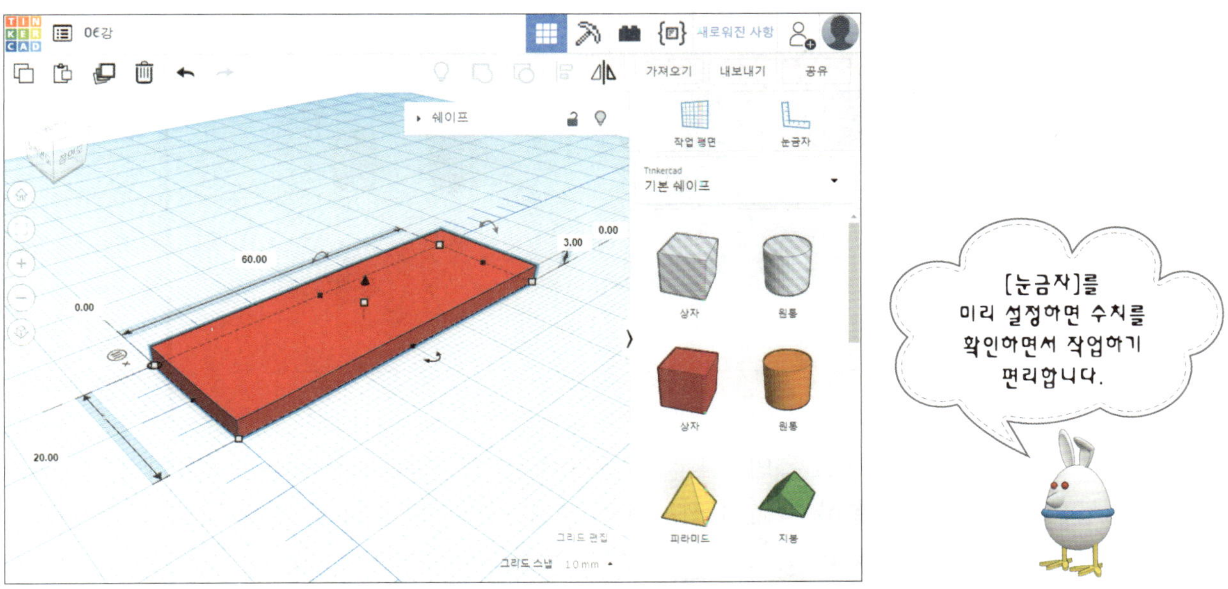

02 삽입한 도형 앞에 범퍼 지지대를 만들기 위해 그림과 같이 '상자'를 삽입하여 지지대를 만듭니다.
(가로 : 4mm, 세로 : 2mm, 높이 : 3mm)

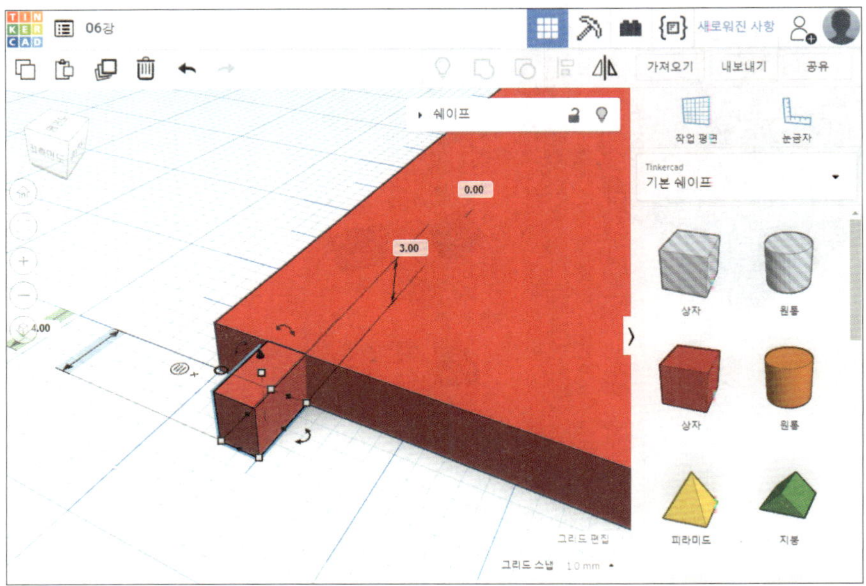

03 삽입한 지지대를 선택한 후 복사 기능을 이용하여 하나 더 만들어 그림과 같이 배치합니다.

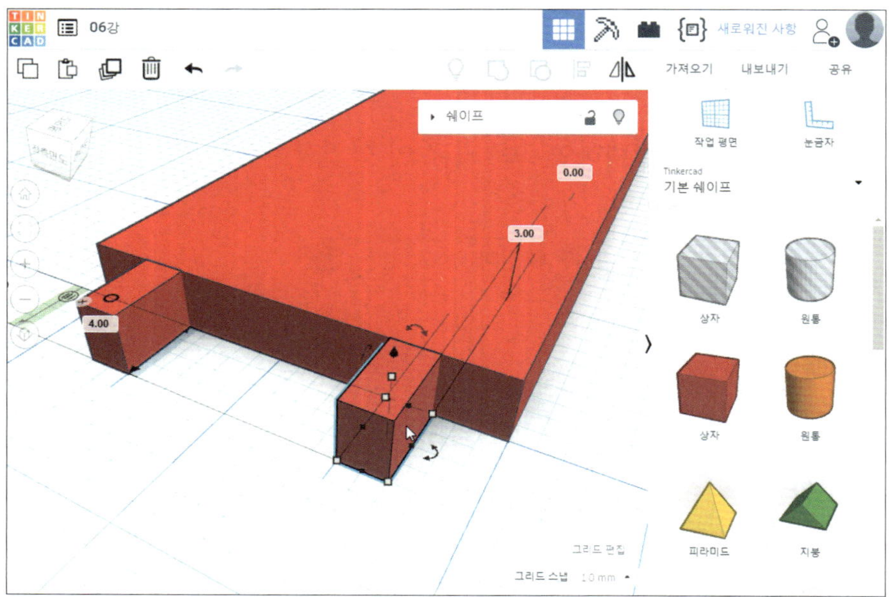

04 범퍼를 만들기 위해 모양 모음의 [기본 쉐이프]에서 '쐐기'를 선택하여 삽입합니다. 그림과 같이 회전시킨 후 크기를 조절하여 범퍼 지지대 앞에 위치합니다.
(가로 : 5mm, 세로 : 20mm, 높이 : 3mm)

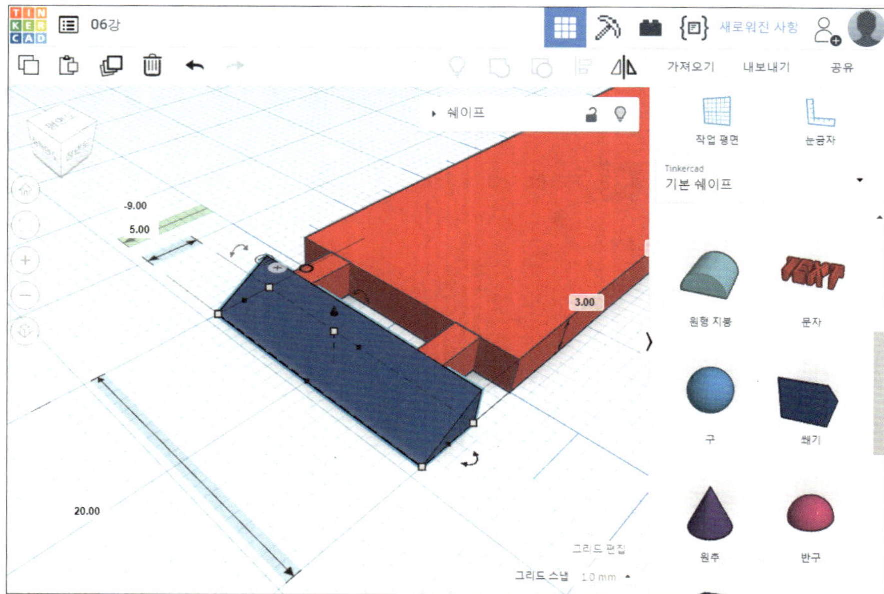

05 밑판이 만들어지면 하나로 묶기 위해 바깥 부분에서 마우스를 드래그하여 모두 선택한 후 상단 메뉴의 [그룹 만들기]를 클릭합니다.

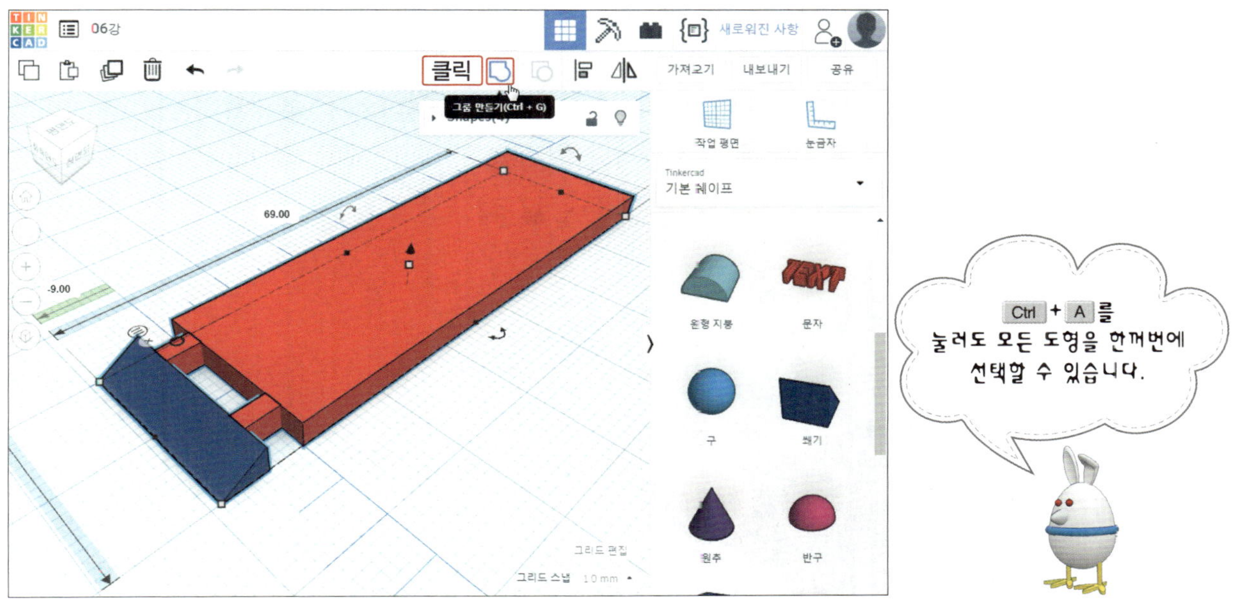

06 모든 도형이 빨간색으로 바뀌고 그룹이 설정되면 위로 드래그하여 [작업 평면]과 '3mm' 간격이 되도록 설정합니다.

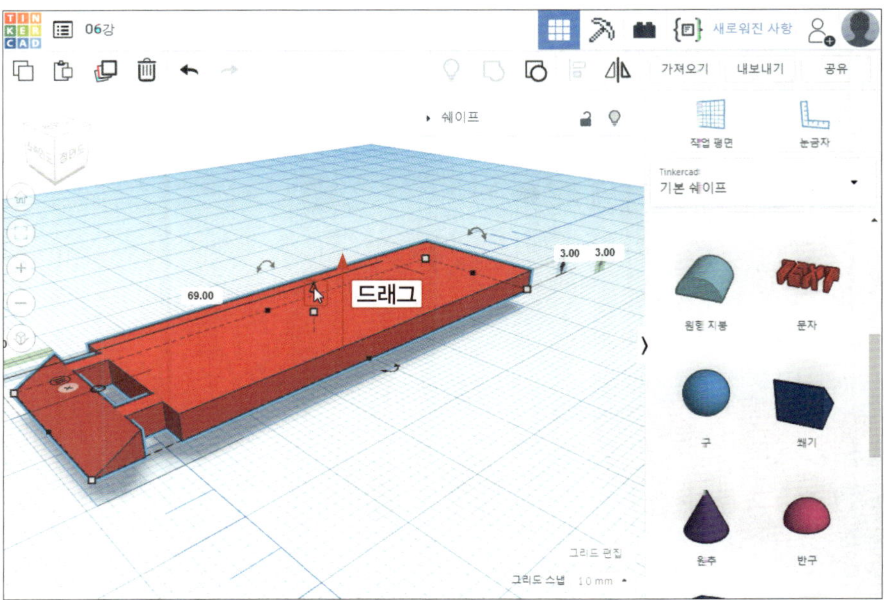

미리 만들어 놓은 미니자동차의 밑판 위에 몸체와 바퀴로 사용할 도형들을 가져와 연결해 보겠습니다.

01 미니자동차의 앞부분을 만들기 위해 모양 모음의 [기본 쉐이프]에서 '쐐기'를 선택하여 삽입합니다. 그림과 같이 회전시킨 후 앞부분에 위치합니다.(가로 : 20mm, 세로 : 20mm, 높이 : 10mm)

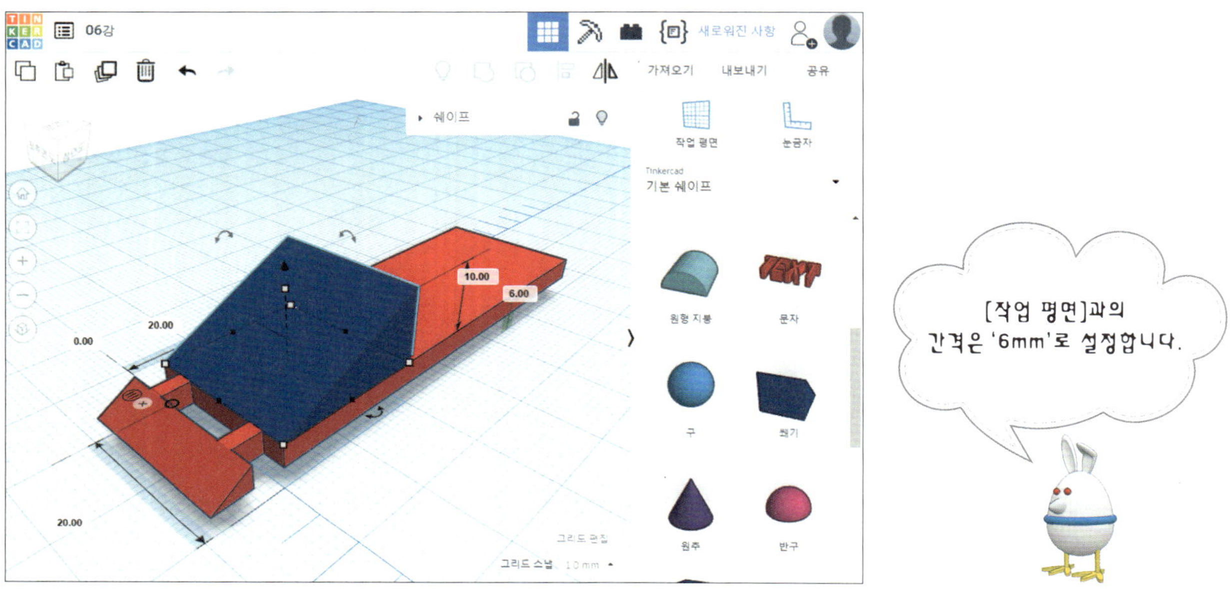

02 차체를 만들기 위해 [기본 쉐이프]에서 '상자'를 선택하여 앞부분 뒤에 그림과 같이 삽입합니다. (가로 : 40mm, 세로 : 20mm, 높이 : 10mm)

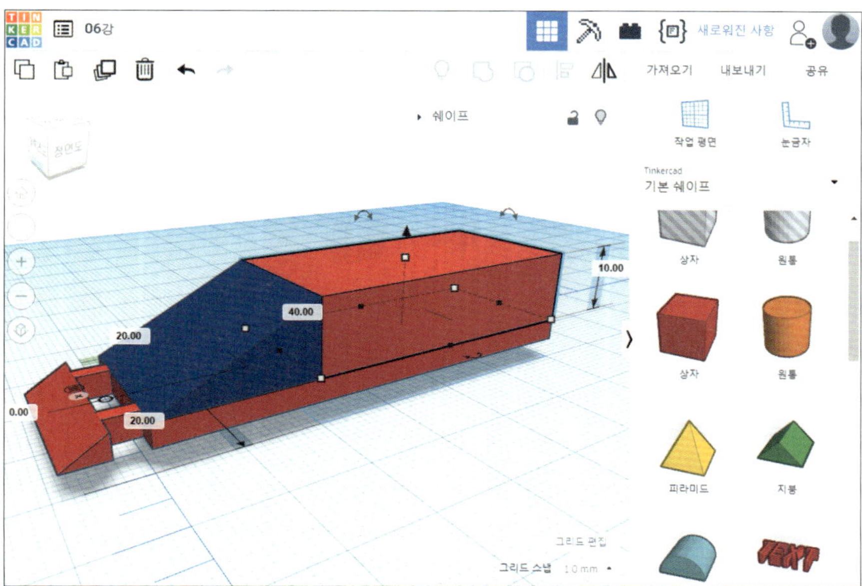

03 바퀴를 만들기 위해 [기본 쉐이프]에서 '원통'을 선택하여 삽입하고 그림과 같이 90도 회전시 킵니다.

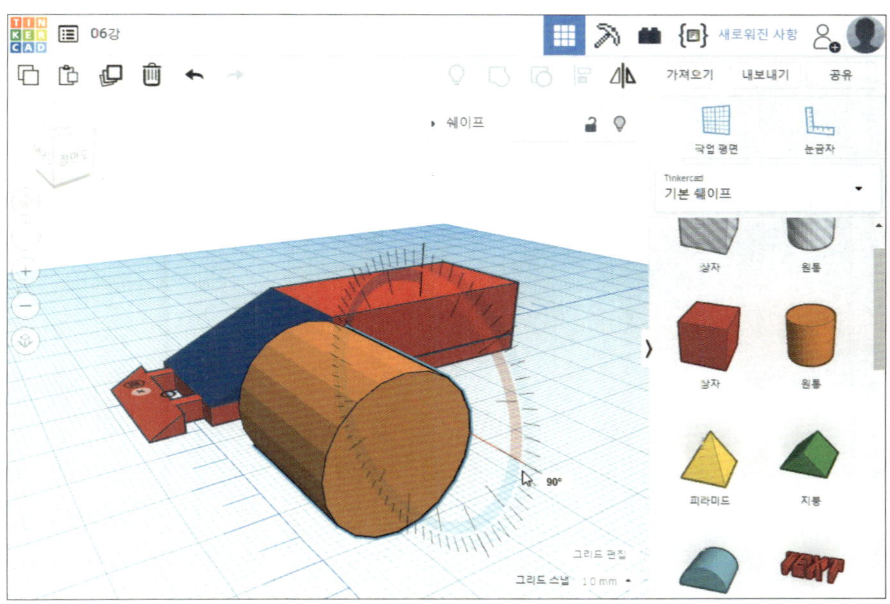

04 회전시킨 도형의 가로와 세로, 높이를 각각 6mm로 설정하여 그림과 같이 도형 크기를 축소 합니다.

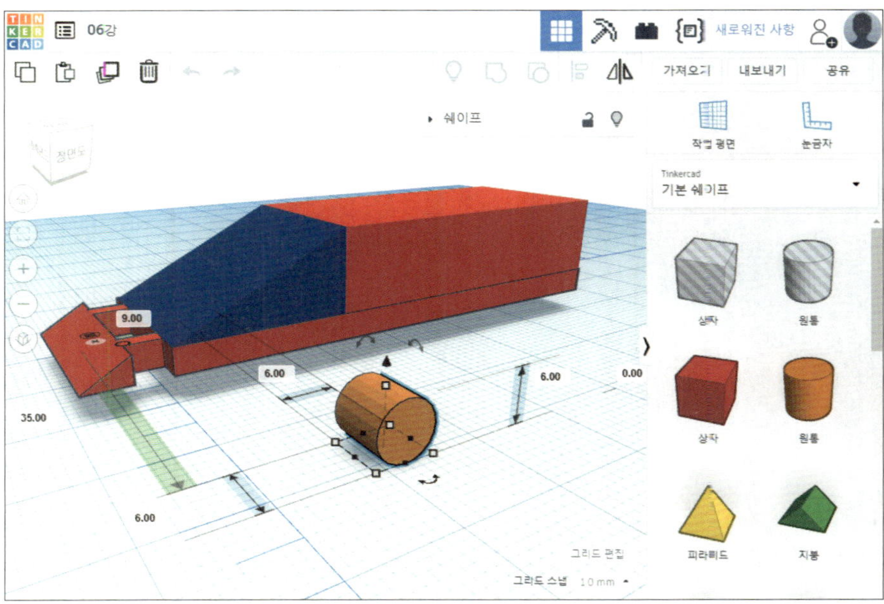

 크기를 조절한 도형을 그림과 같이 자동차 앞부분에 드래그하여 3mm만 튀어 나오도록 위치를 변경합니다.

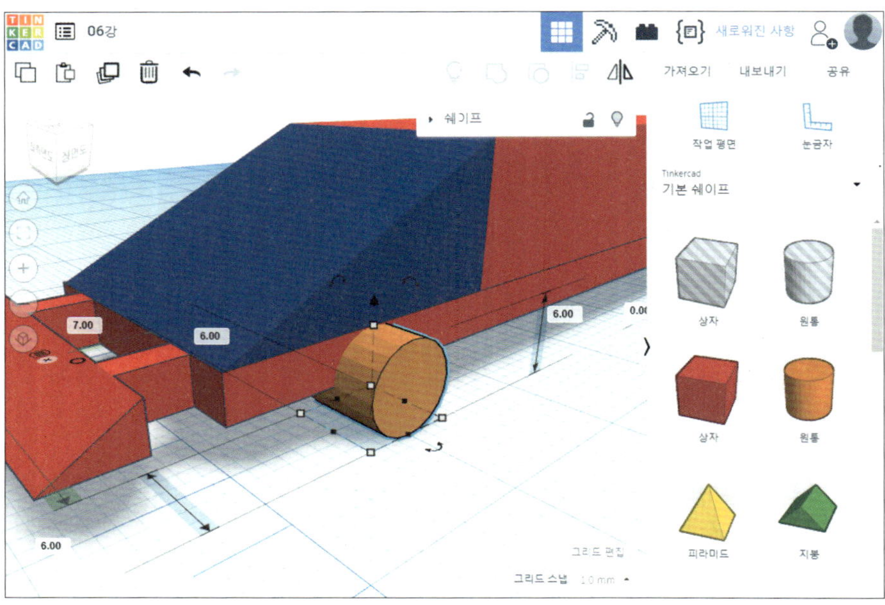

 도형을 복사하여 3개 더 만들고 그림과 같이 자동차 아래의 각 부분에 바퀴를 삽입하여 완성합니다.

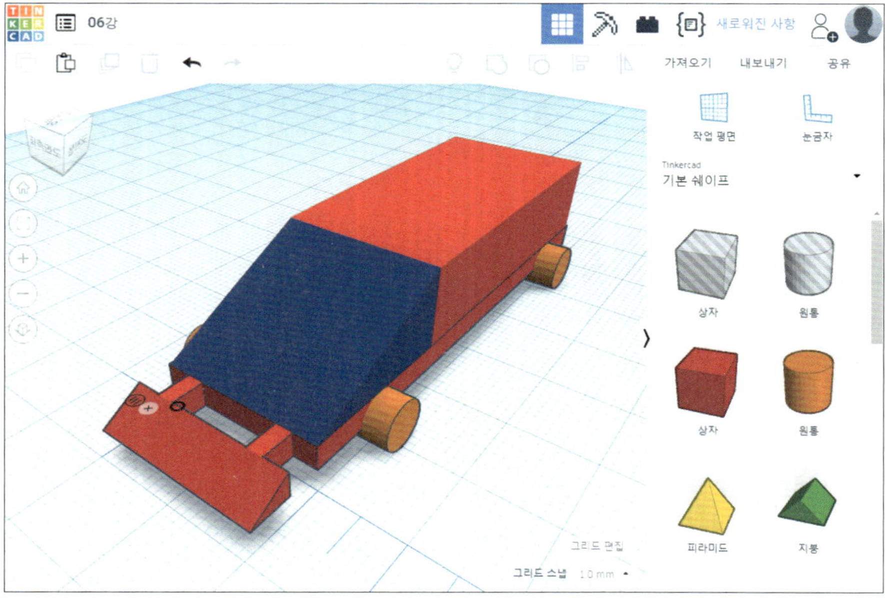

1 '상자' 도형을 이용하여 그림과 같이 자동차 차체 부분을 만들고 여러 가지 색으로 꾸며 보세요.

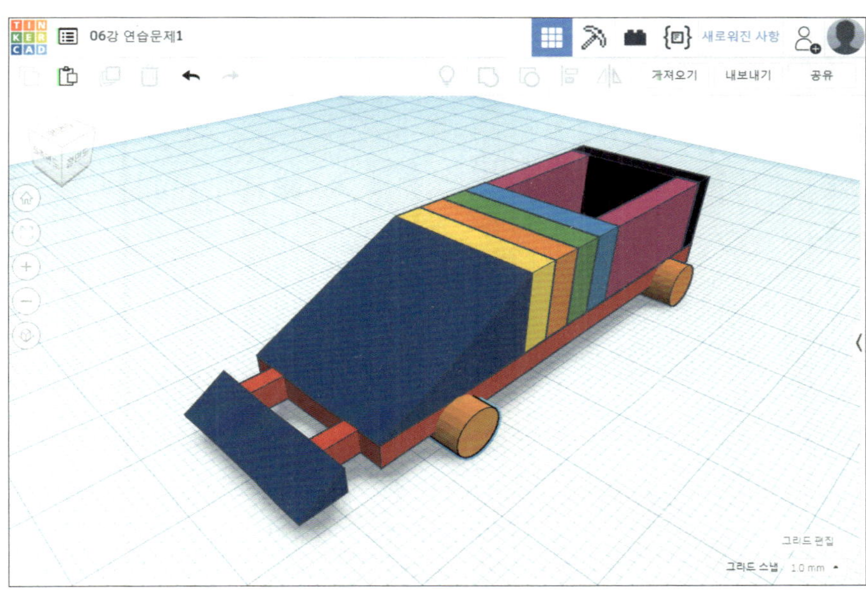

2 '쐐기'와 '상자' 도형을 이용하여 그림과 같이 자동차를 꾸며 보세요.

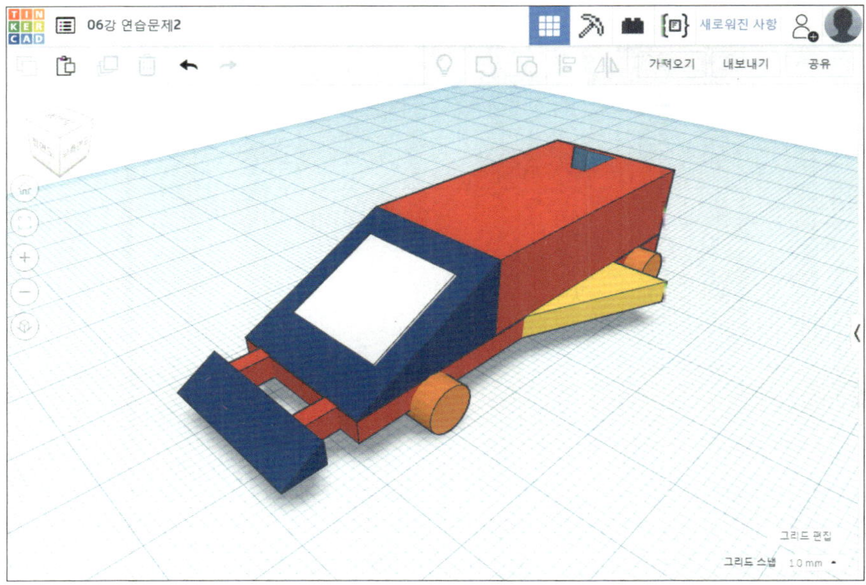

Chapter 07

UFO 만들기

팅커캐드의 정렬 기능을 이용하면 여러 도형을 쉽고 빠르게 원하는 형태로 정렬할 수 있습니다. 정렬 기능을 이용하여 UFO를 만드는 방법을 알아보겠습니다.

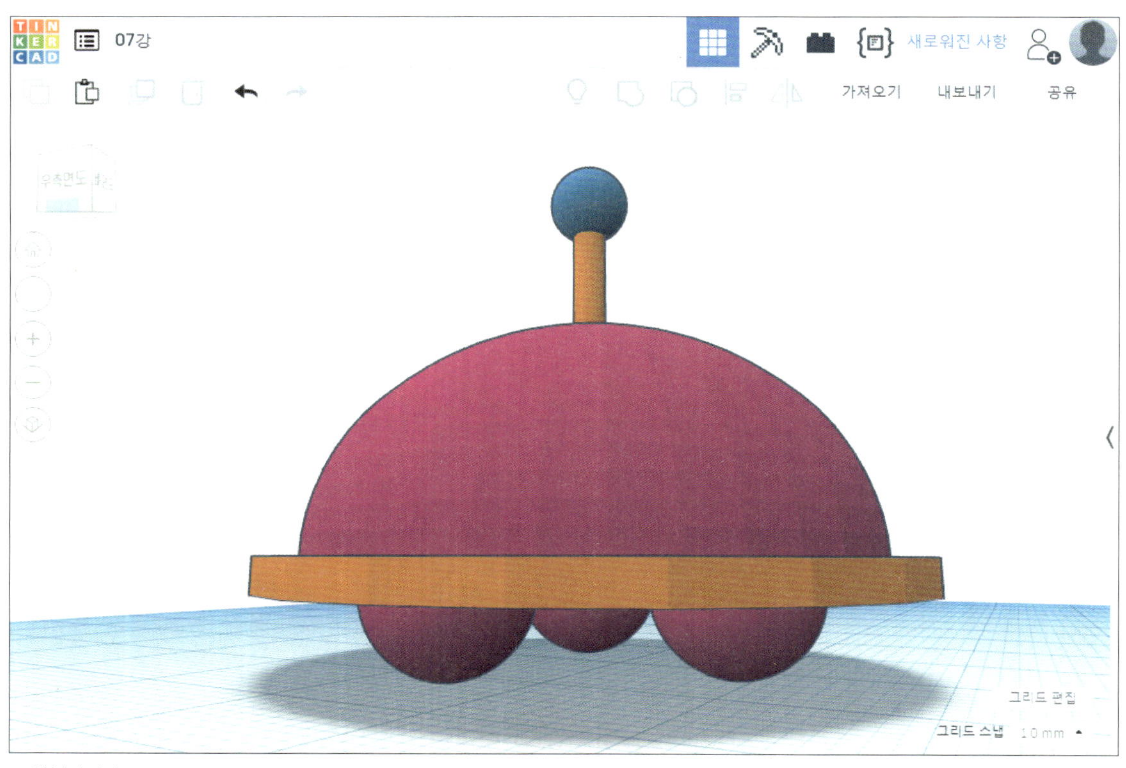

▲ 완성이미지

생각해보아요

미확인비행물체라고 불리는 UFO는 외계에서 날아온다고 합니다. 아직 본 사람이 많지는 않지만 공상과학영화에서 많이 등장하는 UFO를 만들어 보도록 합니다. 우리가 UFO를 생각하면 대부분 둥근 모양으로 만들게 되는데, 여러분들이 상상하는 UFO는 어떻게 만들 수 있을지 도형의 모양들을 살펴본 후 조합하여 재미있게 만들어 보도록 합니다.

여러 도형을 삽입하고 정렬 기능을 이용하여 원하는 모양을 만들어 보겠습니다.

01 UFO의 기준이 되는 도형을 만들기 위해 모양 모음의 [기본 쉐이프]에서 '원통'을 선택한 후 그림과 같이 삽입합니다.(가로 : 40mm, 세로 : 40mm, 높이 : 2mm)

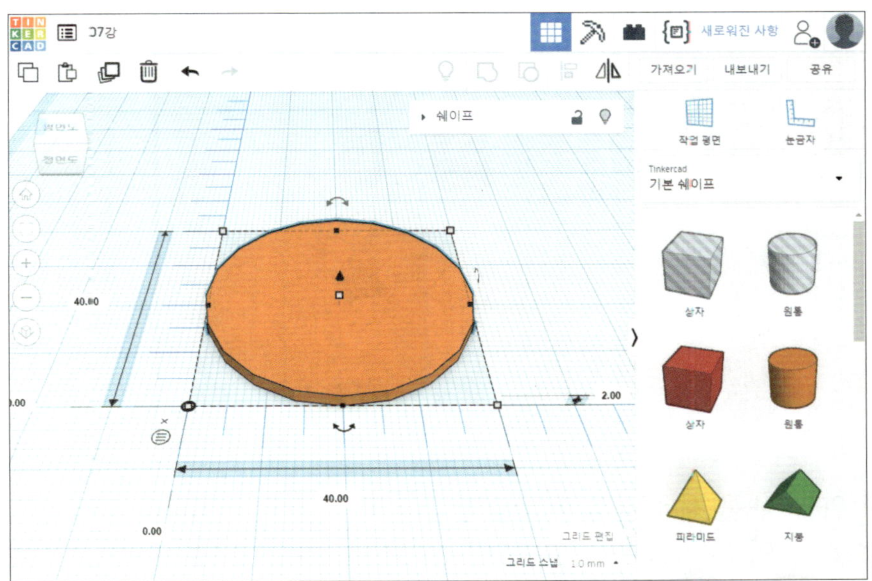

02 UFO의 몸체 부분을 만들기 위해 '반구'를 선택한 후 이전에 삽입한 도형 옆에 그림과 같이 삽입합니다.(가로 : 35mm, 세로 : 35mm, 높이 : 15mm)

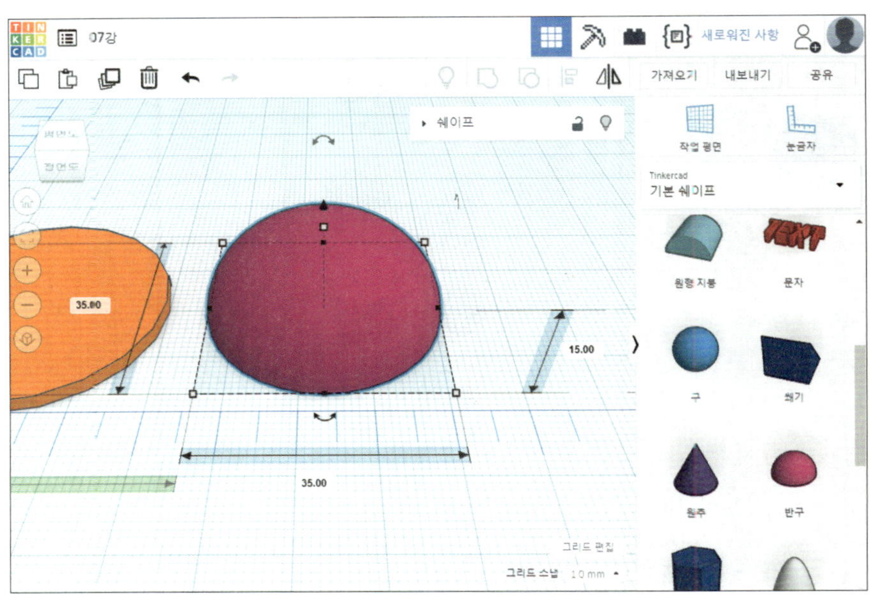

03 UFO의 안테나를 만들기 위해 '원통'을 선택한 후 이전에 삽입한 도형 옆에 그림과 같이 삽입합니다. (가로 : 2mm, 세로 : 2mm, 높이 : 10mm)

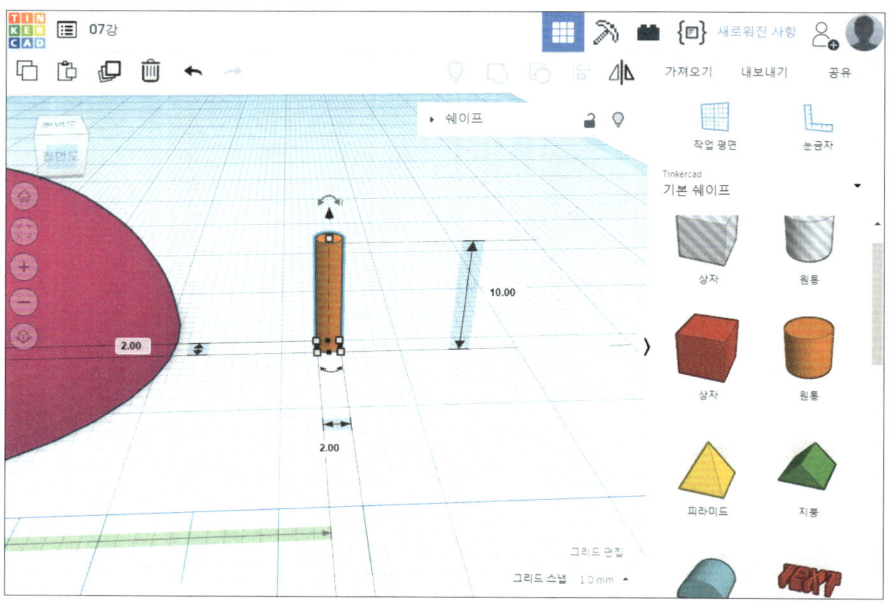

04 안테나 끝 부분을 만들기 위해 '구'를 선택한 후 이전에 삽입한 도형 옆에 그림과 같이 삽입합니다. (가로 : 5mm, 세로 : 5mm, 높이 : 5mm)

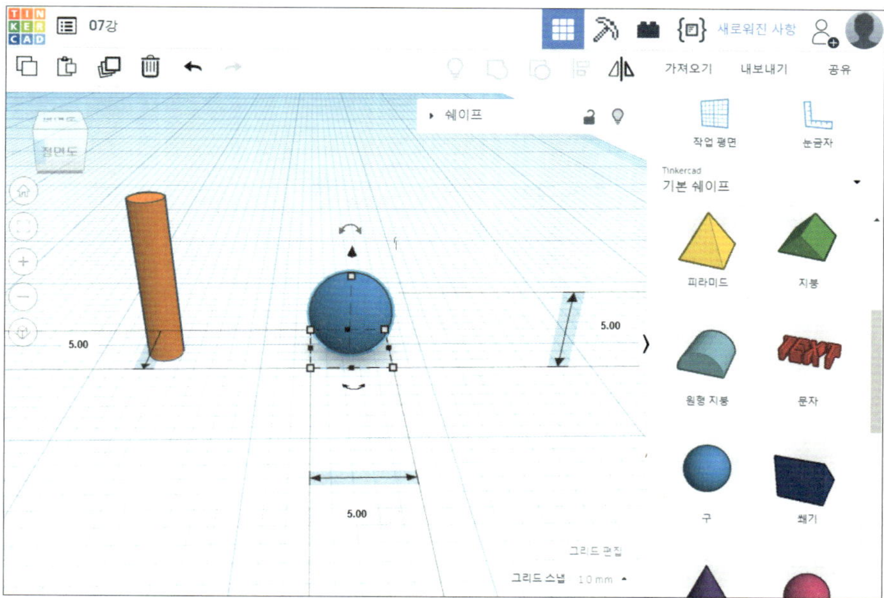

05 [작업 평면]을 그림과 같이 회전시킨 후 각 도형을 선택하여 [작업 평면]과의 간격 높이를 각각
'2mm', '15mm', '24mm'로 조절합니다.

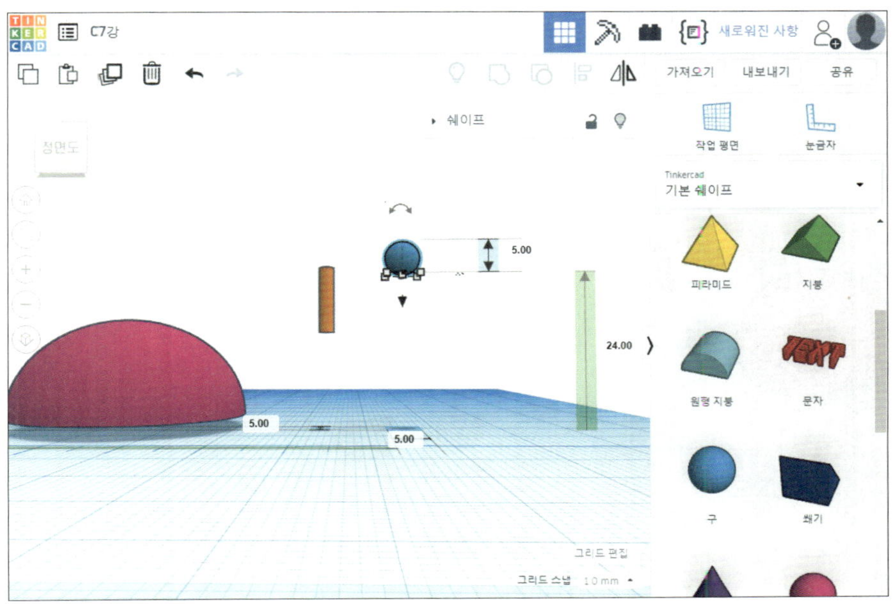

06 삽입한 고든 도형을 드래그하여 선택하고 상단 메뉴의 [정렬]을 선택합니다.

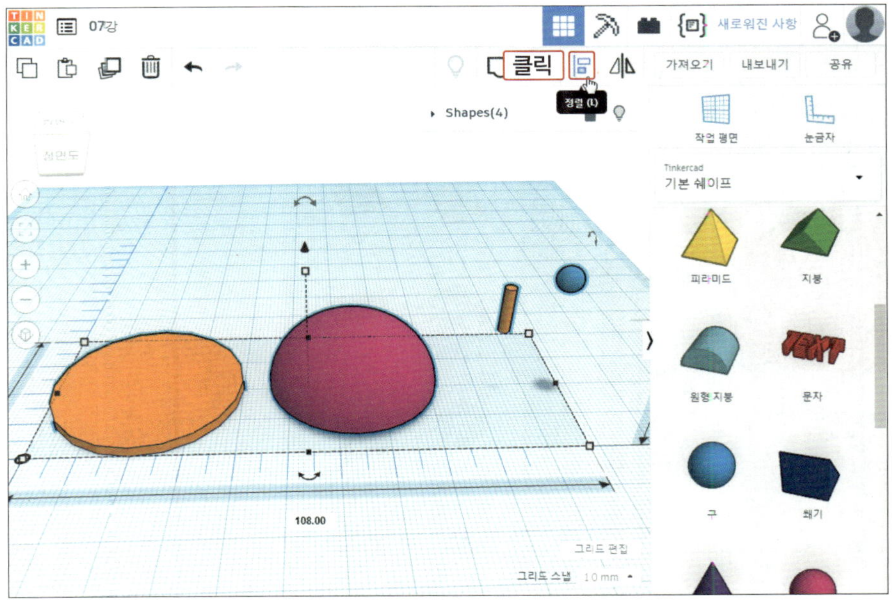

 도형을 정렬할 수 있는 점이 표시되면 가로와 세로의 가운데 점을 차례로 클릭합니다.

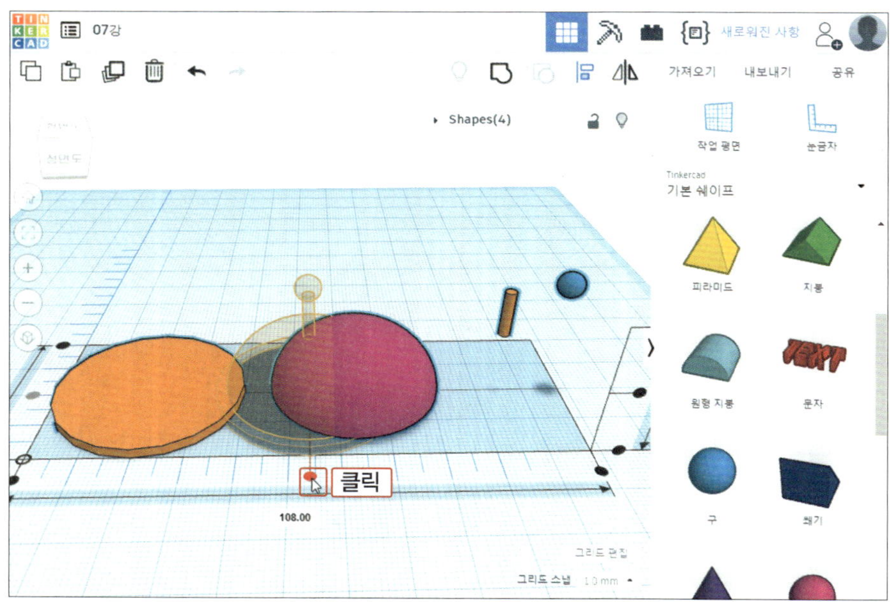

 그림과 같이 UFO의 윗부분이 가운데를 기준으로 정렬된 것을 확인할 수 있습니다.

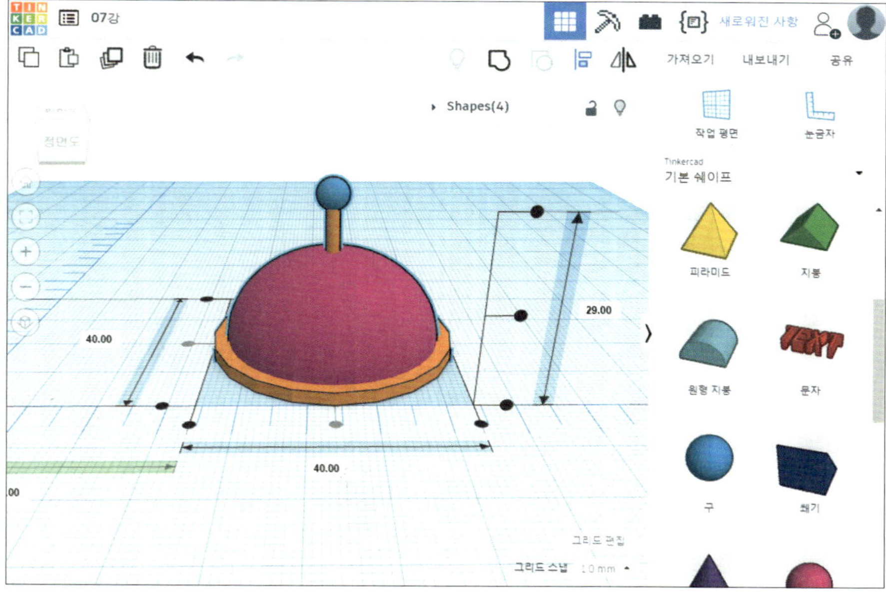

우주선의 아래 부분을 만들려면 어떻게 해야 할까요? [작업 평면]의 아래에서 위치를 조절하는 방법을 알아보겠습니다.

01 모양 모음의 [기본 쉐이프]에서 '반구'를 선택한 후 그림과 같이 삽입한 후 2개를 복사하고 위치를 조정합니다.(가로 : 10mm, 세로 : 10mm, 높이 : 5mm.)

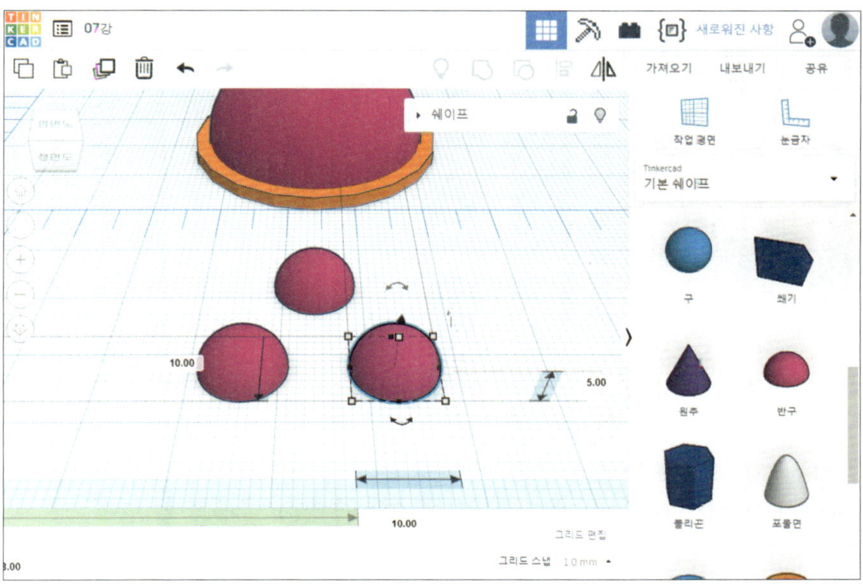

02 삽입한 3개의 도형을 선택한 후 상단 메뉴의 [반전]을 선택합니다. 도형 바깥 부분에 화살표가 표시되면 오른쪽의 상/하 변경 화살표를 클릭합니다. 도형의 위와 아랫부분의 위치가 바뀝니다.

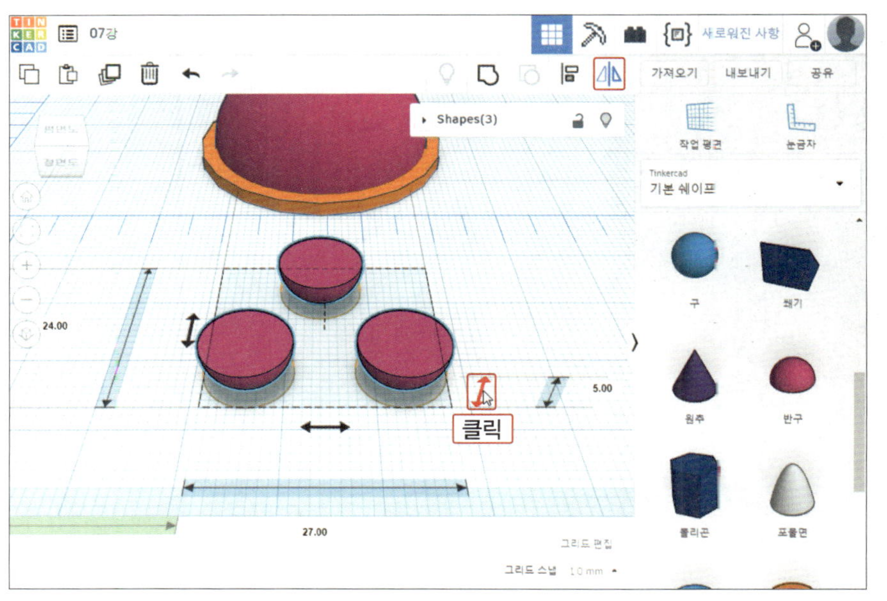

03 UFO 윗부분을 드래그하여 모두 선택한 후 [작업 평면]과의 사이가 '5mm' 간격이 되도록 만듭니다.

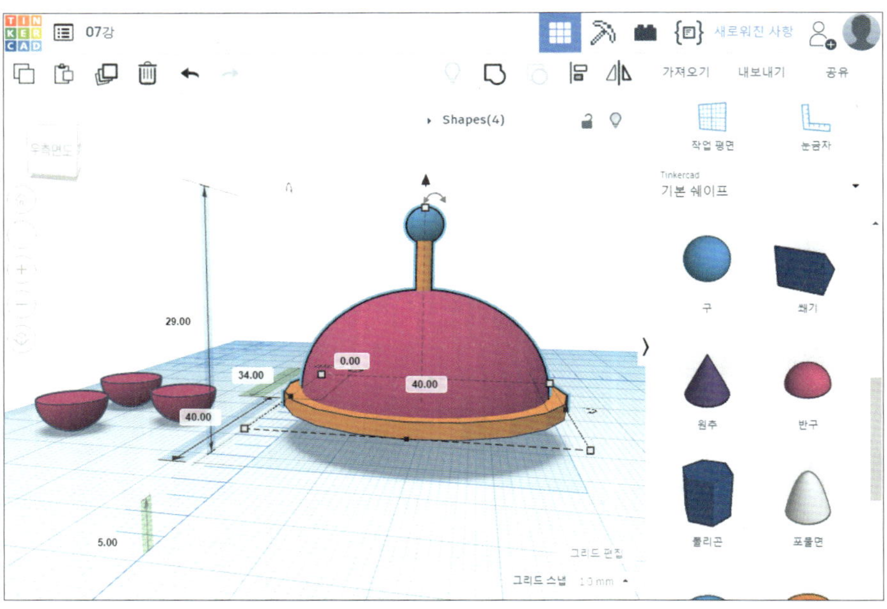

04 [작업 평면]을 회전시켜 아래에서 보이도록 한 후 선택되어 있는 UFO 윗부분을 드래그하여 그림과 같이 아래 부분에 3개의 반원 도형이 위치하도록 조절합니다.

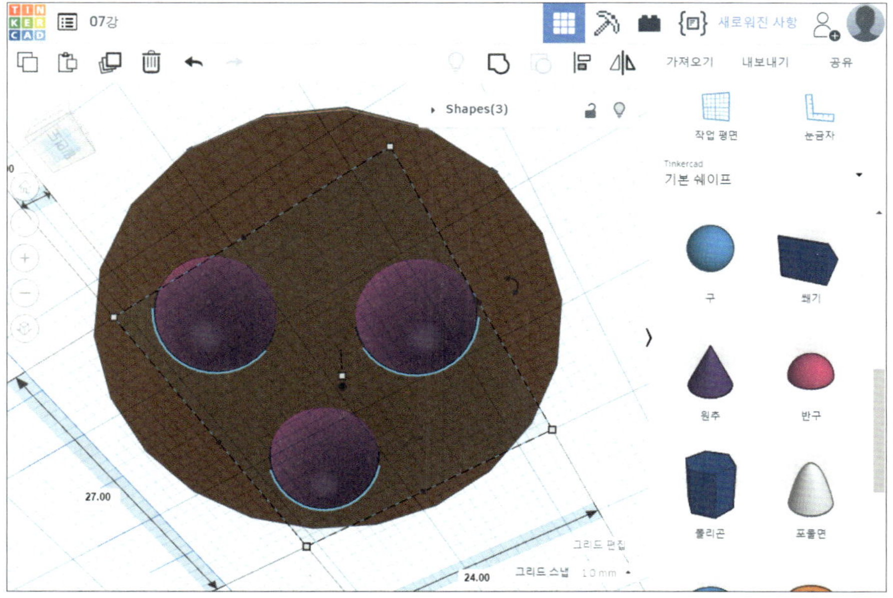

1 UFO를 2개 복사한 후 다양한 도형을 이용하여 꾸며 보세요.

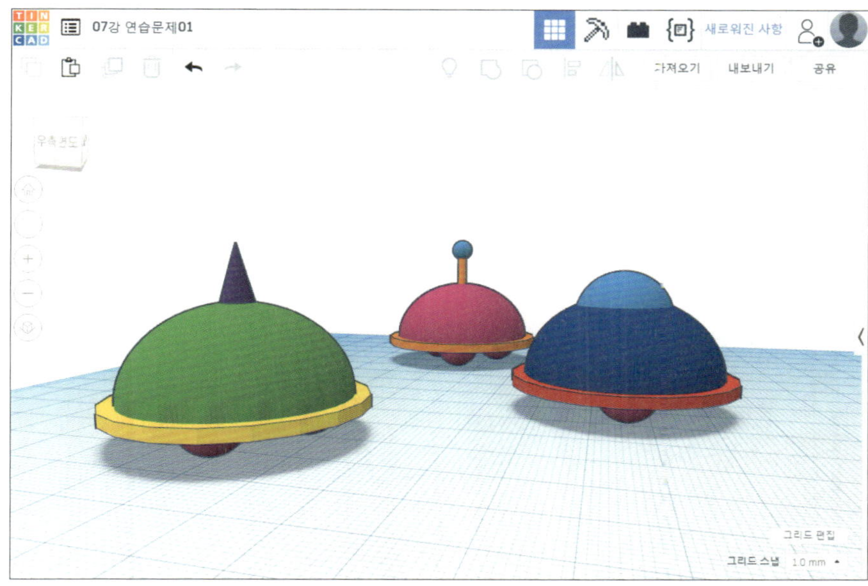

2 UFO를 선택하여 그림과 같이 비율을 유지한 상태로 축소하고 공중에 띄워 보세요.

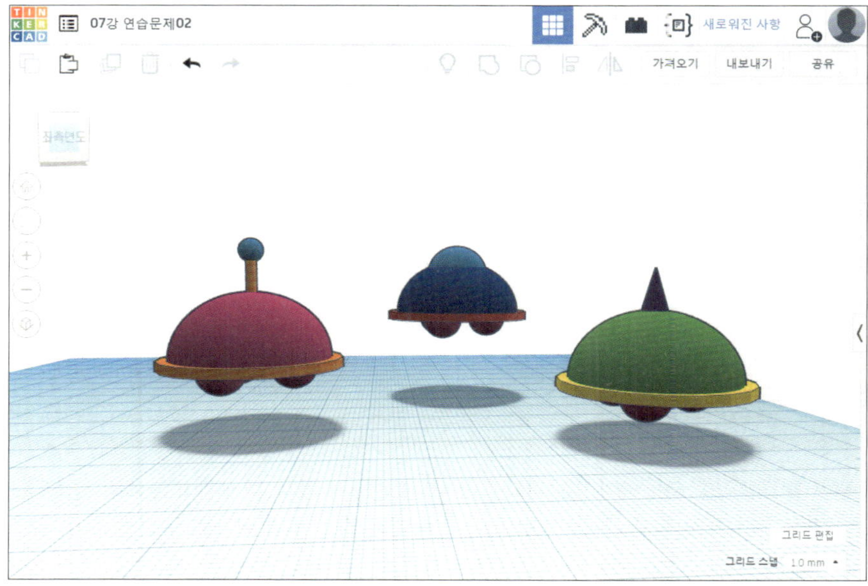

08 잠수함 만들기

팅커캐드를 이용하여 바닷속에서 움직이는 잠수함을 만들어 보겠습니다. 회전 기능을 이용하여 엔진 프로펠러를 만드는 방법을 알아보겠습니다.

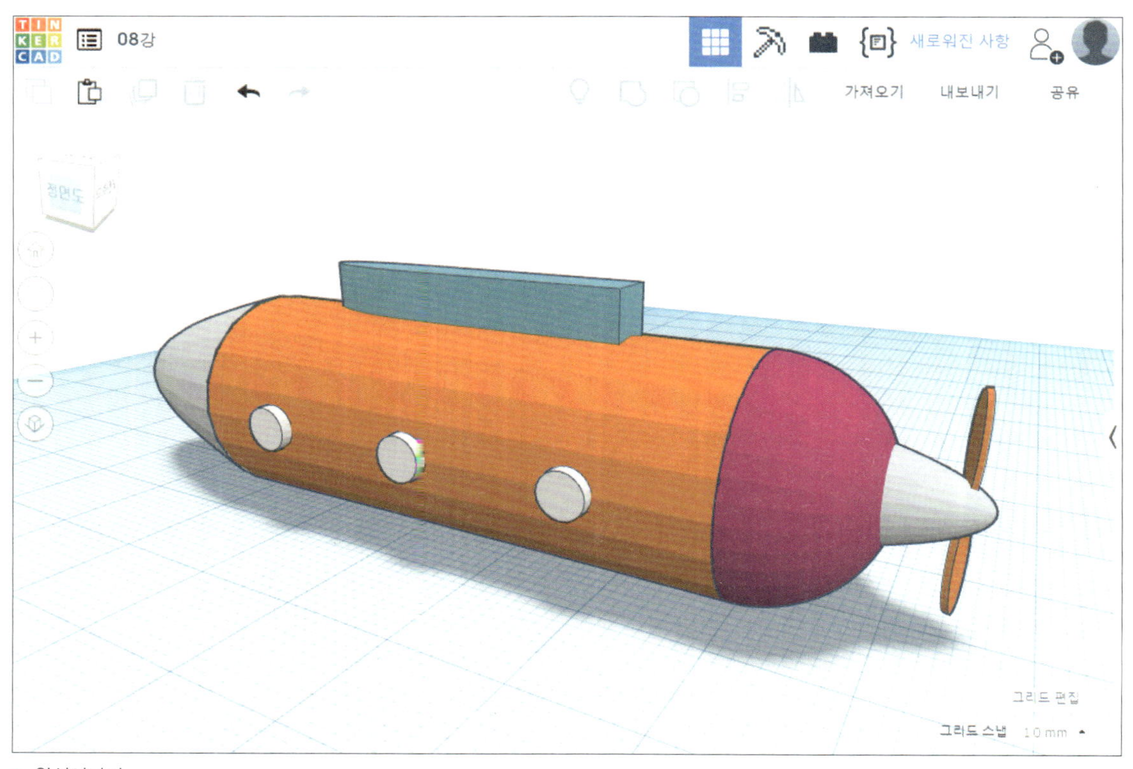

▲ 완성이미지

생각해보아요

바다 깊은 곳을 이동하는 잠수함은 프로펠러를 이용하여 이동한다고 합니다. 선풍기 날개, 바람개비 등에도 사용되는 프로펠러는 다양한 모양과 여러 개의 날개를 가지고 있지만 공통적으로 회전의 중심이 되는 축과 날개로 구성됩니다. 특히 날개 부분은 회전을 시켜서 만들어야 합니다. 프로펠러가 사용되는 것에는 어떤 것들이 있는지 알아보도록 합니다.

여러 도형을 이용하여 잠수함 몸체를 만들어 보겠습니다.

01 잠수함의 앞부분을 만들기 위해 모양 모음의 [기본 쉐이프]에서 '포물면'을 선택해 그림과 같이 삽입하고 회전시킵니다.(가로 : 20mm, 세로 : 20 mm, 높이 : 20mm)

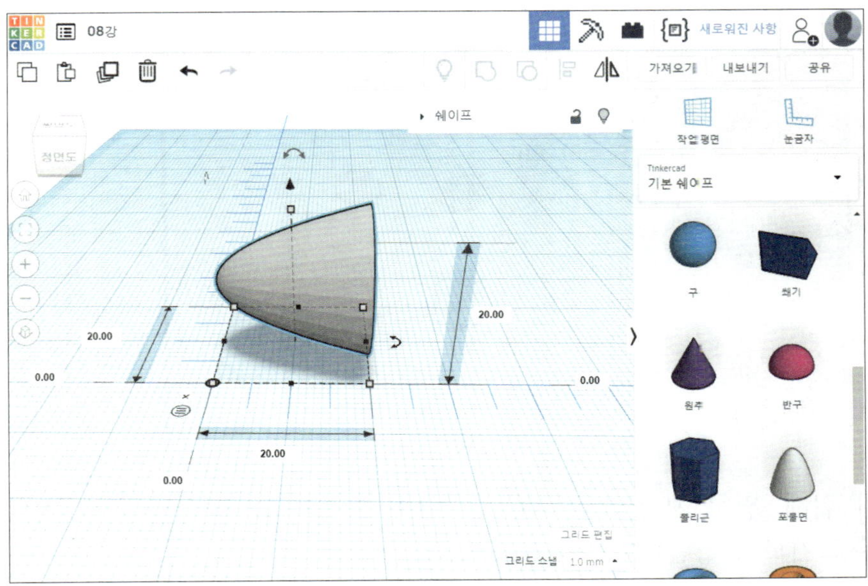

02 잠수함의 몸통 부분을 만들기 위해 '원통'을 선택해 삽입한 후 그림과 같이 앞부분 뒤에 연결합니다. (가로 : 50mm, 세로 : 20 mm, 높이 : 20mm)

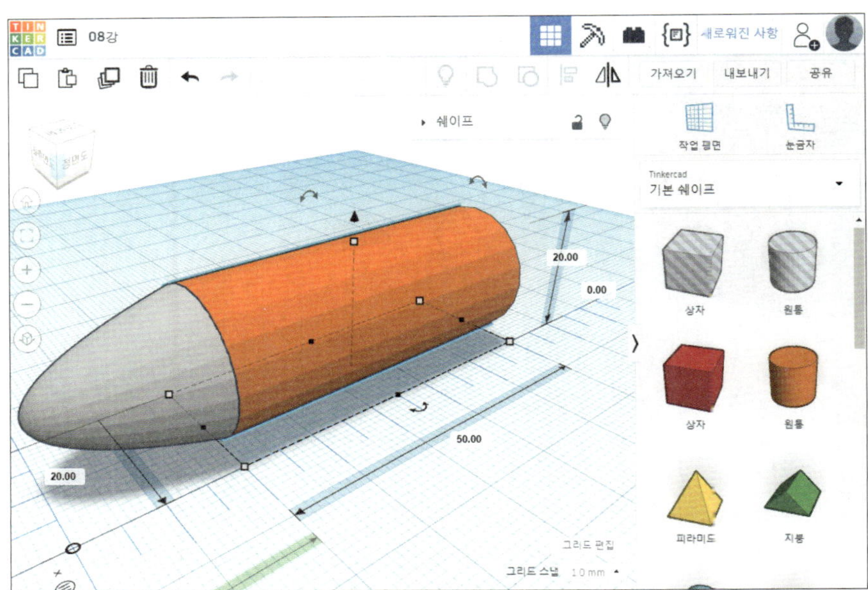

03 잠수함의 뒷부분을 만들기 위해 '반구'를 선택해 삽입한 후 그림과 같이 몸통 부분 뒤에 연결합니다. (가로 : 10mm, 세로 : 20 mm, 높이 : 20mm)

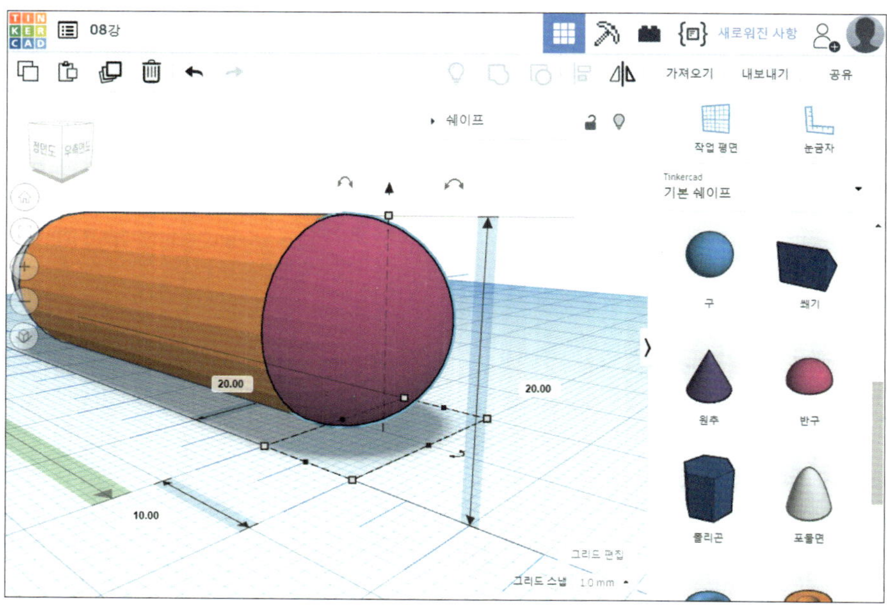

04 잠수함 탑승구를 만들기 위해 '원형 지붕'과 '상자'를 선택해 그림과 같이 삽입한 후 그룹으로 설정합니다. 크기는 기본 크기로 설정합니다.

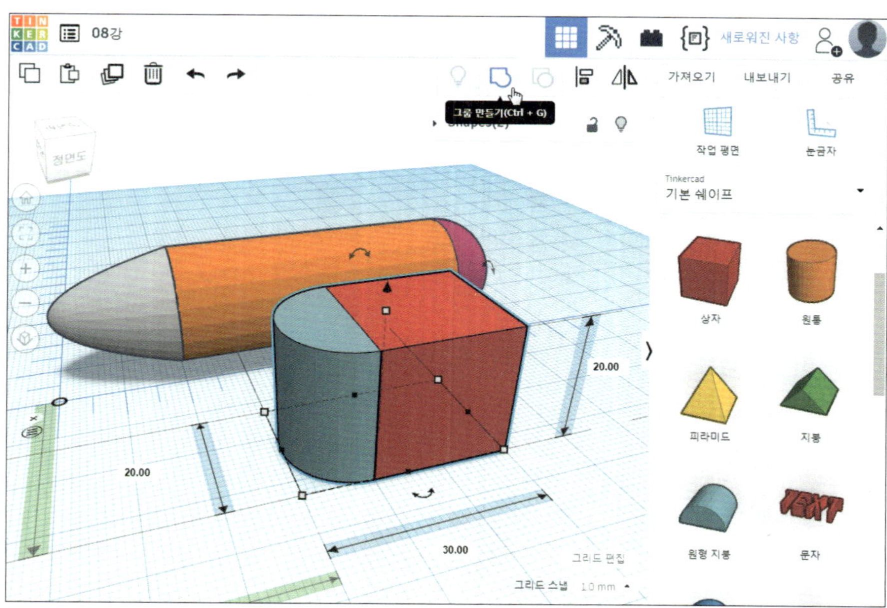

05 그룹화된 도형을 드래그하여 세로는 '4mm', 높이는 '5mm'가 되도록 설정한 후 잠수함 몸통 부분 위에 그림과 같이 배치합니다.

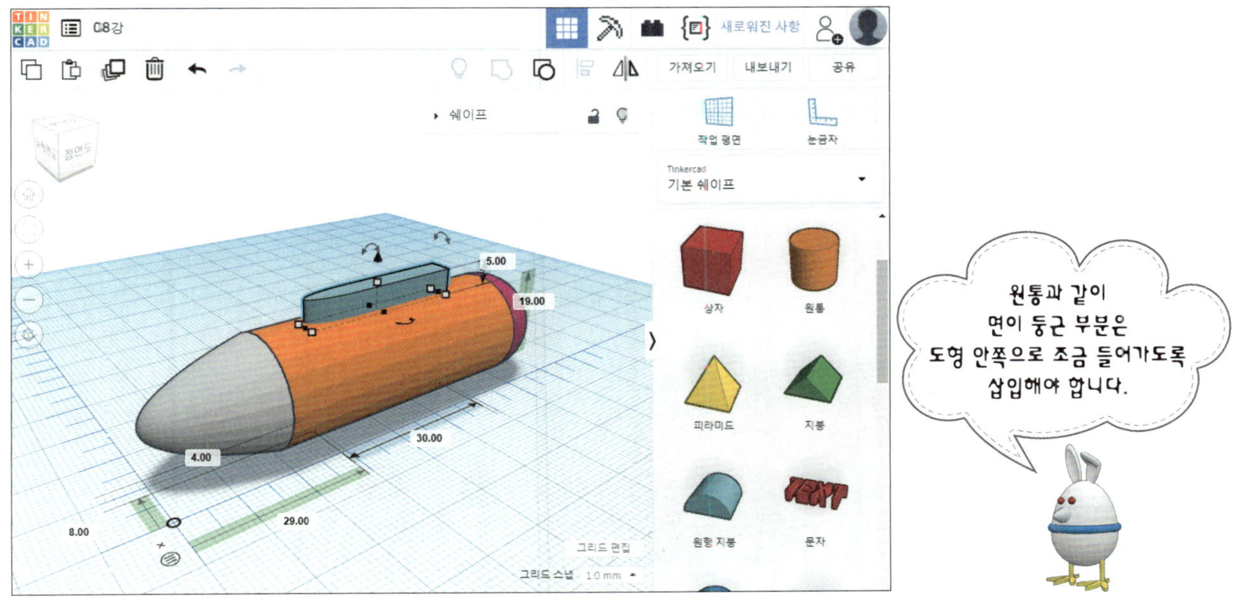

06 잠수함의 유리창을 만들기 위해 '원통'을 선택해 삽입한 후 크기를 조절하고, 그림과 같이 잠수함의 왼쪽/오른쪽에 복사하여 배치합니다.(가로 : 4mm, 세로 : 1 mm, 높이 : 4mm)

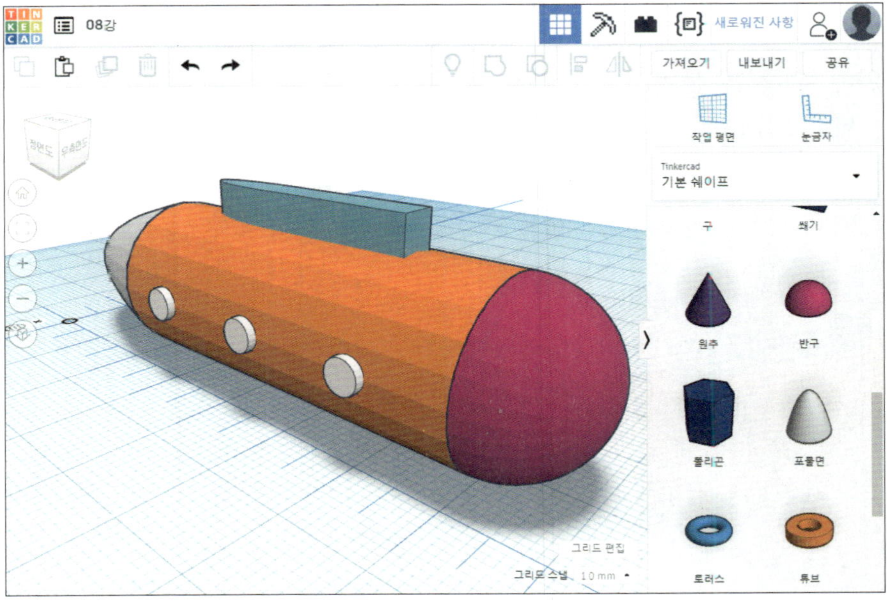

잠수함이 움직일 때 프로펠러를 이용하게 됩니다. 각도기를 이용하여 프로펠러 모양을 만들어 보겠습니다.

01 프로펠러를 만들기 위해 모양 모음의 [기본 쉐이프]에서 '포물면'을 선택해 그림과 같이 삽입합니다. (가로 : 20mm, 세로 : 20 mm, 높이 : 20mm)

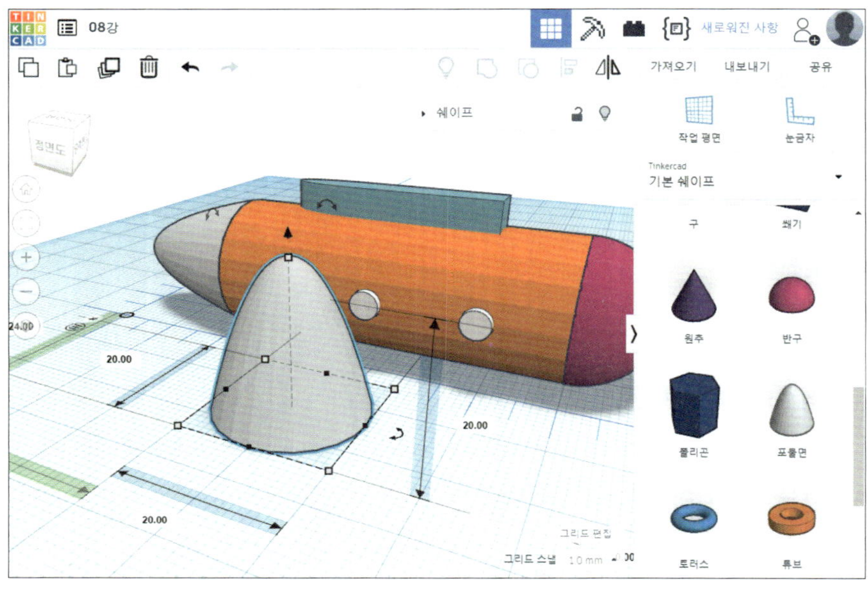

02 프로펠러로 사용하기 위해 '원통'을 삽입하고 길쭉한 모양으로 만든 후 그림과 같이 위치를 설정합니다.(가로 : 20mm, 세로 : 5 mm, 높이 : 1mm)

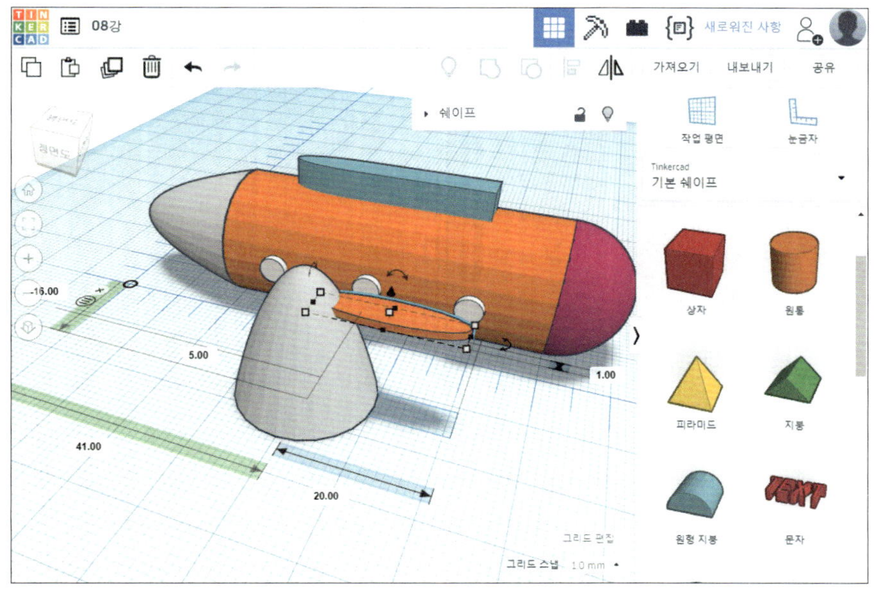

03 회전 기능을 이용하여 '22.5'도 만큼 회전시킵니다.

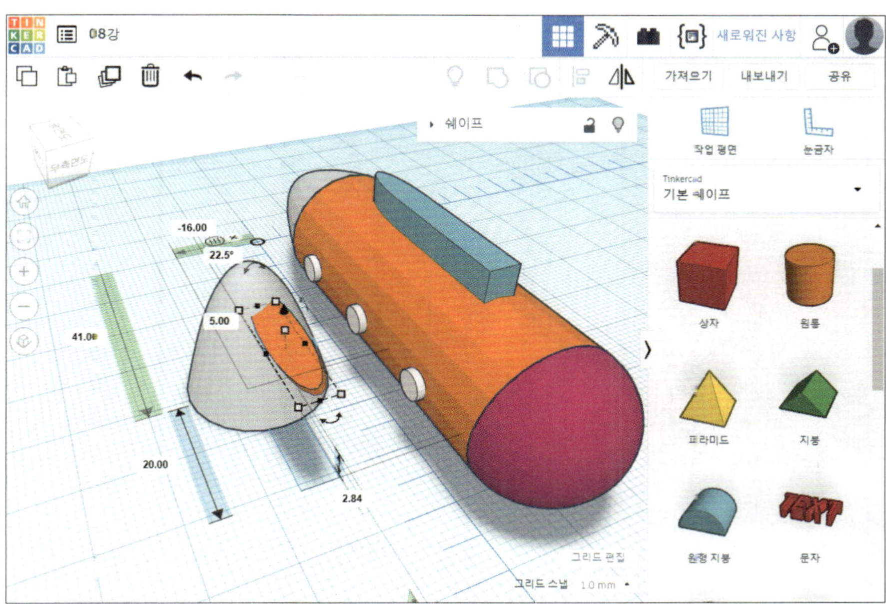

04 복사 기능을 이용하여 프로펠러를 하나 더 복사한 후 그림과 같이 위치를 변경합니다.

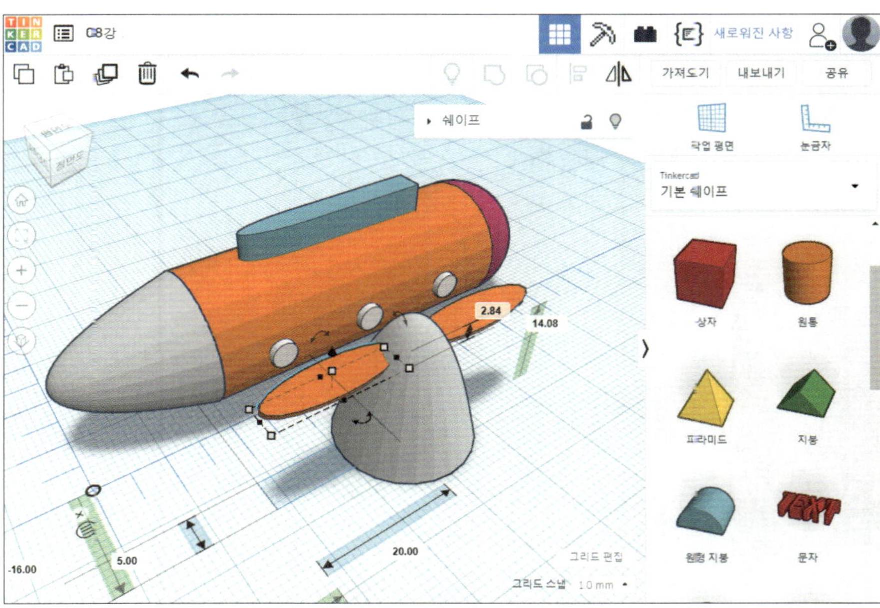

05 복사한 프로펠러의 모양을 바꾸기 위해 상단 메뉴의 [반전]을 선택합니다. 그림과 같이 화살표가 표시되면 상/하 변경 화살표를 클릭합니다.

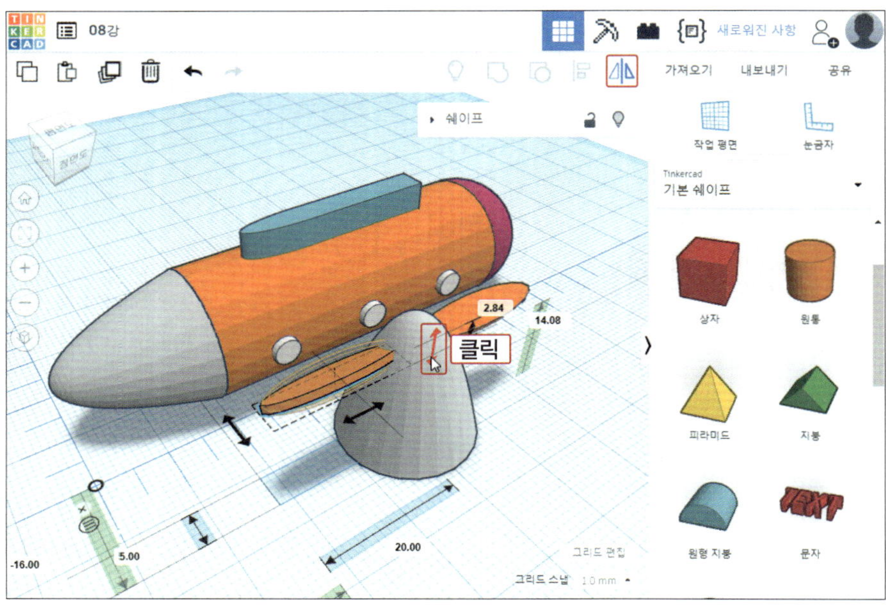

06 프로펠러로 사용되는 모든 도형을 선택한 후 축소시키고 잠수함의 뒷부분에 연결하여 완성합니다.

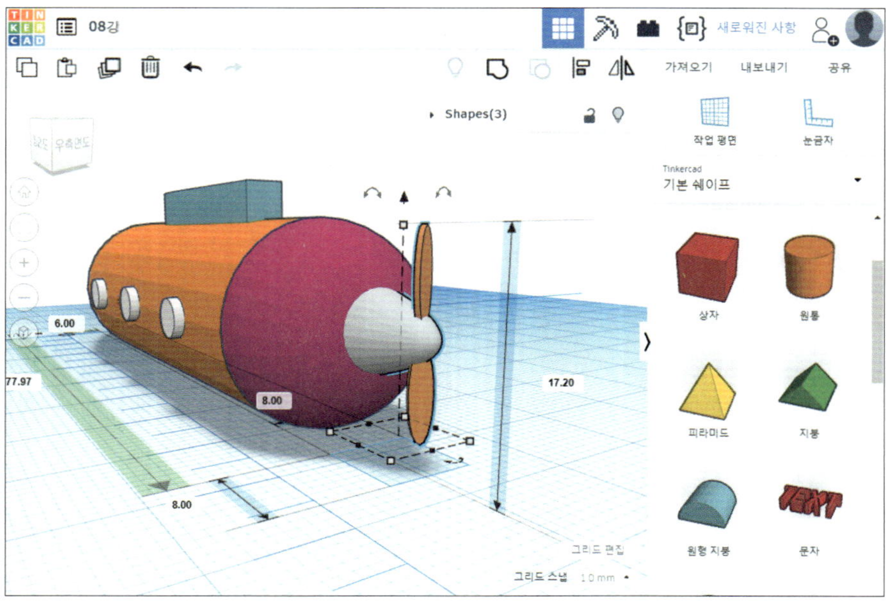

1. 프로펠러를 복사하여 그림과 같이 날개를 6개가 되도록 만들어 보세요.

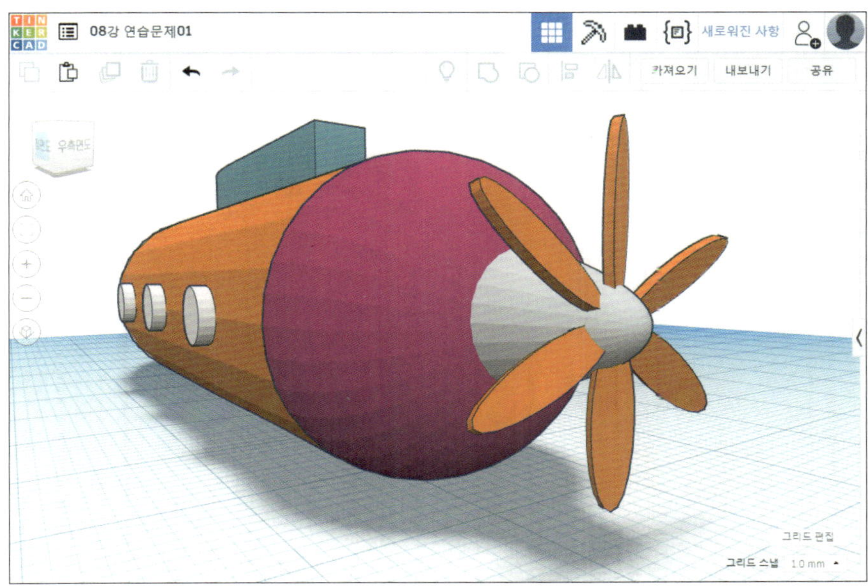

2. 잠수함을 그룹으로 설정하고 복사한 후 색과 크기를 바꿔 그림과 같이 만들어 보세요.

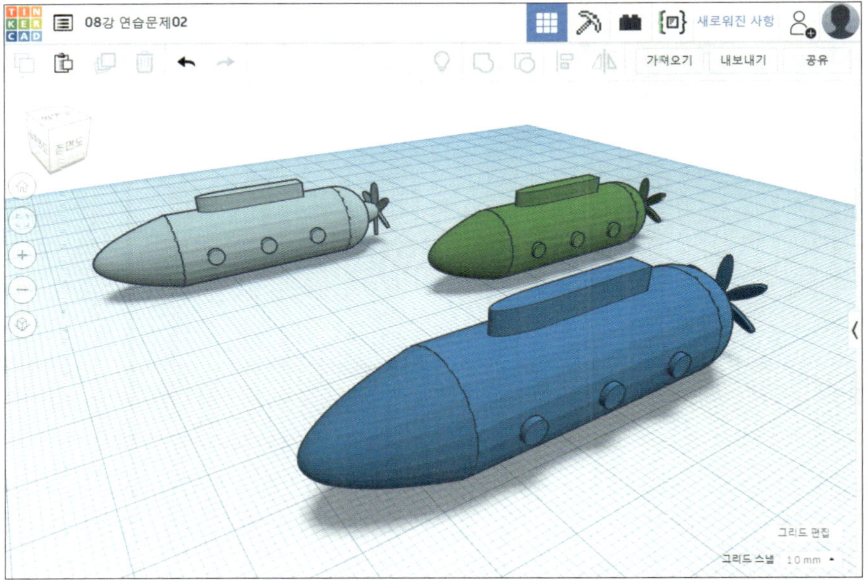

피규어 만들기

도형들의 크기를 조절하여 재미있는 피규어를 만들 수 있습니다. '상자'만을 이용하여 피규어를 만들어 보겠습니다.

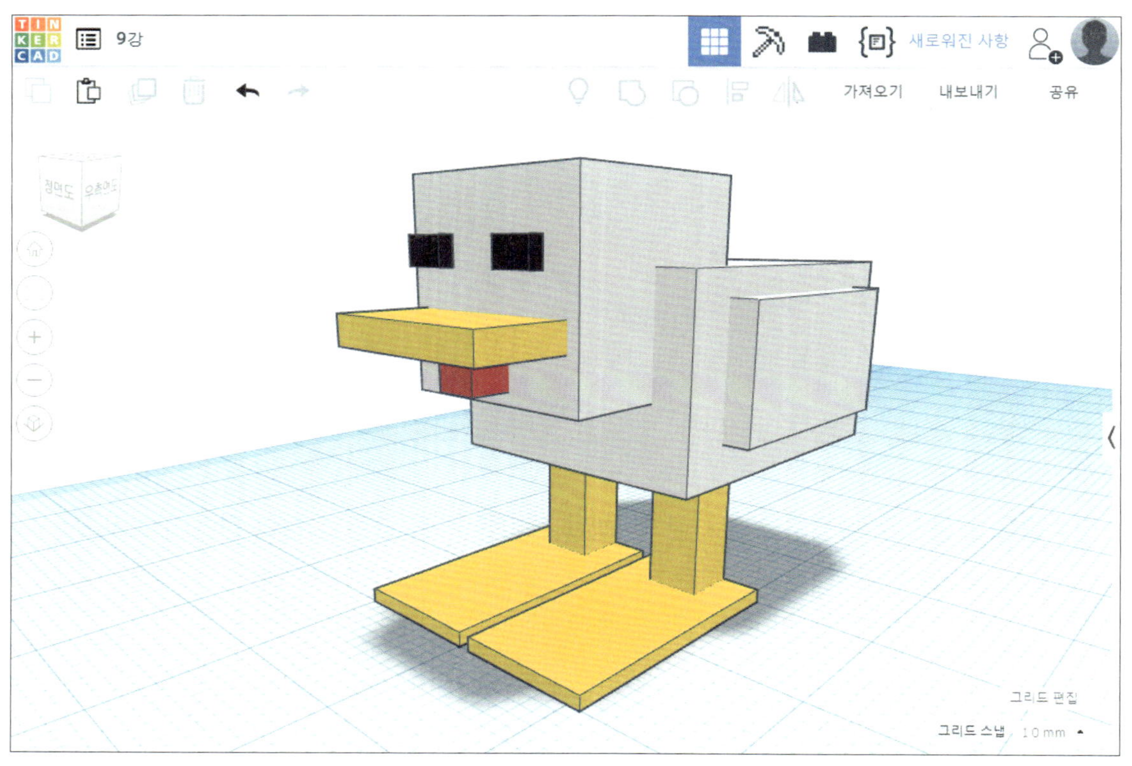

▲ 완성이미지

생각해보아요

여러 도형을 많이 사용하지 않아도 하나의 도형만으로도 다양한 작품을 만들어 낼 수 있습니다. 특히 우리 주변의 인기 있는 캐릭터들을 보면 단순한 모양으로 만들어진 것들이 많은 것을 알 수 있습니다. 한 가지 도형의 크기와 위치를 이동시켜 재미있는 캐릭터 피규어를 만들어 보고 다양한 모양이 되도록 만드는 방법을 알아봅니다.

피규어를 만들 때에는 아래 부분부터 만드는 것이 편리합니다. 피규어의 다리와 몸통을 만들어 보겠습니다.

01 발 모양을 만들기 위해 오른쪽 모양 모음의 [기본 쉐이프]에서 '상자'를 선택한 후 그림과 같이 삽입한 후 노란색으로 변경합니다.(가로 : 10mm, 세로 : 20mm, 높이 : 1mm)

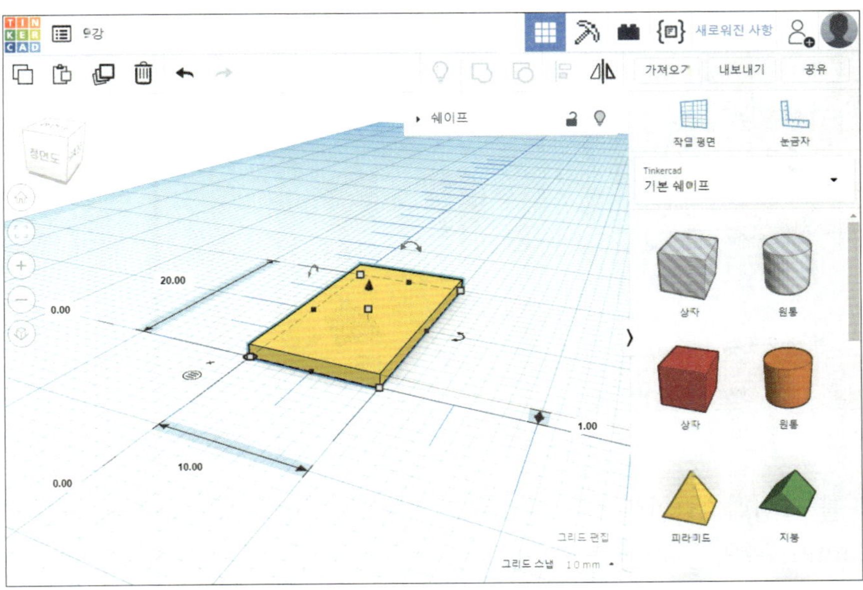

02 다리 부분을 만들기 위해 '상자'를 삽입한 후 [작업 평면]과 '1mm' 간격을 띄어줍니다. 그림과 같이 발 위로 위치를 조절한 후 노란색으로 변경합니다.(가로 : 4mm, 세로 : 4mm, 높이 : 10mm)

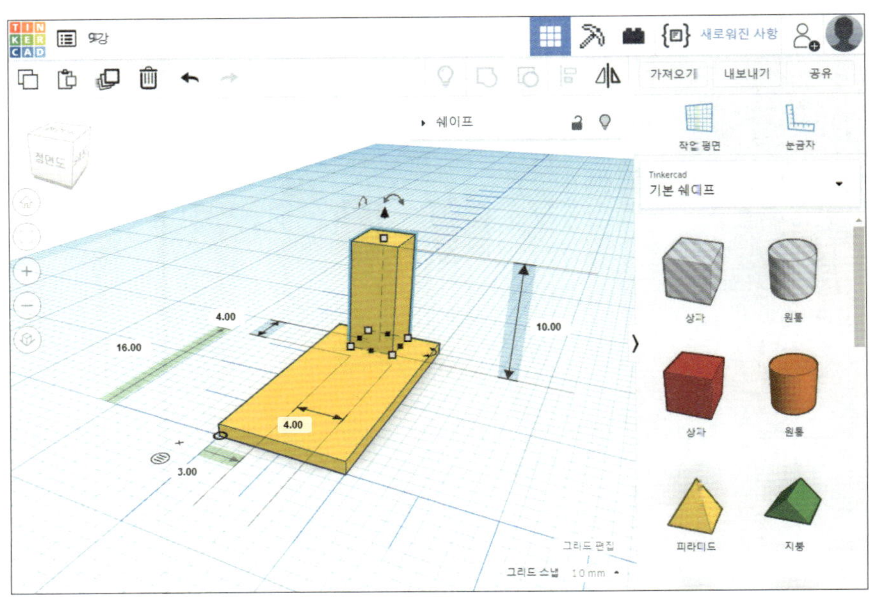

03 완성된 다리를 모두 선택한 후 복사합니다. 복사된 다리를 이전에 만든 다리와 간격이 '1mm'가 되도록 그림과 같이 위치를 조절합니다.

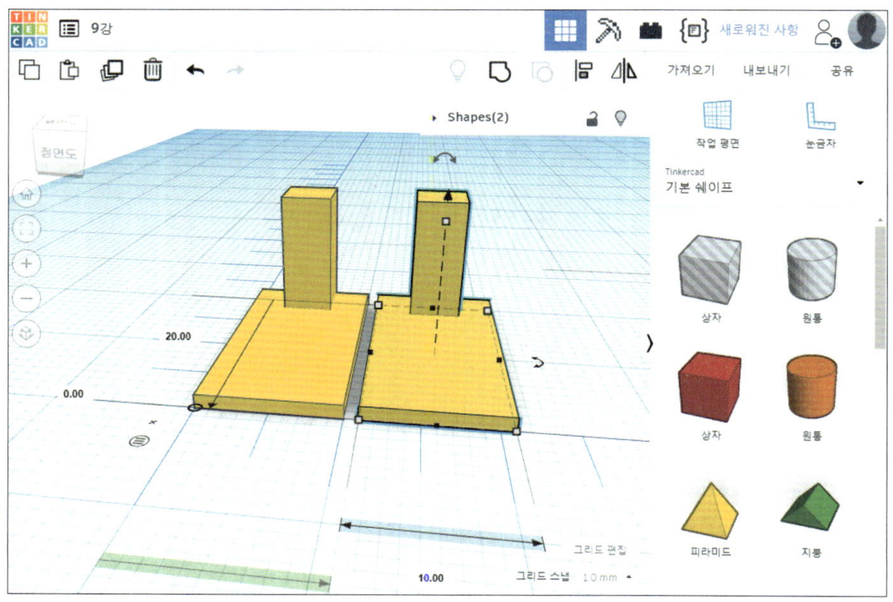

04 몸통을 만들기 위해 '상자'를 삽입한 후 흰색으로 변경하고 그림과 같이 다리 윗부분에 연결합니다. (가로 : 21mm, 세로 : 25mm, 높이 : 15mm)

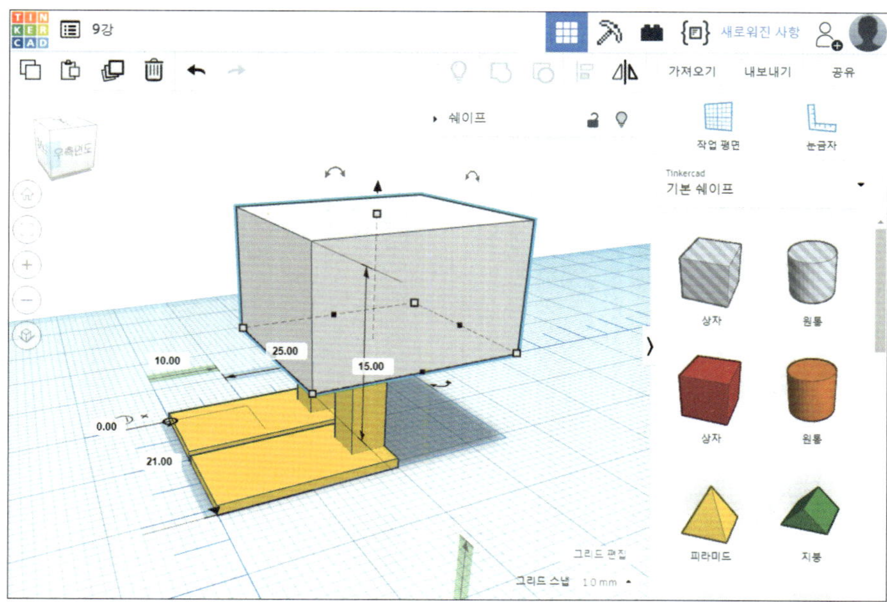

05 날개를 만들기 위해 '상자'를 삽입한 후 흰색으로 변경하고 그림과 같이 몸통에 연결합니다.
(가로 : 18mm, 세로 : 2mm, 높이 : 10mm)

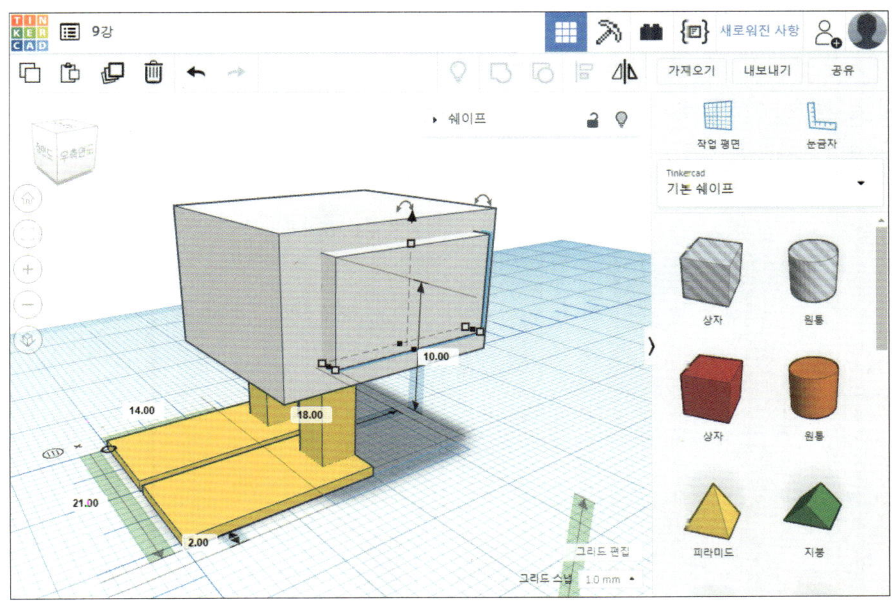

06 복사 기능을 이용하여 날개를 하나 더 만들고 몸통 반대편에 그림과 같이 연결합니다.

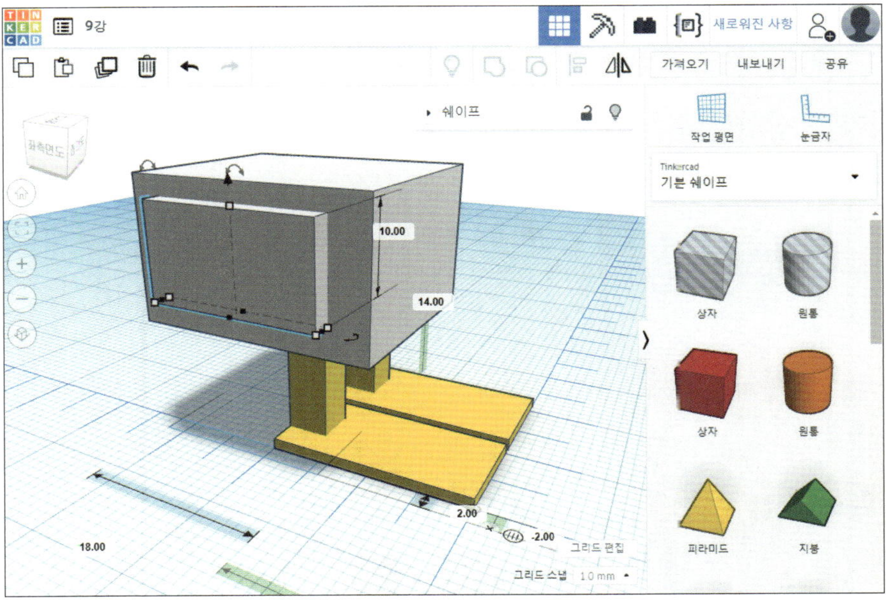

피규어의 머리 부분을 만들고 눈과 부리 등을 만들어 재미있는 표정을 만들어 보겠습니다.

01 머리를 만들기 위해 '상자'를 삽입한 후 몸통의 앞부분에 그림과 같이 연결하고 흰색으로 변경합니다.(가로 : 15mm, 세로 : 15mm, 높이 : 15mm)

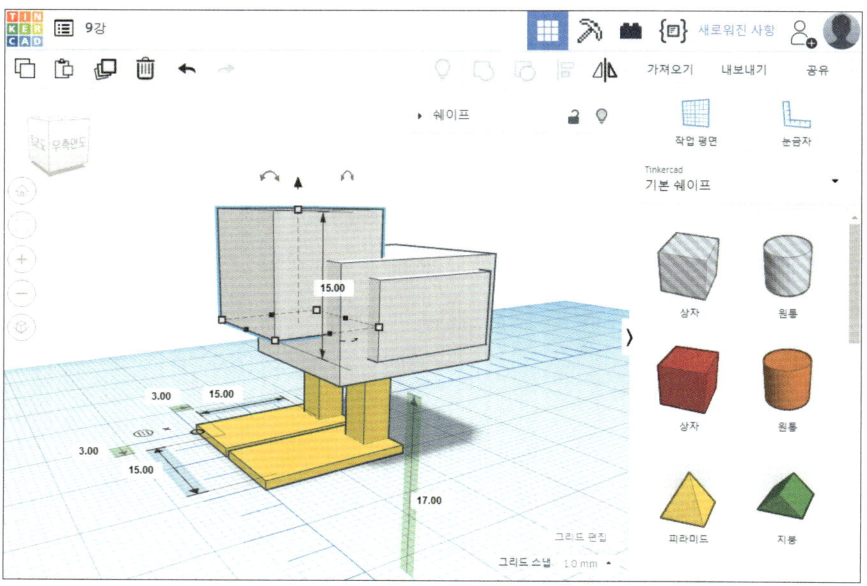

02 부리를 만들기 위해 '상자'를 삽입한 후 머리 앞부분에 그림과 같이 연결하고 노란색으로 변경합니다.(가로 : 13mm, 세로 : 8mm, 높이 : 2mm)

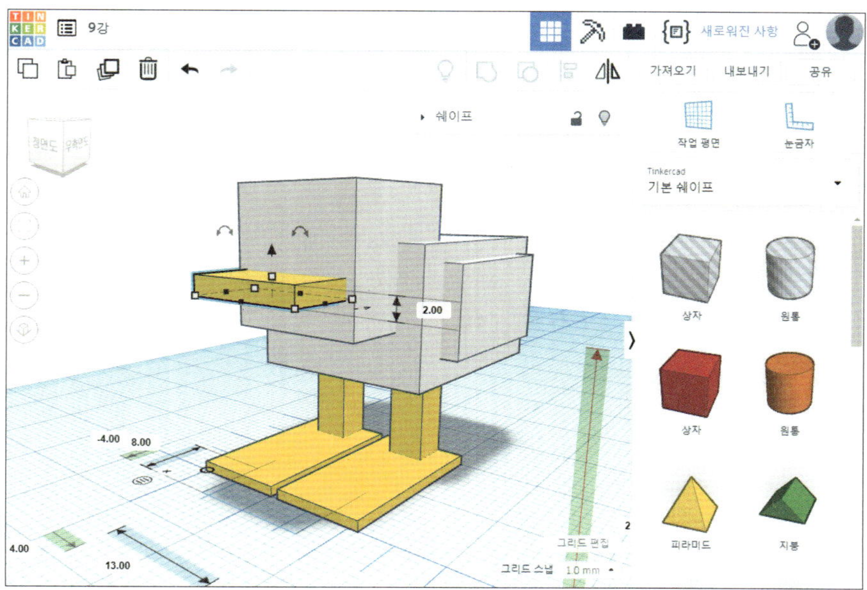

03 부리 아래 육수 부분을 만들기 위해 '상자'를 삽입한 후 그림과 같이 연결합니다.(가로 : 3mm, 세로 : 3mm, 높이 : 3mm)

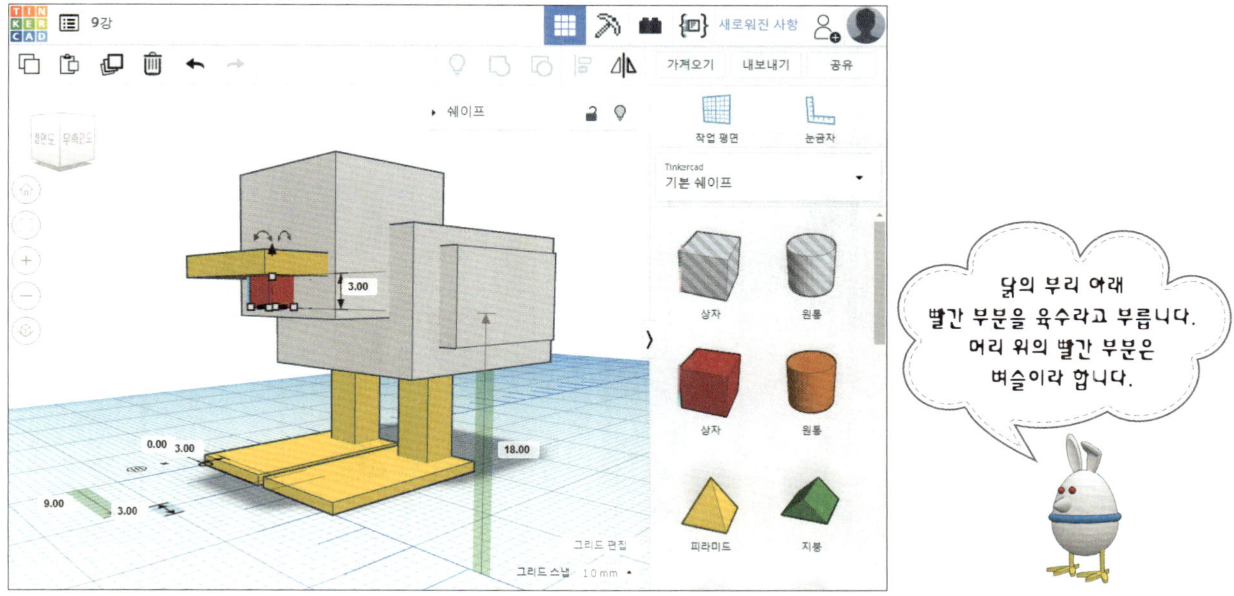

04 눈을 만들기 위해 '상자'를 삽입한 후 부리 윗부분에 그림과 같이 연결하고 검정색으로 변경합니다. (가로 : 3mm, 세로 : 1mm, 높이 : 2mm)

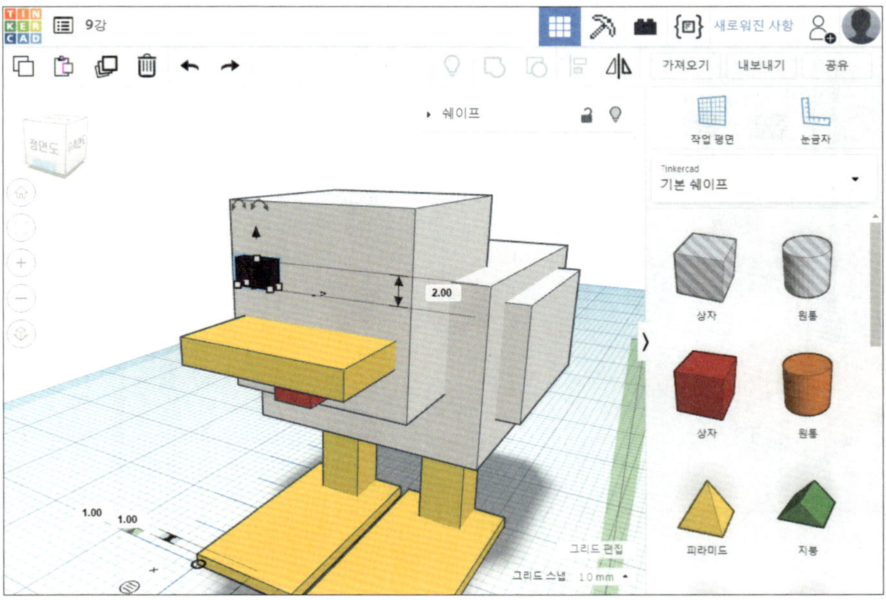

05 복사 기능을 이용하여 눈을 복사한 후 오른쪽으로 위치를 이동합니다.

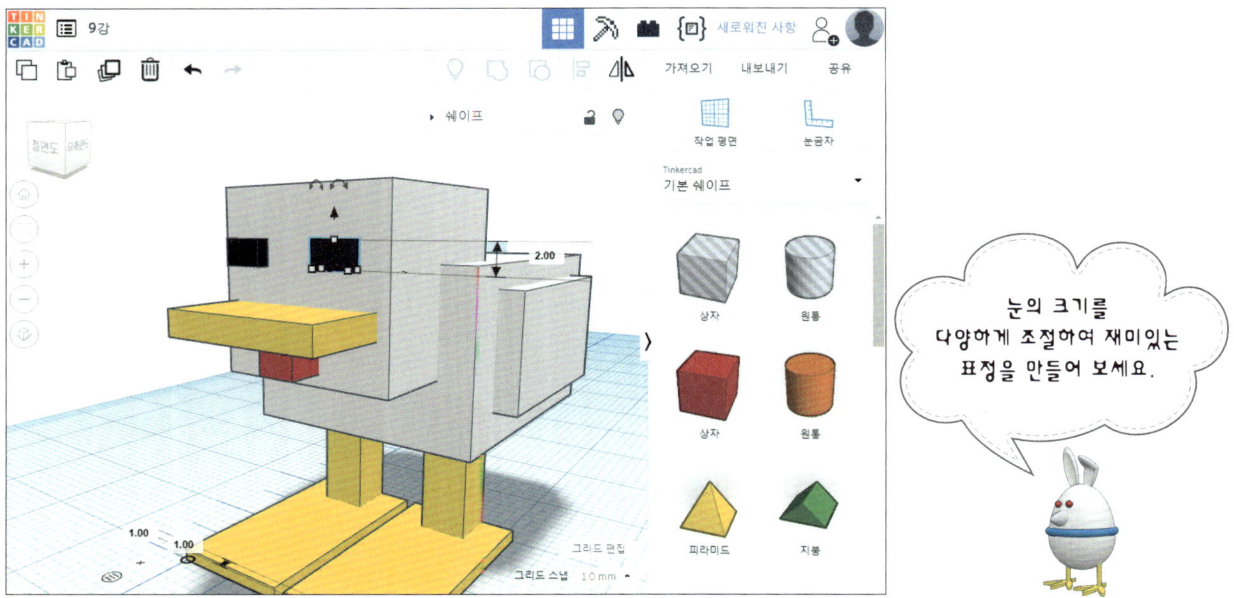

06 화면을 돌려보면서 모든 연결이 잘 되었는지 확인합니다.

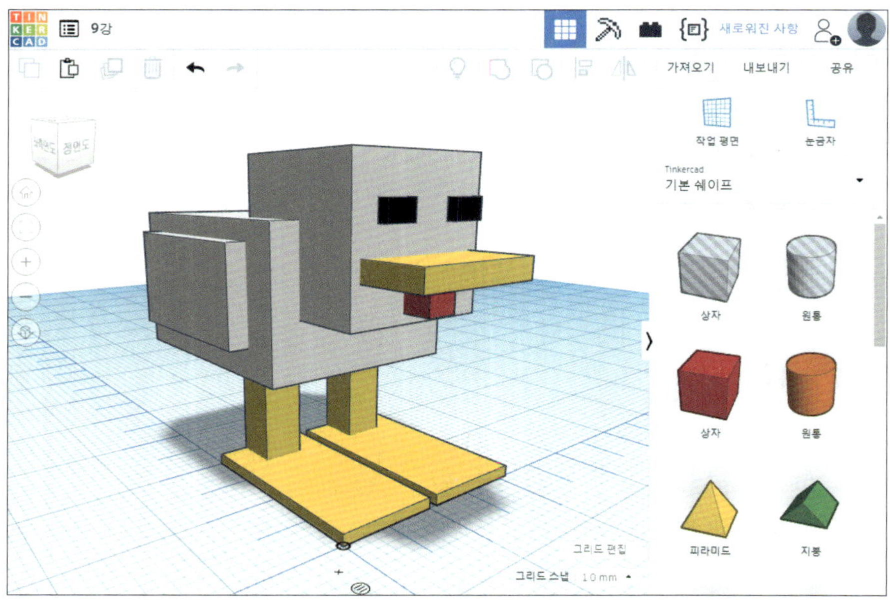

1. '상자'를 이용하여 그림과 같이 벼슬과 꼬리 부분을 만들어 보세요.

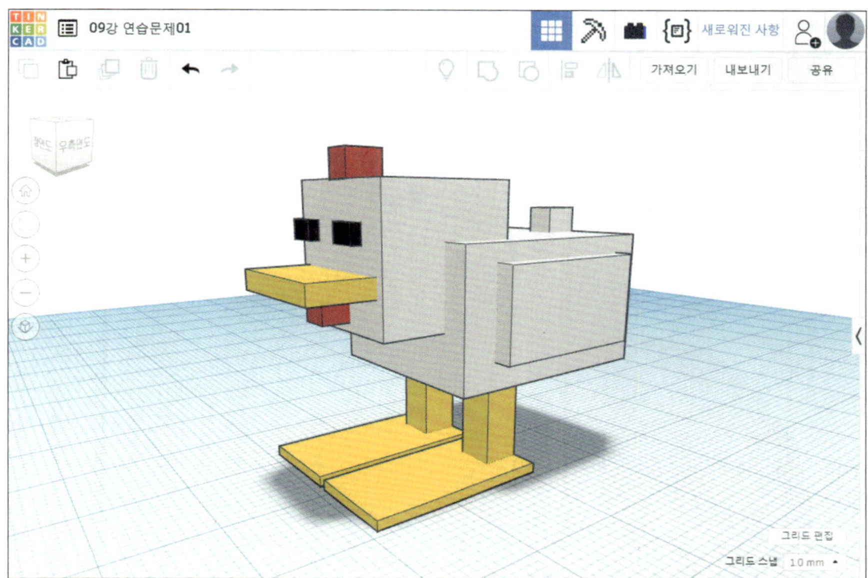

2. 회전 기능을 이용하여 그림과 같은 모양이 되도록 만들어 보세요.

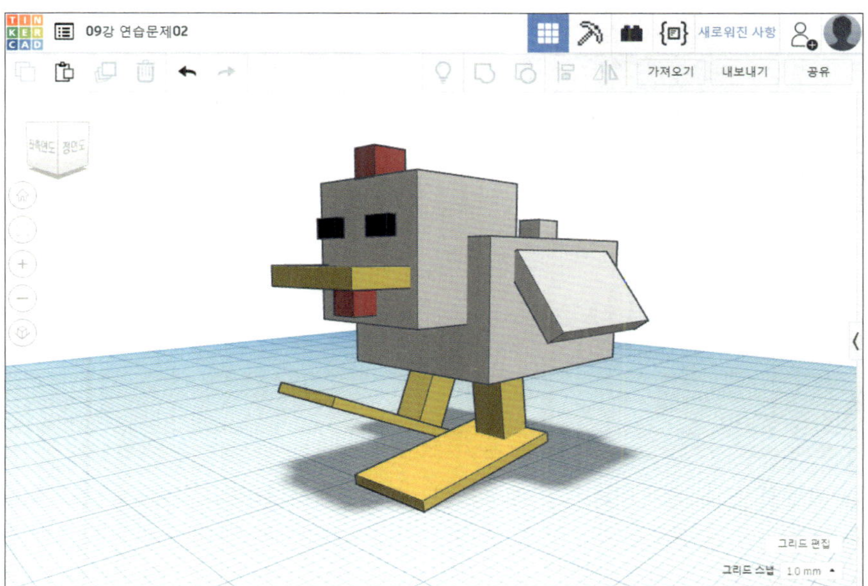

전기안전플러그 만들기

전기는 편리한 만큼 위험하기도 합니다. 안전한 전기 사용을 위해 전기안전플러그를 만드는 방법에 대해 알아보겠습니다.

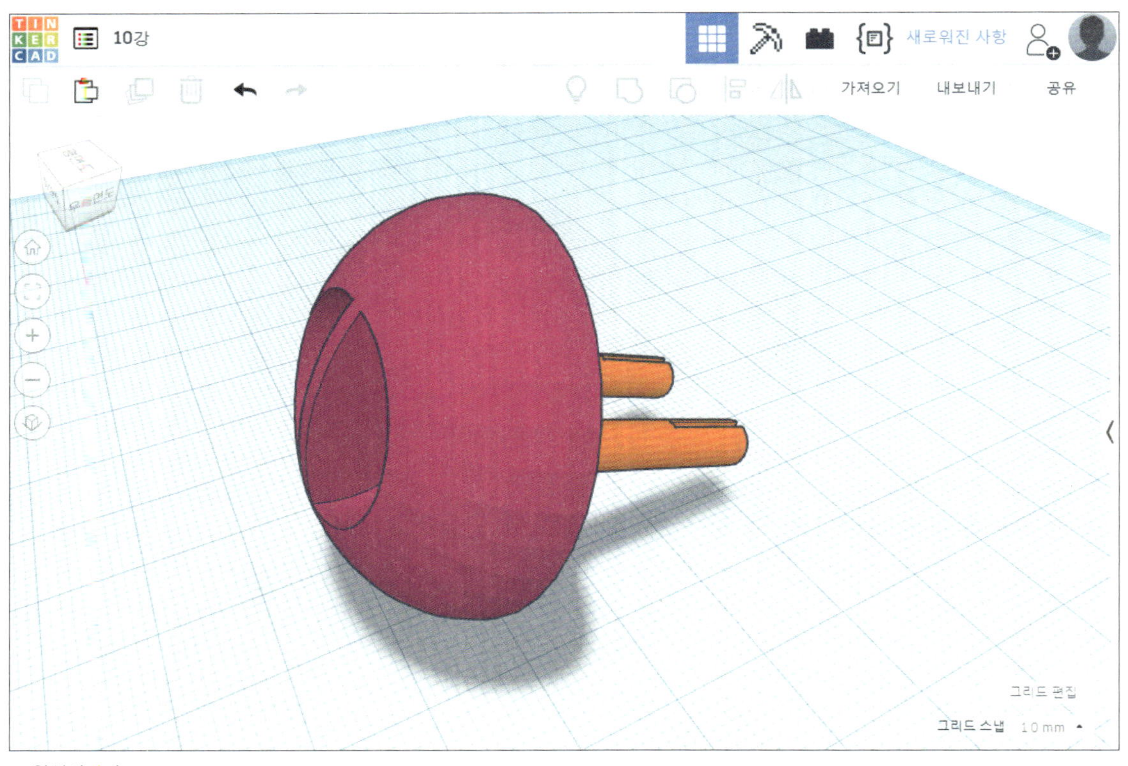

▲ 완성이미지

생각해보아요

3D 프린터는 우리 생활에서 사용되는 물건들을 쉽게 만들 수 있습니다. 전기 플러그에 젓가락이나 가위들을 넣으면 안 되는데, 어린 아이들이 모르고 실수한다면 큰 일이 날 수 있습니다. 이런 문제를 방지하기 위해 플라스틱으로 만든 전기안전플러그가 사용되는데, 실제와 같은 크기로 수치를 입력하여 전기안전플러그를 만들어 봅니다.

콘센트에 넣는 부분인 다리를 만들어봅니다. '구멍'을 이용하여 도형을 잘라내는 방법을 배워보겠습니다.

01 다리 쿠분을 만들기 위해 모양 모음의 [기본 쉐이프]에서 '원통'을 삽입하고 그림과 같이 크기를 조절합니다. (가로 : 5mm, 세로 : 5mm, 높이 : 30mm)

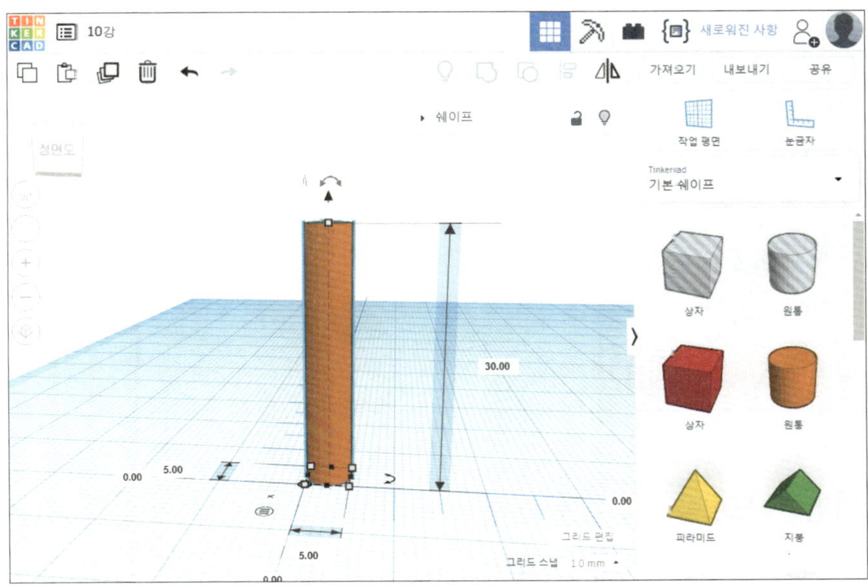

02 앞부분을 잘라내기 위해 '상자'를 삽입하고 그림과 같이 가로만 크기를 조절합니다. (가로 : 1mm)

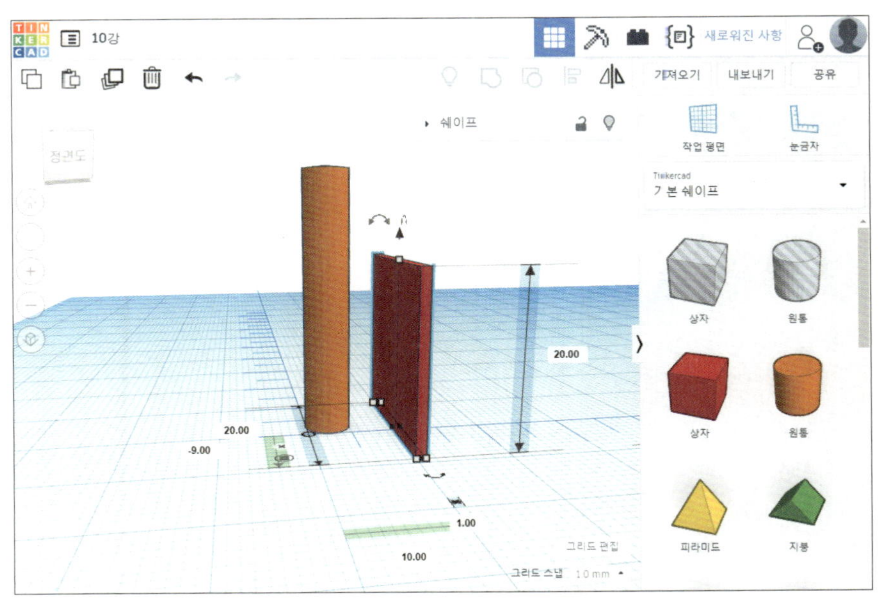

03 그림과 같이 다리 끝부분의 자를 부분으로 '상자'를 이동하고 [작업 평면]과의 높이를 '20mm'로 설정합니다. [쉐이프] 대화상자의 '구멍'을 클릭합니다.

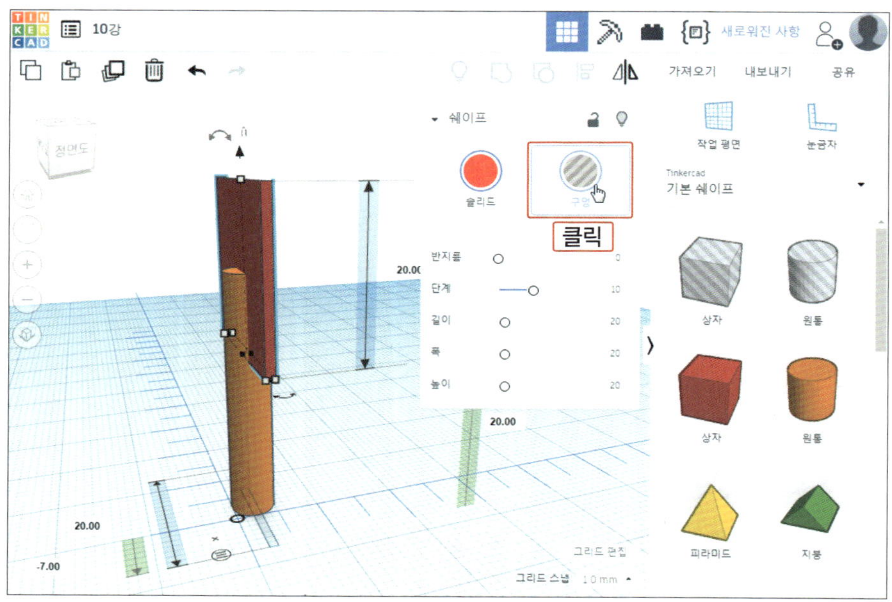

04 그림과 같이 투명하게 바뀌면 두 도형을 모두 선택한 후 상단 메뉴의 [그룹 만들기]를 클릭합니다.

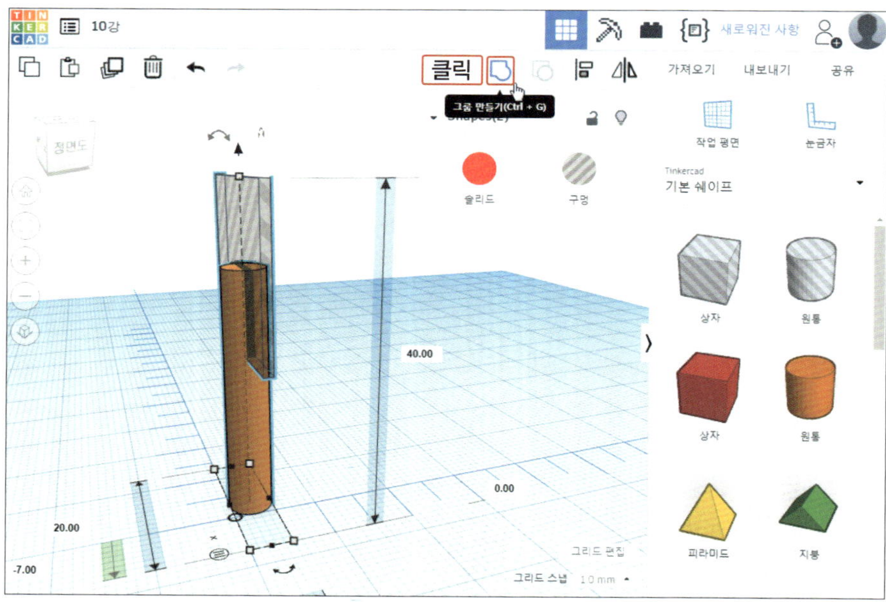

05 선택된 도형을 해제하면 그림과 같이 '상자' 도형이 위치한 곳이 잘라진 것을 확인할 수 있습니다.

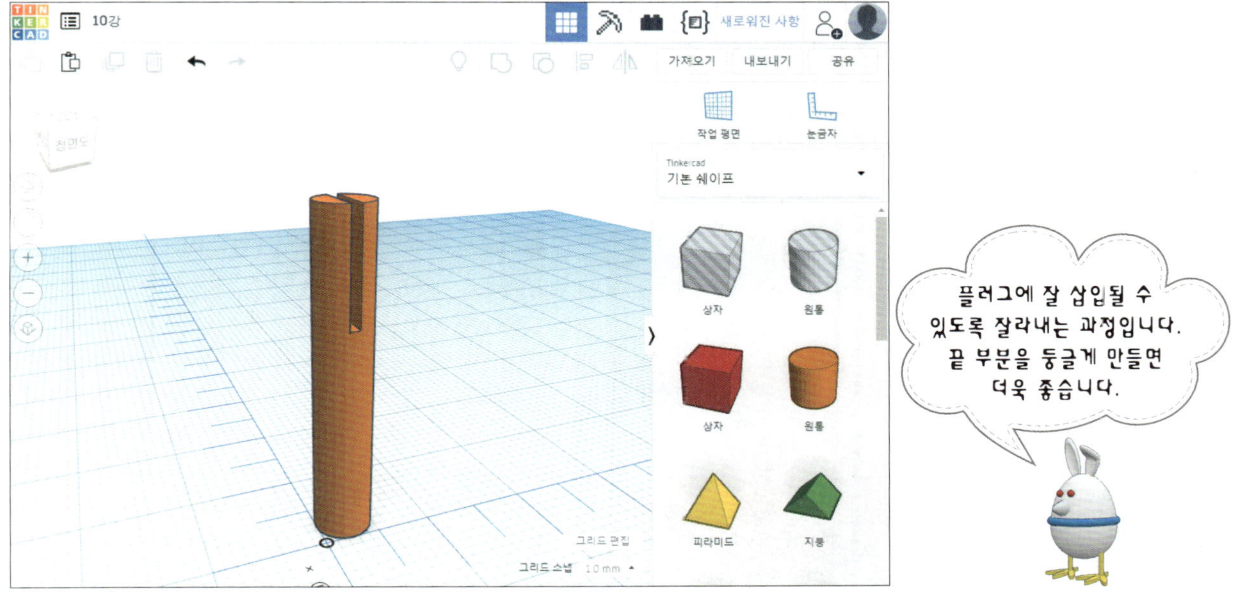

06 도형을 하나 더 복사하고 사이 간격이 '14mm'가 되도록 그림과 같이 위치를 조절합니다.

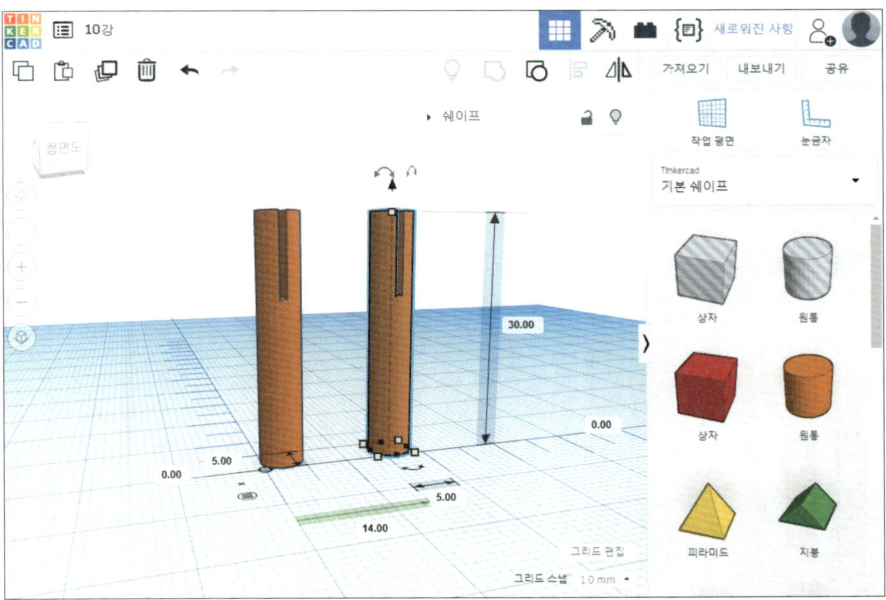

다리를 연결할 손잡이를 만들고 손가락으로 잡을 수 있는 부분을 만들어 보겠습니다.

01 '반구'를 삽입한 후 크기를 조절하고 '반전' 기능을 이용하여 그림과 같이 만듭니다.
(가로 : 40mm, 세로 : 40mm, 높이 : 15mm)

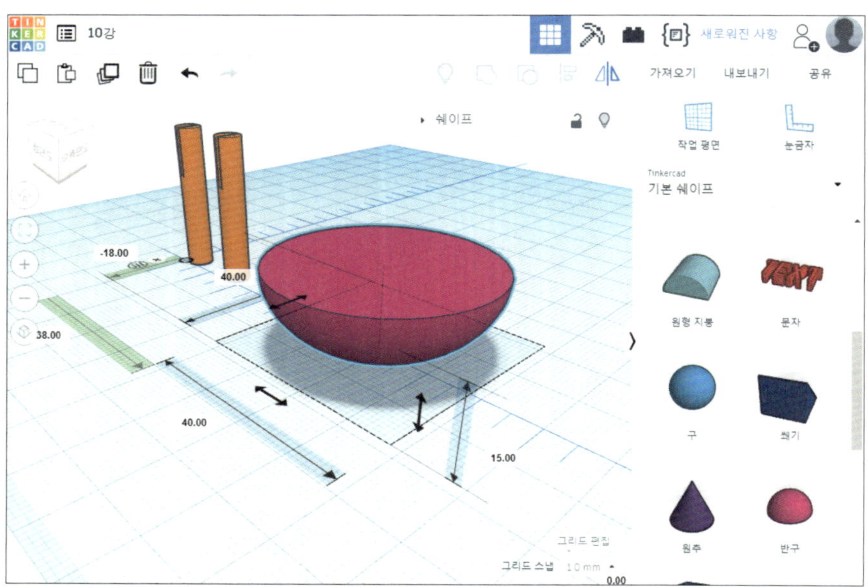

02 이전에 만들어 놓은 2개의 다리를 손잡이에 그림과 같이 연결합니다. [작업 평면]과의 간격은
'15mm'가 되도록 합니다.

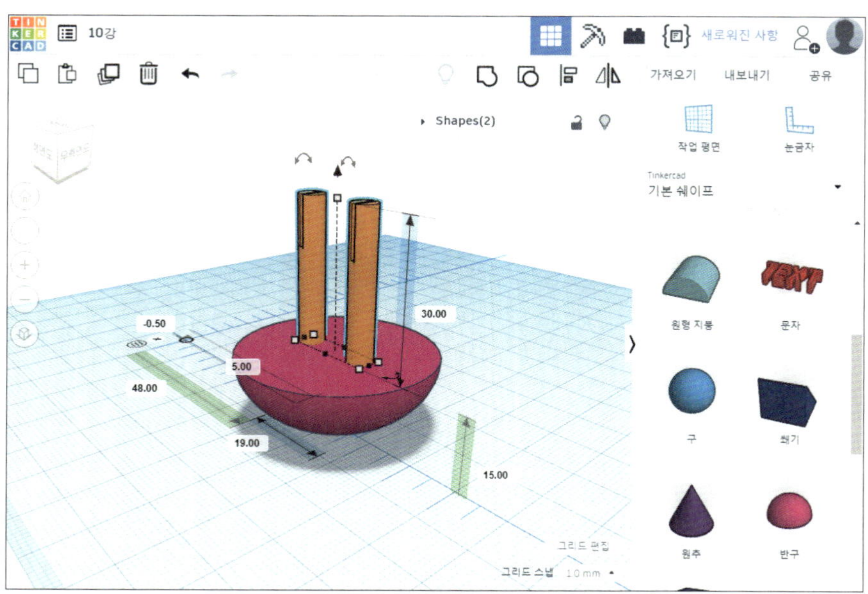

03 모든 도형을 선택하고 '반전' 기능을 이용하여 그림과 같이 만듭니다.

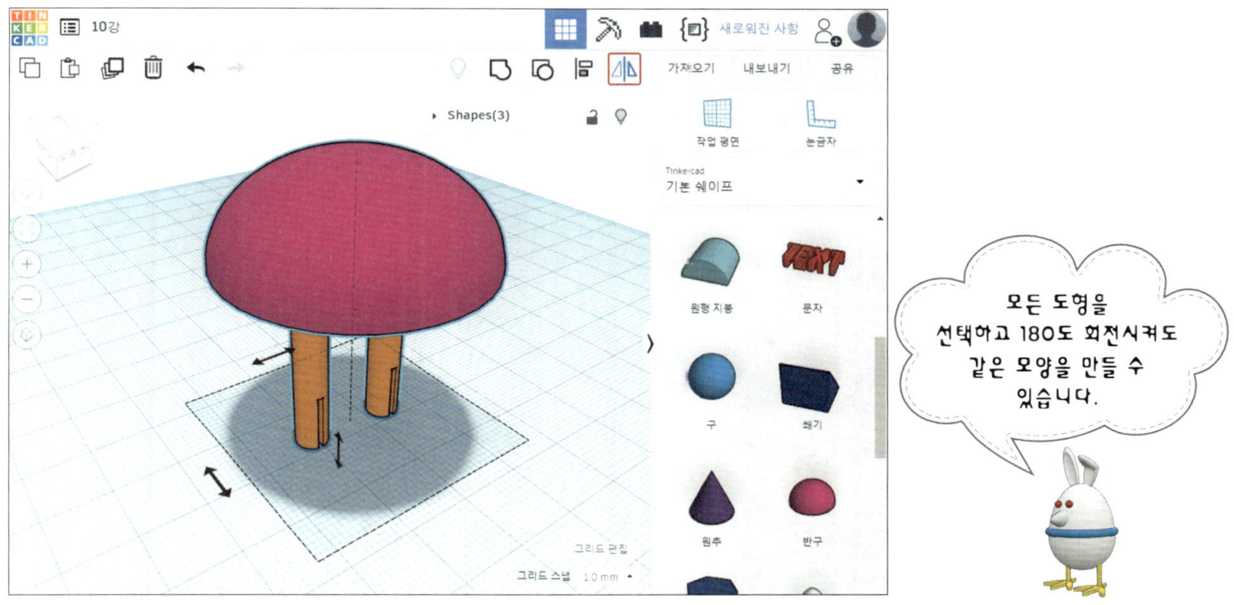

04 손가락으로 잡을 부분을 파내기 위해 '반구'를 두 개 삽입한 후 하나는 '반전' 기능을 이용하여 반대 방향으로 바꾼 후 '2mm' 간격이 되도록 위치를 조절합니다.
(가로 : 10mm, 세로 : 20mm, 높이 : 20mm)

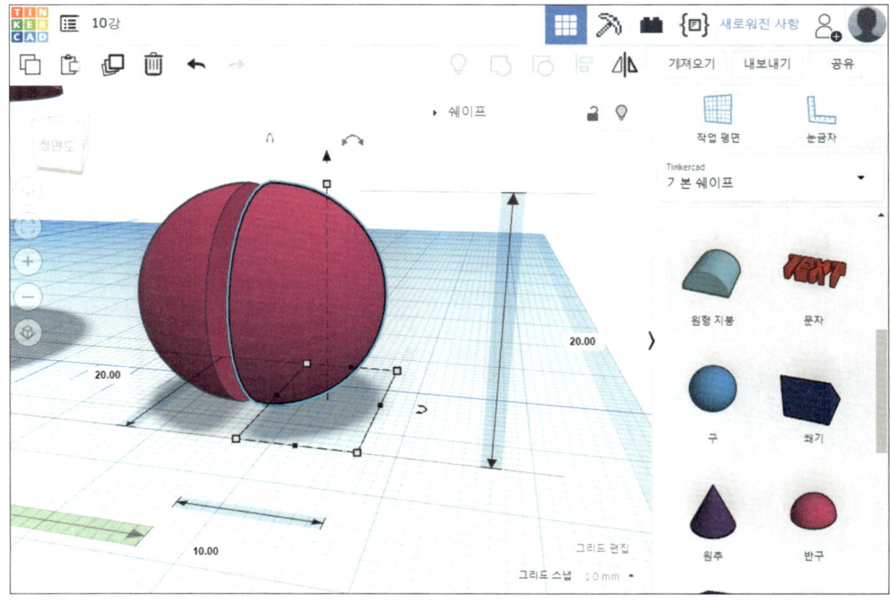

05 두 도형을 모두 선택한 후 손잡이의 윗부분에 그림과 같이 일부분만 안쪽으로 들어가도록 연결합니다.

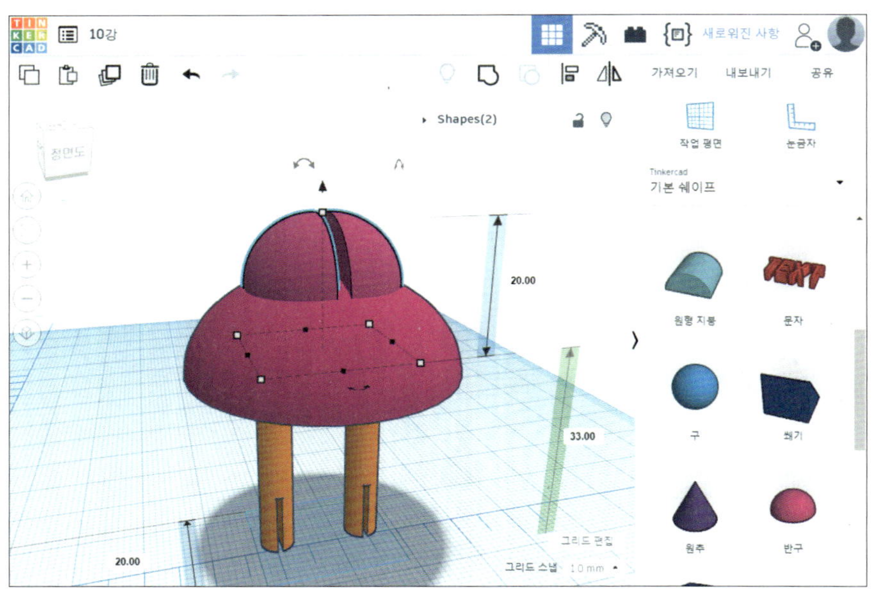

06 [쉐이프] 대화상자의 '구멍'을 클릭해 투명 도형으로 만든 후 손잡이 부분과 그룹으로 설정하면 그림과 같이 손잡이 부분이 완성됩니다.

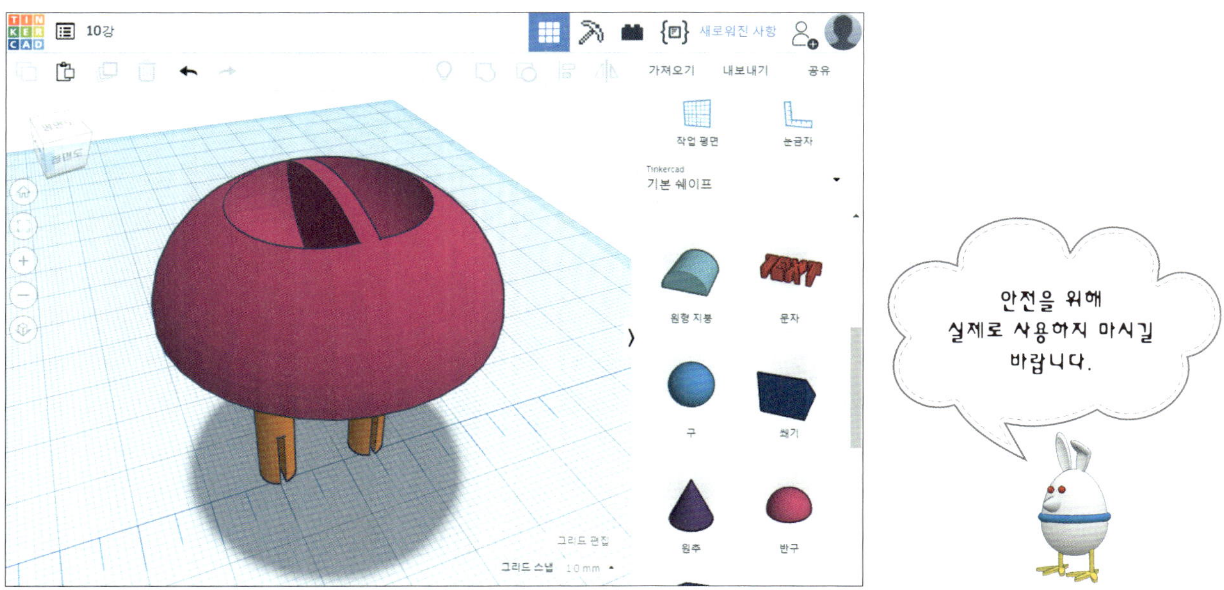

1 전기안전플러그의 손잡이 모양을 그림과 같이 만들어 보세요.

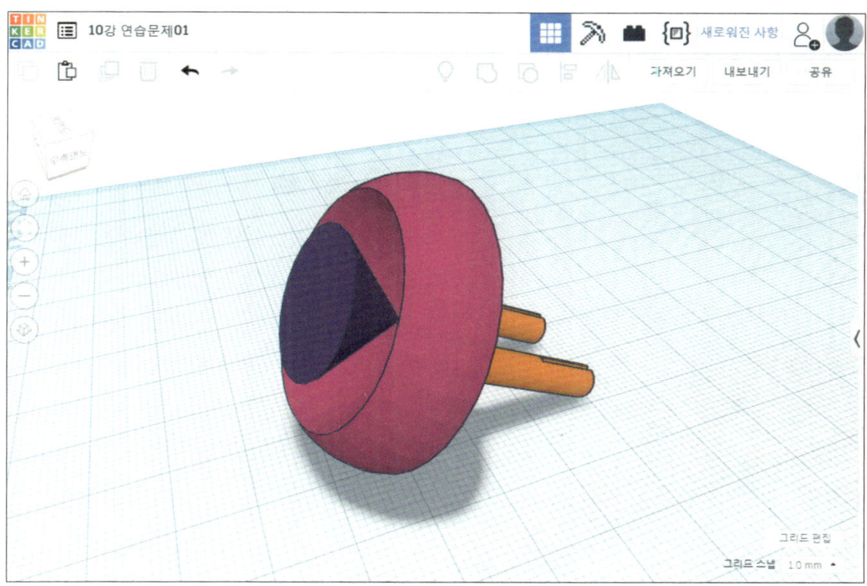

2 전기안전플러그의 손잡이 모양을 그림과 같이 만들어 보세요.

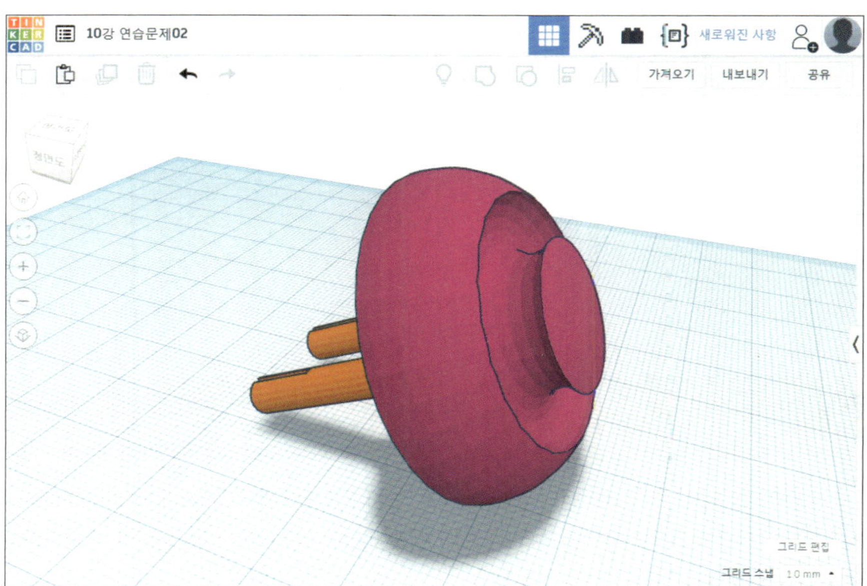

Chapter 11

조리도구 만들기

요리에 사용되는 조리도구는 다양합니다. 하지만 내가 필요로 하는 도구가 없다면 어떻게 할까요? 팅커캐드에서 내 마음에 꼭 맞는 조리도구를 만들어 보겠습니다.

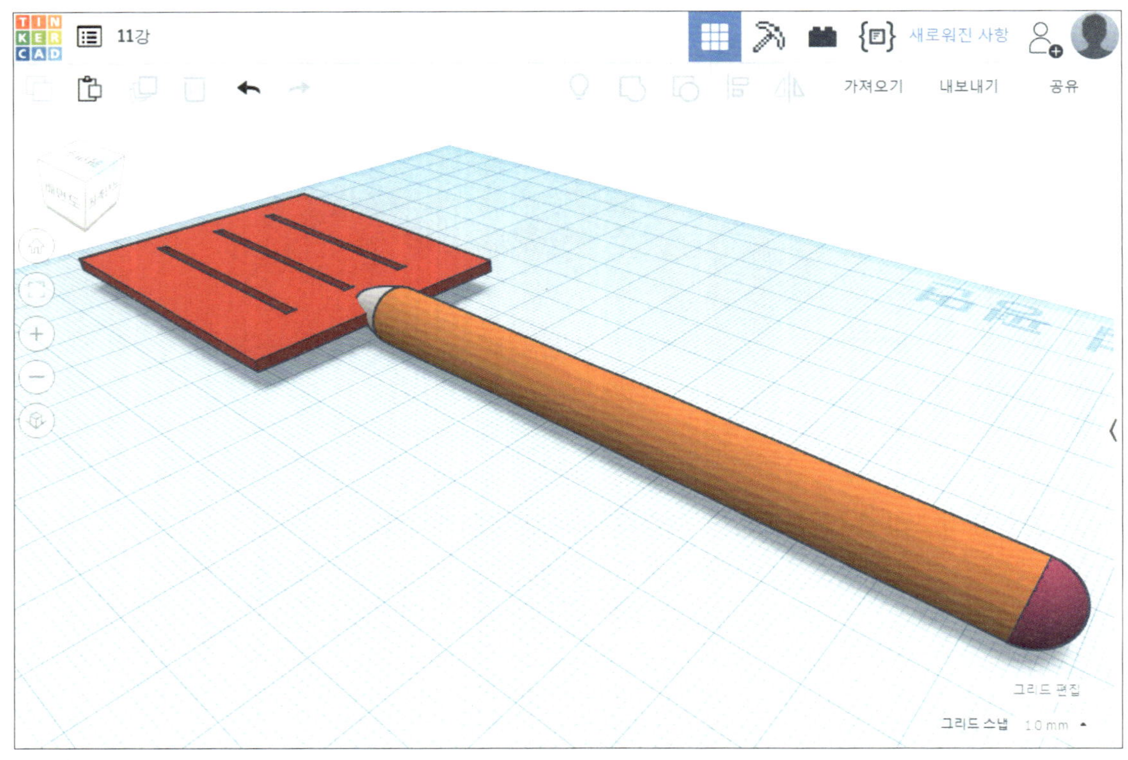

▲ 완성이미지

생각해보아요

요리를 할 때 사용하는 조리도구가 손에 잘 안 맞거나 마음에 들지 않을 수 있습니다. 요리를 편리하게 하려면 내가 필요한 기능을 하는 조리도구가 있어야 합니다. 대부분의 3D 프린터는 플라스틱 소재를 사용하기 때문에 실제 조리에 사용하기는 어려울 수 있지만, 시제품과 같은 모형을 만들 때 3D 프린터를 사용하면 좋습니다.

조리도구를 살펴보면 대부분 손잡이 모양이 비슷하게 생겼습니다. 조리도구의 손잡이를 만드는 방법을 알아보겠습니다.

01 손잡이를 만들기 위해 모양 모음의 [기본 쉐이프]에서 '원통'을 선택한 후 그림과 같이 회전시켜 삽입합니다.(가로 : 10mm, 세로 : 100mm, 높이 : 10mm)

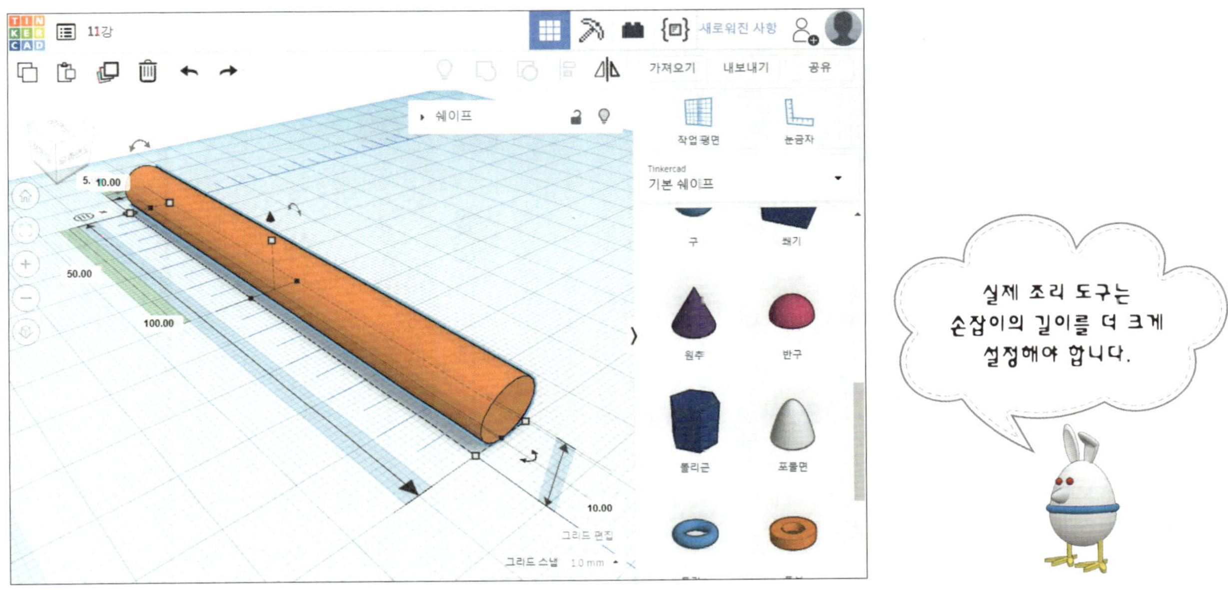

02 손잡이 앞부분을 만들기 위해 '포물면'을 선택하여 삽입한 후 그림과 같이 회전시켜 연결합니다. (가로 : 10mm, 세로 : 10mm, 높이 : 10mm)

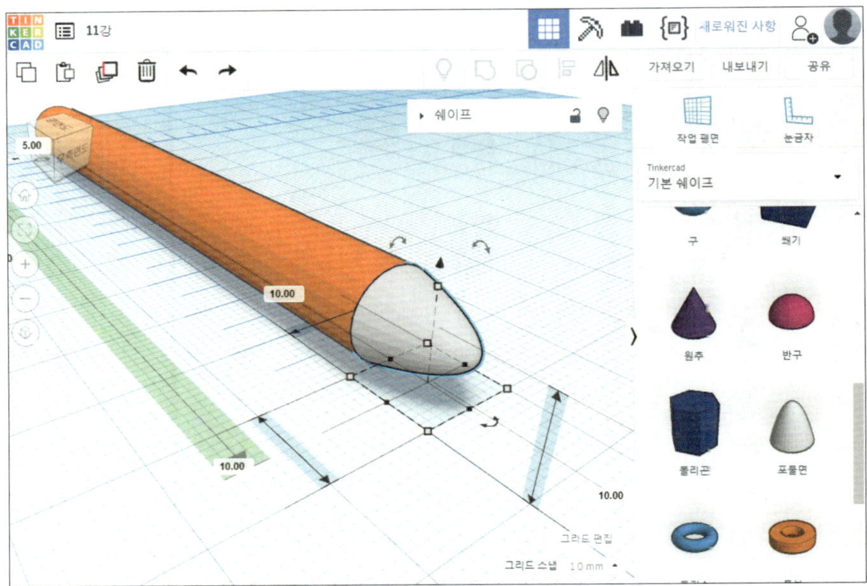

03 손잡이 끝 부분을 만들기 위해 '반구'를 선택하여 삽입한 후 그림과 같이 회전시켜 연결합니다.
(가로 : 10mm, 세로 : 5mm, 높이 : 10mm)

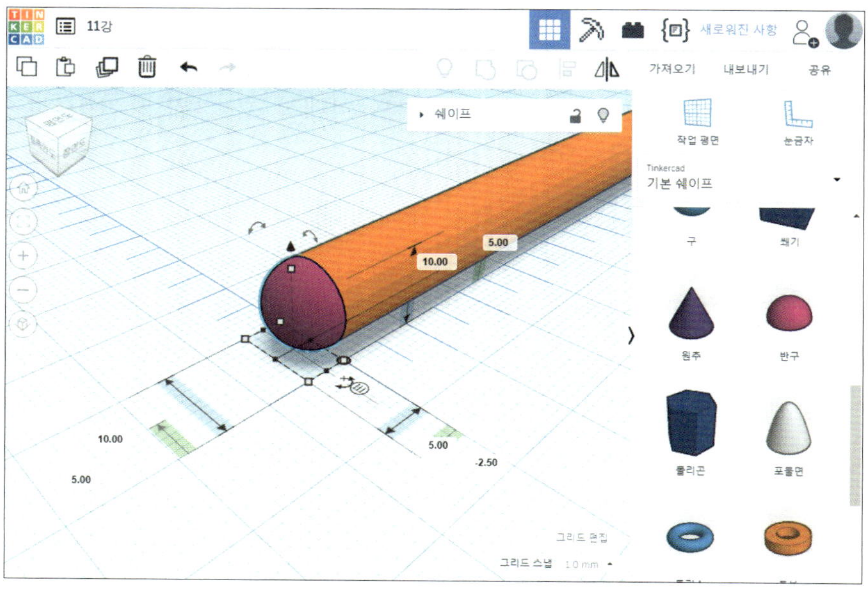

04 모든 도형을 선택한 후 상단 메뉴의 [정렬]을 선택합니다. 조절점이 표시되면 그림과 같이 정렬
하여 손잡이를 완성합니다.

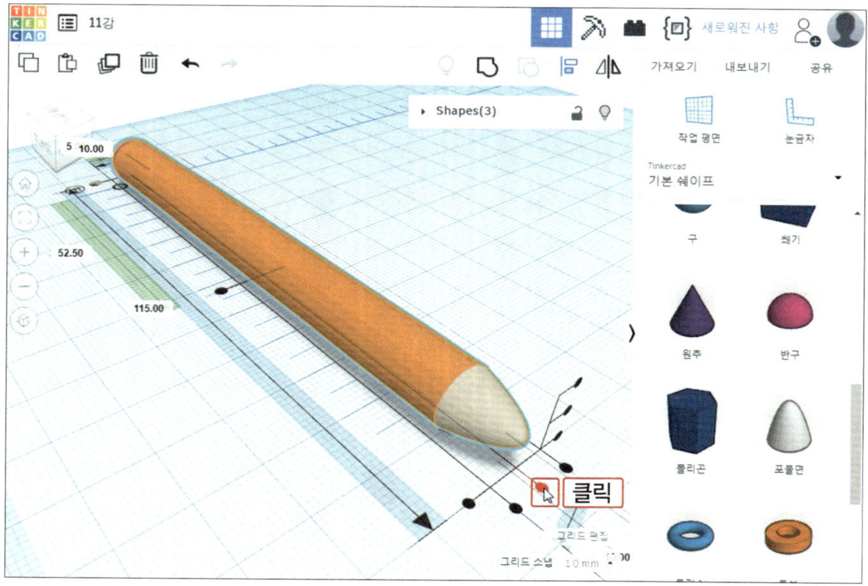

완성된 손잡이 앞부분에 음식을 뒤집을 수 있는 조리도구를 만들어 보겠습니다.

01 모양 모음의 [기본 쉐이프]에서 '상자'를 선택해 삽입한 후 그림과 같이 크기를 조절합니다.
(가로 : 50mm, 세로 : 60mm, 높이 : 2mm)

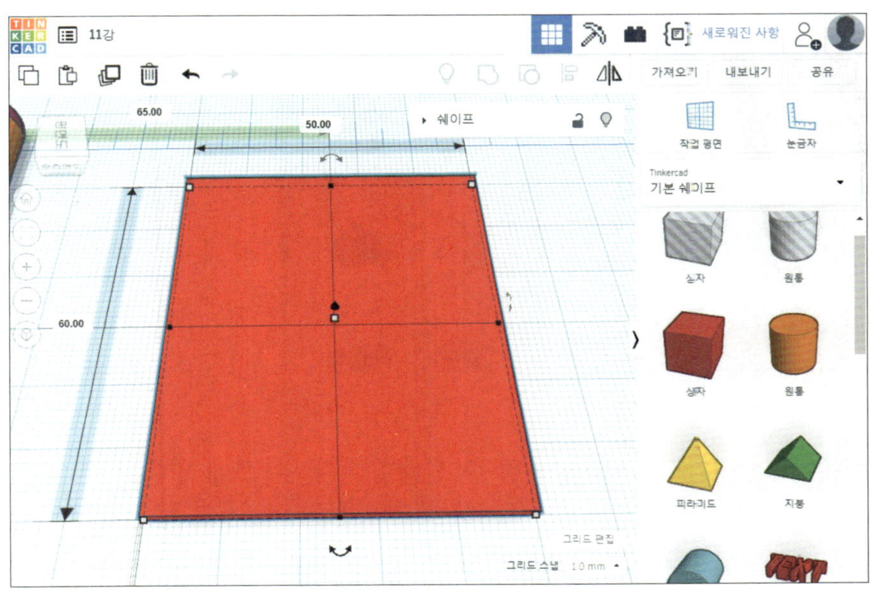

02 기름이나 물이 빠져나갈 구멍을 만들기 위해 '상자'를 선택해 삽입한 후 그림과 같이 크기를 조절
합니다.(가로 : 2mm, 세로 : 44mm, 높이 : 2mm)

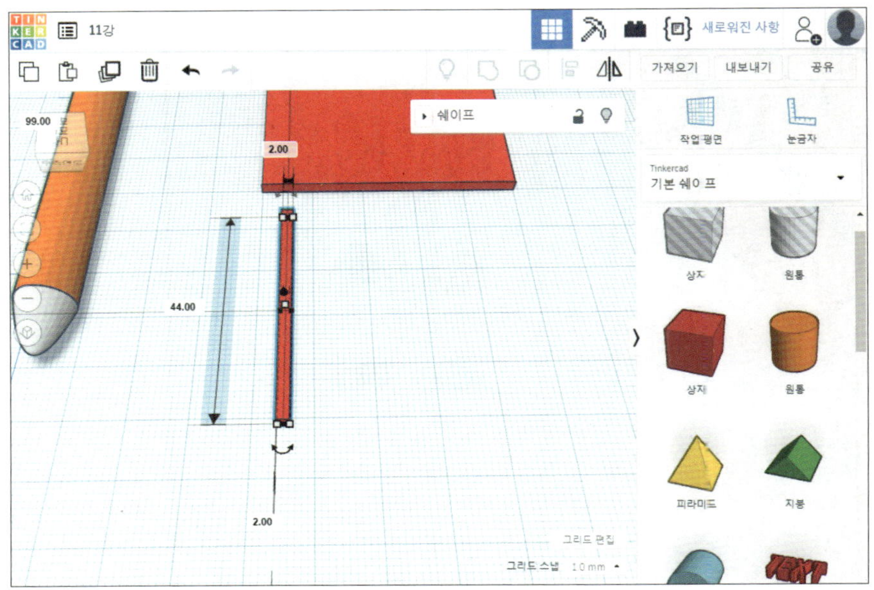

03 도형을 2개 더 복사한 후 도형 사이의 간격이 '10mm'가 되도록 위치를 조절합니다.

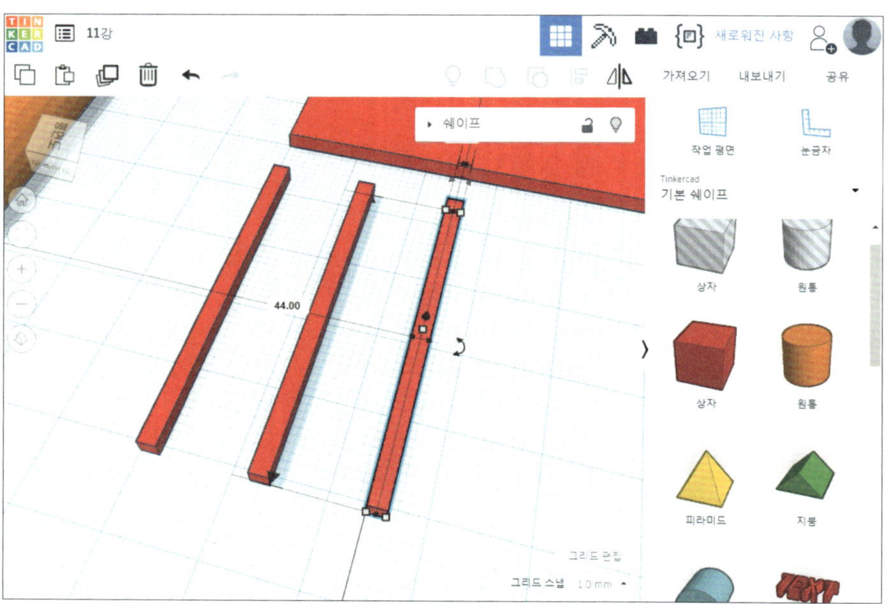

04 3개의 도형을 선택한 후 [쉐이프] 대화상자에서 '구멍'을 선택합니다. 이전에 만든 도형에 그림과 같이 가져다 놓습니다.

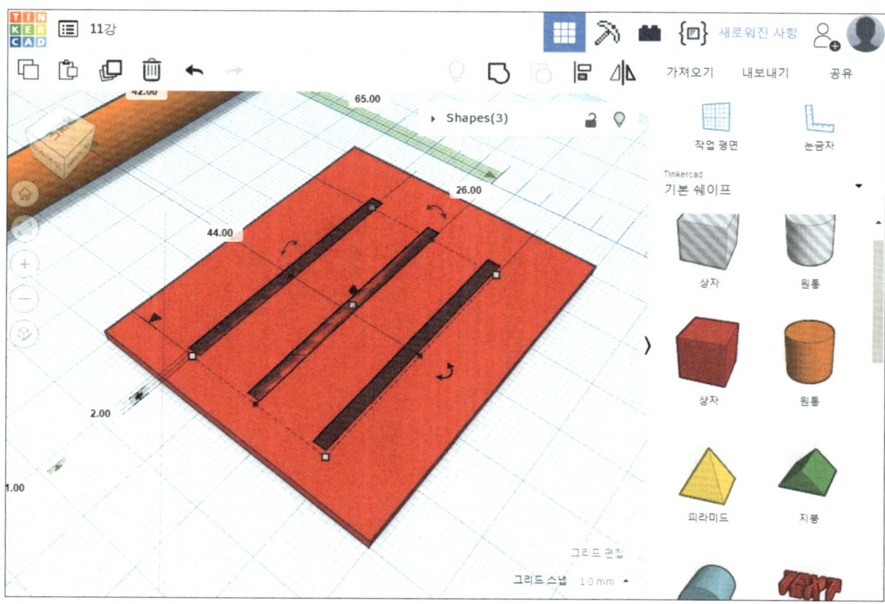

 도형어 구멍을 뚫기 위해 모든 도형을 선택한 후 상단 메뉴의 '그룹 만들기'를 선택합니다.

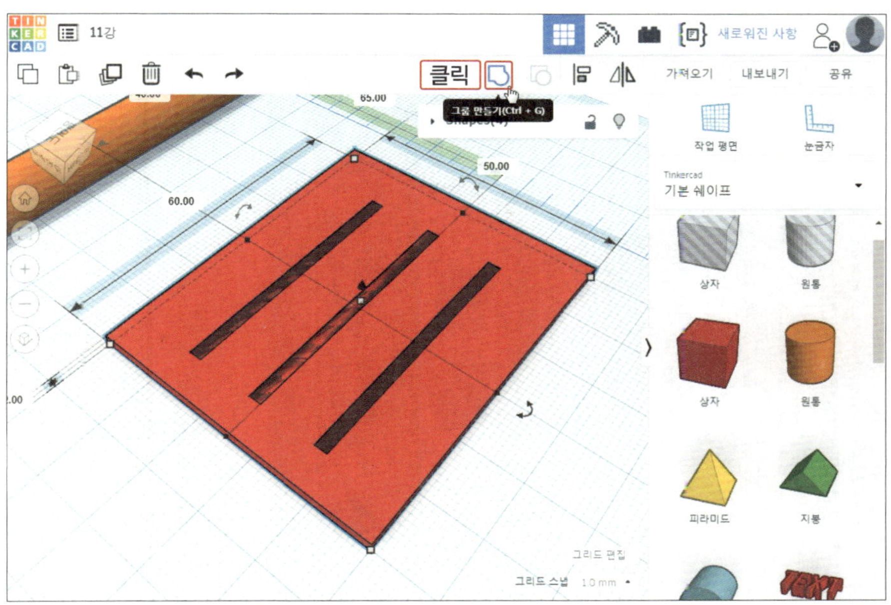

 그림과 같이 기름이나 물이 빠져나갈 수 있는 네모난 구멍이 만들어진 것을 확인할 수 있습니다.

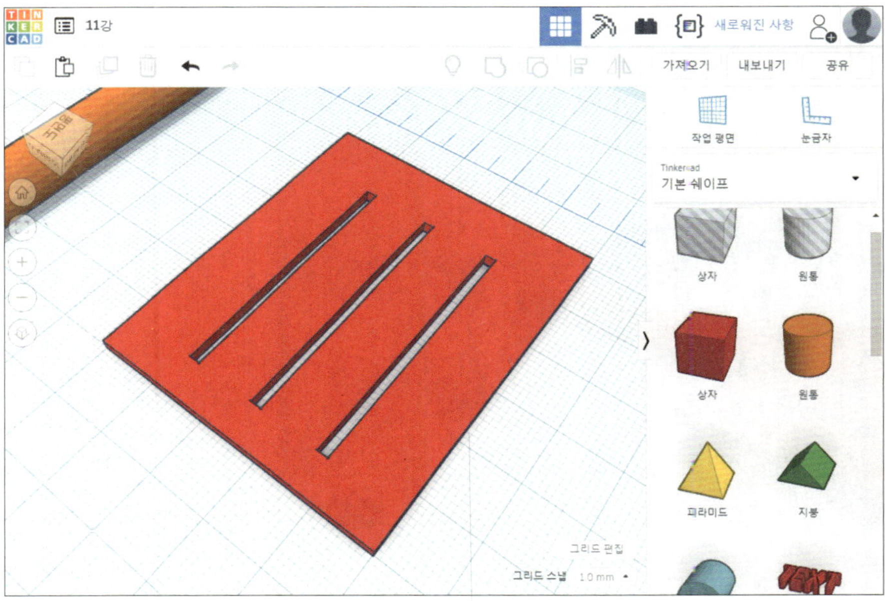

 화면의 모든 도형을 선택한 후 상단 메뉴의 [정렬]을 선택합니다. 조절점이 표시되면 클릭하여 가운데 부분을 중심으로 정렬합니다.

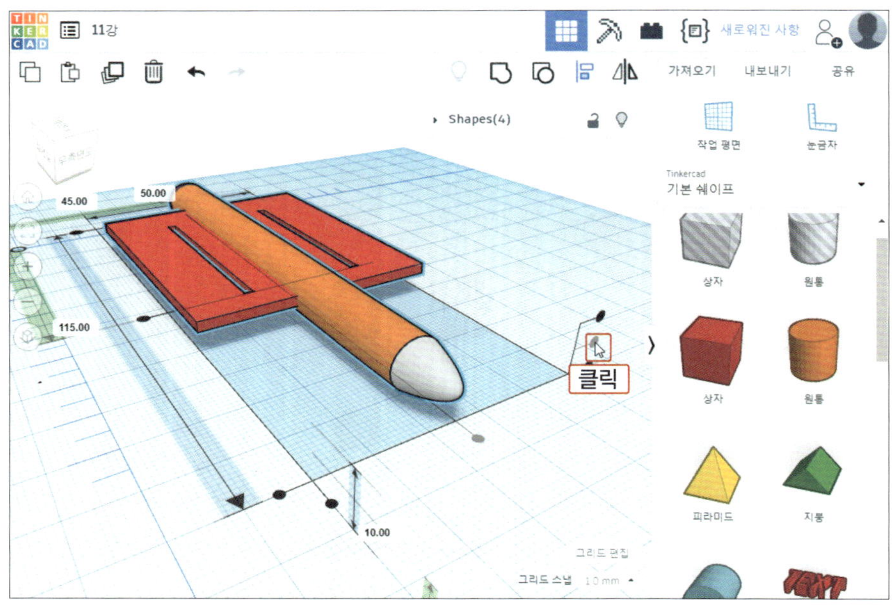

 앞부분을 그림과 같이 위치를 설정하여 완성합니다.

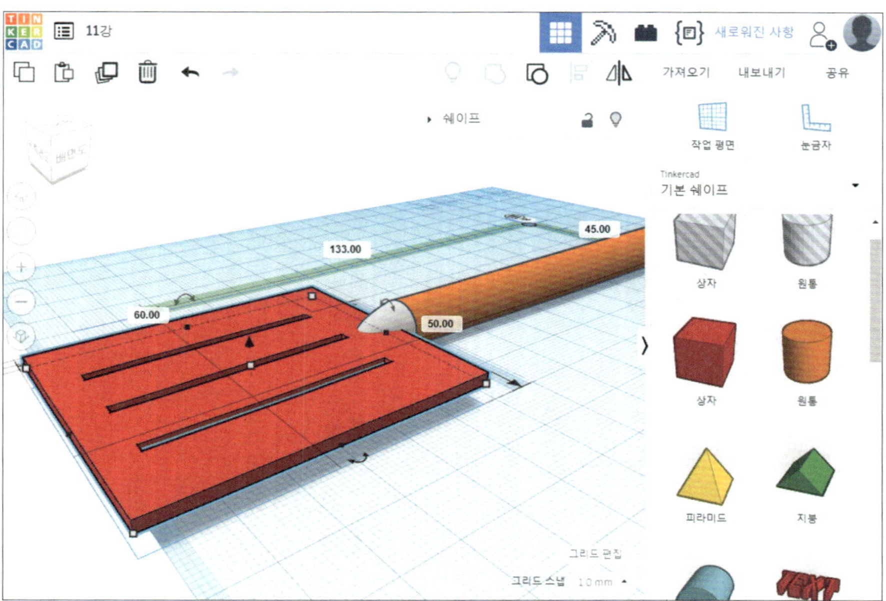

1. 그림과 같은 모양의 조리도구를 만들어 보세요.

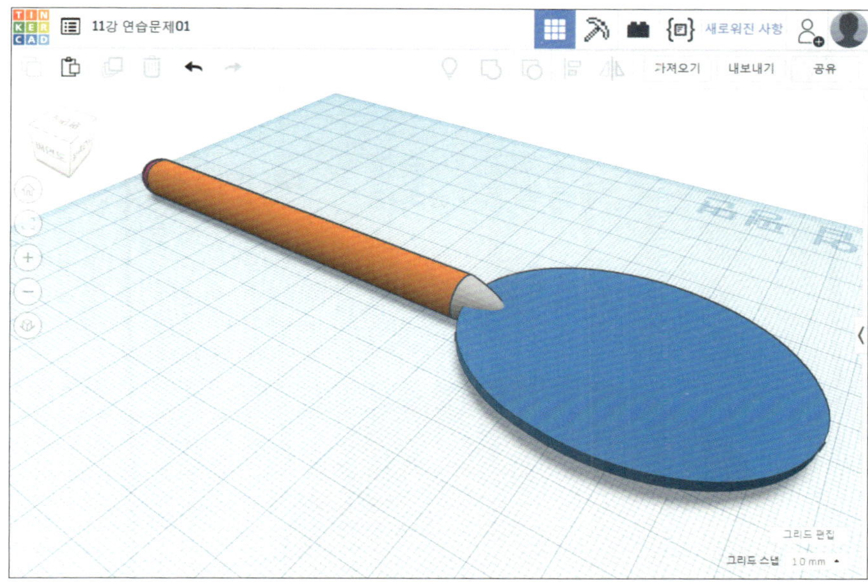

2. 그림과 같은 모양의 조리도구를 만들어 보세요.

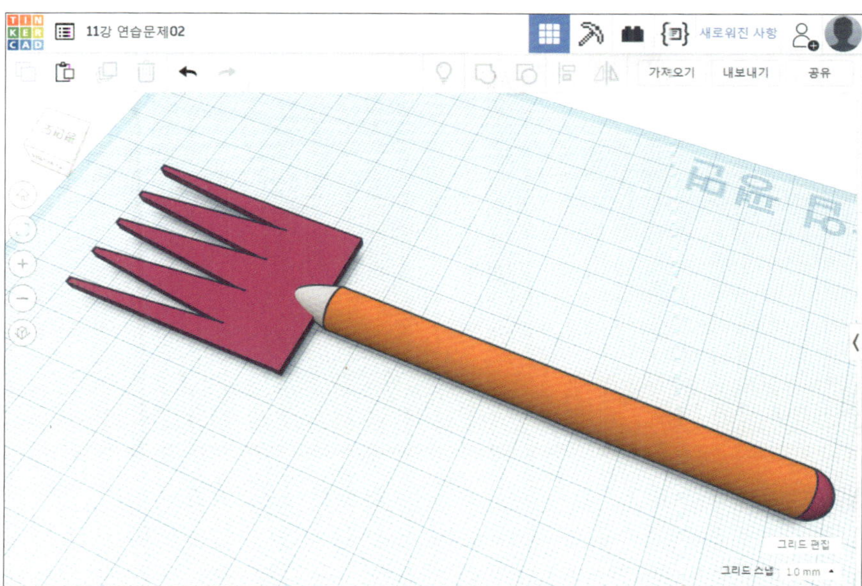

Chapter 12

단추 만들기

만약에 단추를 잃어버렸다면 어떻게 할까요? 팅커캐드의 구멍과 정렬 기능을 이용하여 단추와 구멍을 만드는 방법에 대해 알아보겠습니다.

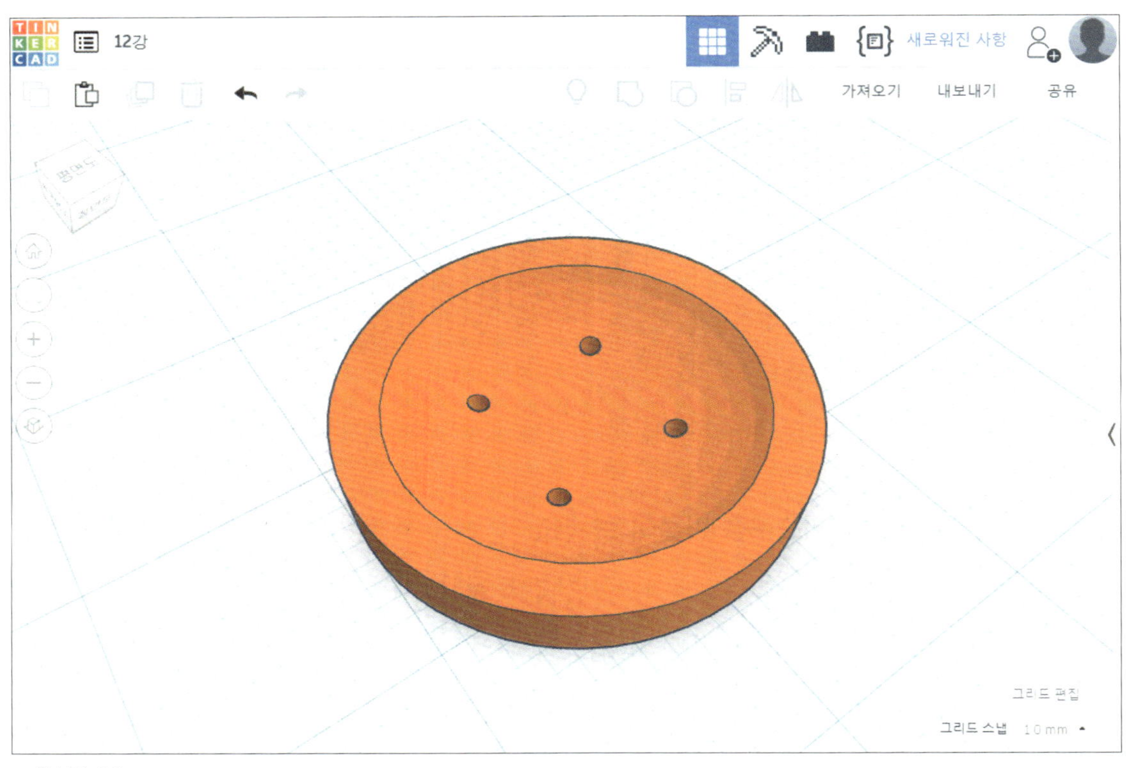

▲ 완성이미지

생각해보아요

옷에 사용되는 단추는 크기나 종류가 너무나 다양합니다. 그렇기 때문에 단추를 잃어버리면 같은 단추를 구하기 어려운 경우가 많습니다. 3D 프린터를 기용하면 똑같거나 비슷한 모양의 단추를 쉽게 만들어 낼 수 있습니다. 3D 프린터는 주변에서 구하기 어렵거나 쉽게 살 수 없는 물건들을 만드는데 큰 도움이 됩니다. 여러분들이 필요로 했던 물건들은 어떤 것이 있었는지 이야기를 나누어 봅니다.

도형을 이용하여 가운데 부분이 움푹 들어간 단추를 만드는 방법을 알아보겠습니다.

01 단추를 만들기 위해 모양 모음의 [기본 쉐이프]에서 '원통'을 선택한 후 그림과 같이 삽입합니다. (가로 : 20mm, 세로 : 20mm, 높이 : 3mm)

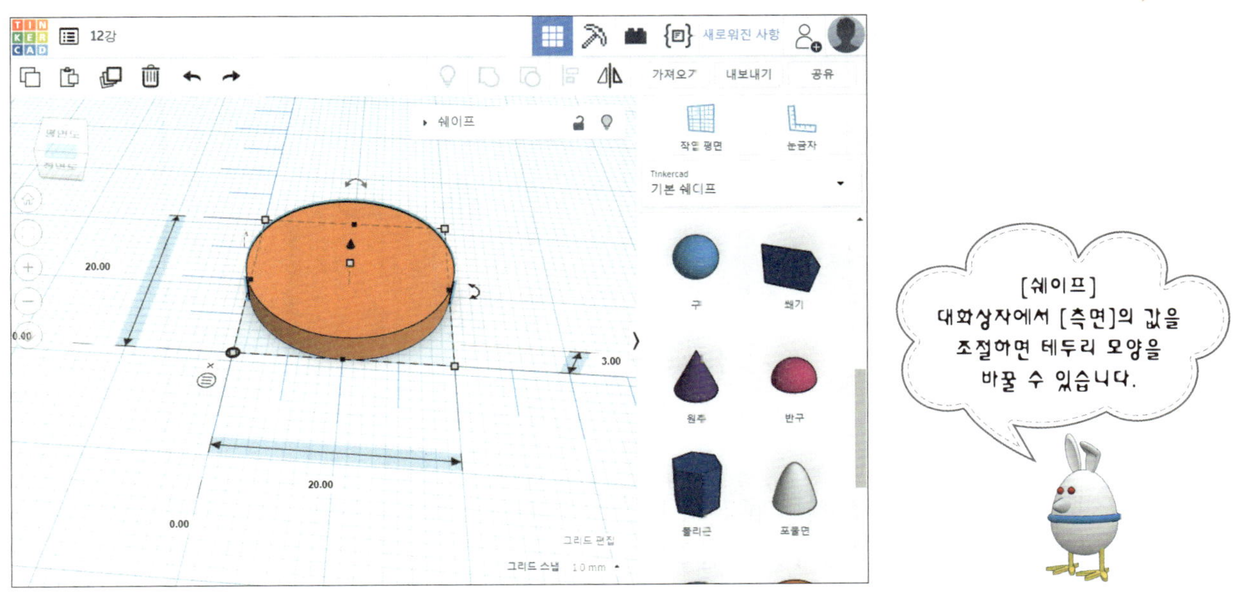

02 단추 가운데 부분을 파내기 위해 '구'를 선택하여 삽입한 후 그림과 같이 크기를 조절합니다. (가로 : 17mm, 세로 : 17mm, 높이 : 6mm)

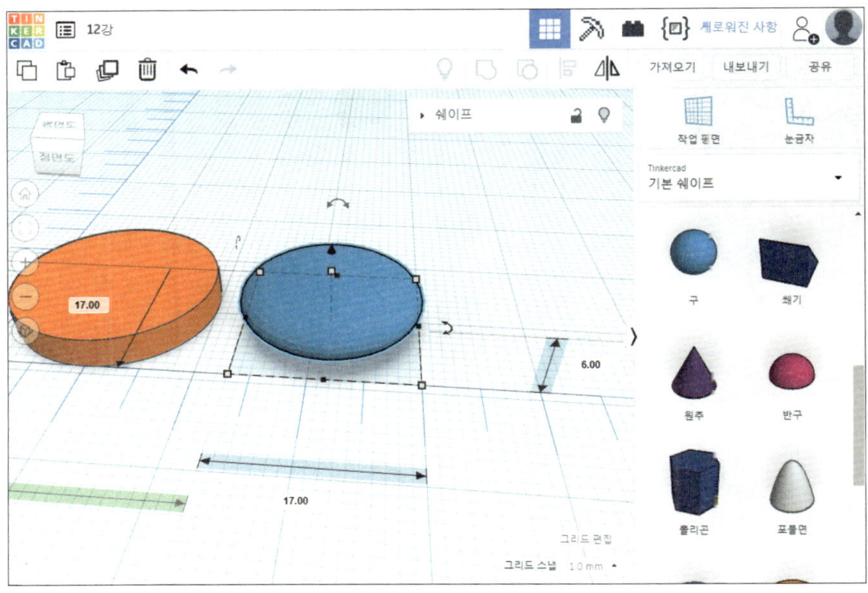

03 [작업 평면]과의 높이를 '1mm'로 조절한 후 투명하게 만들기 위해 [쉐이프] 대화상자의 '구멍'을
클릭합니다.

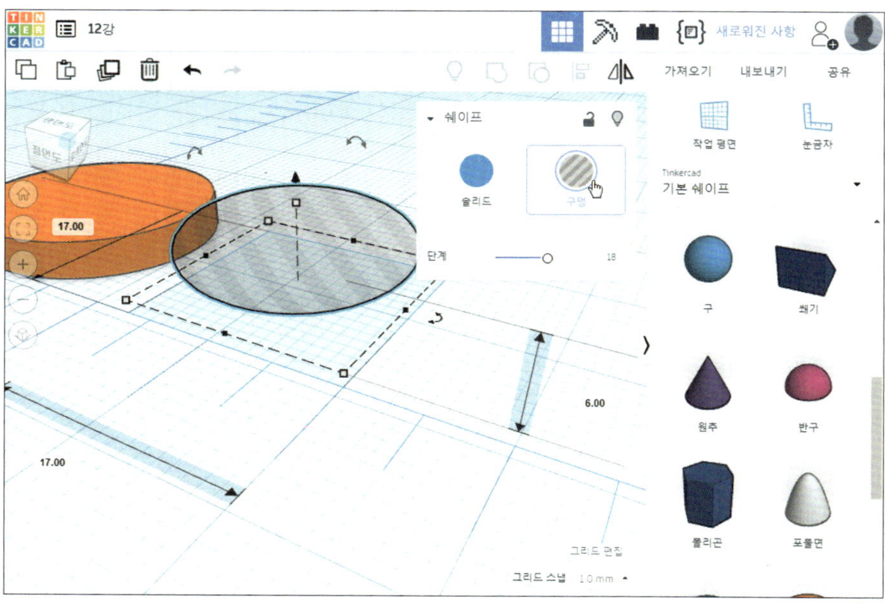

04 두 도형을 모두 선택한 후 상단 메뉴의 [정렬]을 클릭합니다. 그림과 같이 조절점이 표시되면 가
운데 부분의 점을 각각 클릭하여 정렬합니다.

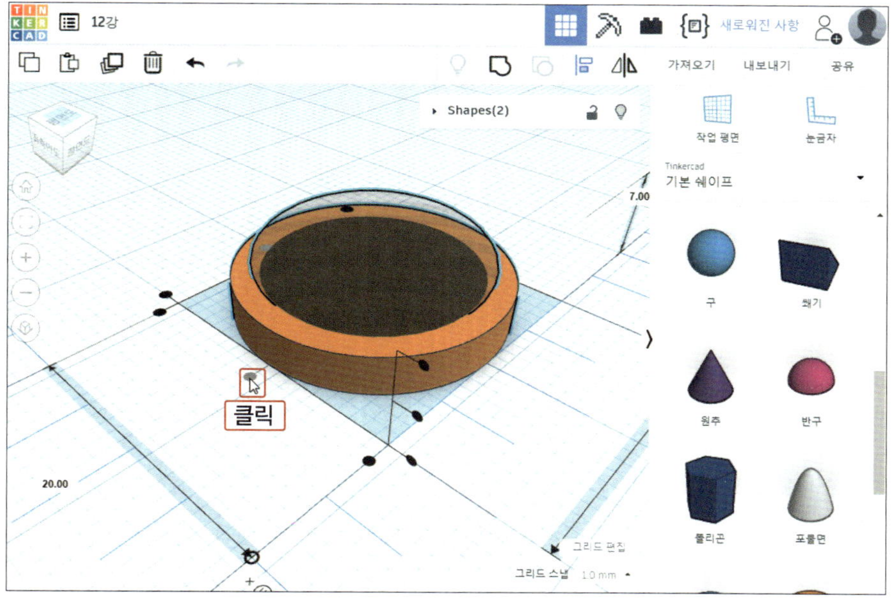

05 두 도형이 모두 선택된 상태에서 상단 메뉴의 [그룹 만들기]를 클릭하여 하나의 도형으로 그룹을 설정합니다.

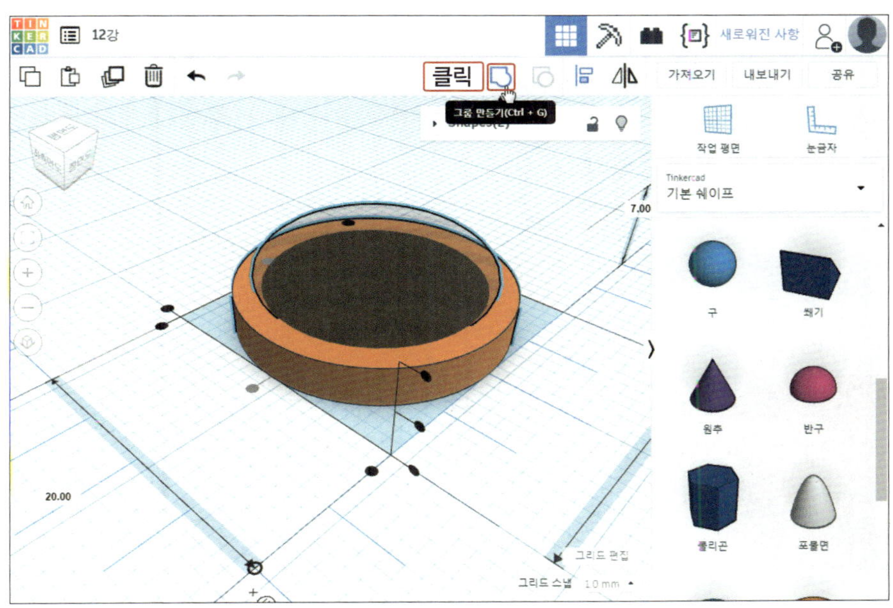

06 그림과 같이 테두리에서 가운데로 올수록 움푹하게 들어간 단추 모양이 만들어 집니다.

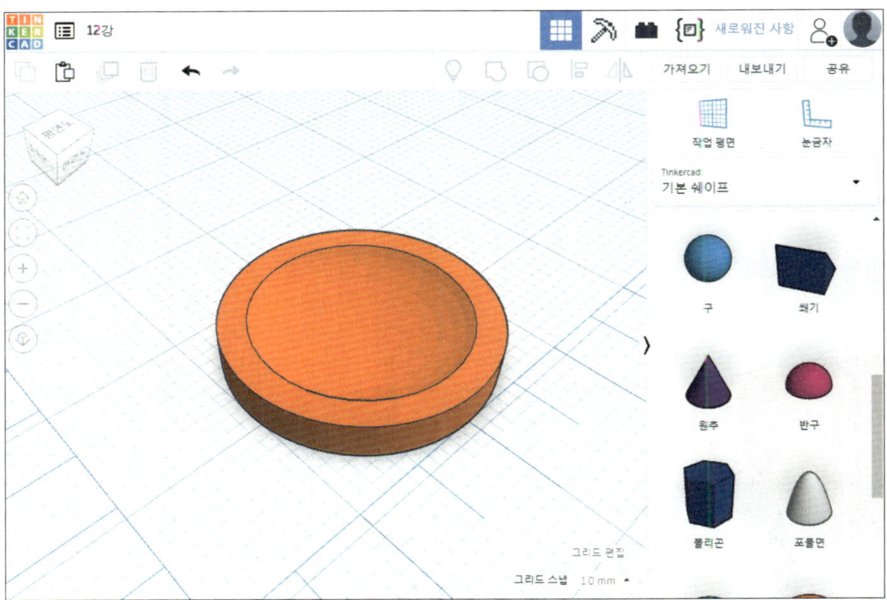

단추를 옷과 연결하려면 실로 꿰맬 수 있는 구멍이 있어야 합니다. 단추 구멍을 만드는 방법을 알아보겠습니다.

01 단추 구멍을 만들기 위해 모양 모음의 [기본 쉐이프]에서 '원통'을 선택한 후 그림과 같이 삽입합니다.(가로 : 1mm, 세로 : 1mm, 높이 : 3mm)

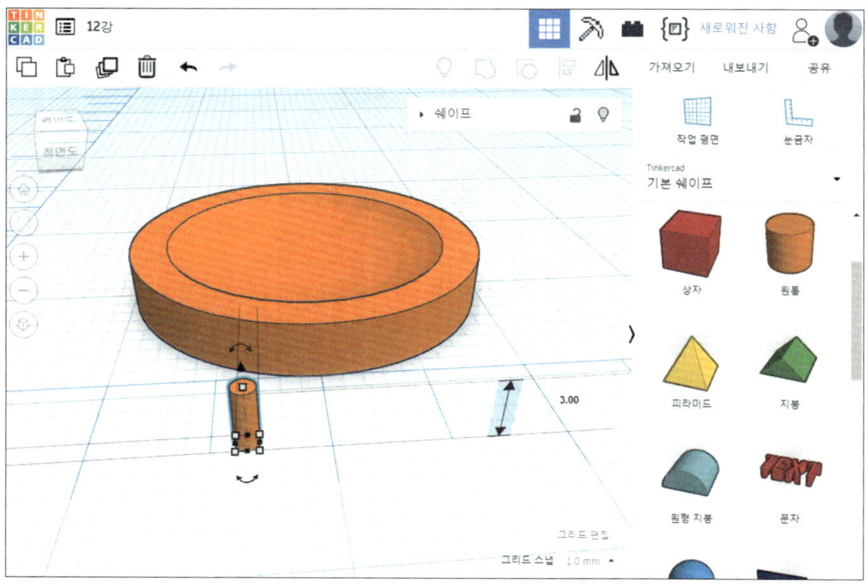

02 삽입한 도형을 복사하여 오른쪽으로 '5mm' 간격이 되도록 이동시킵니다.

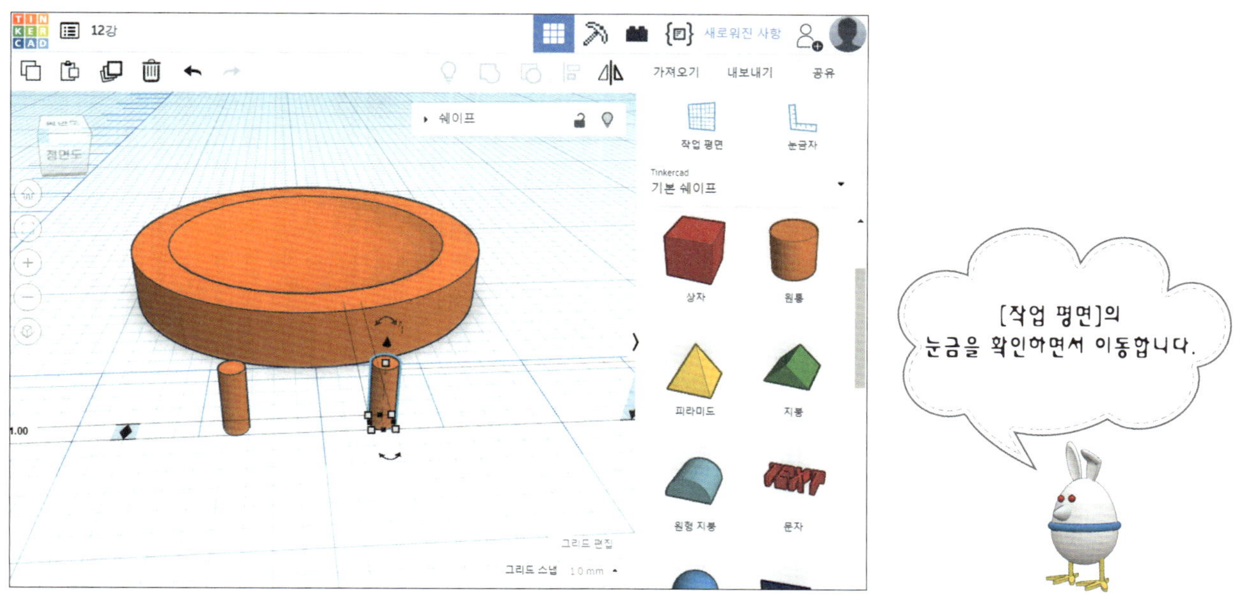

03 두 도형을 모두 선택한 후 복사하여 아래쪽으로 '5mm' 간격이 되도록 이동시킵니다.

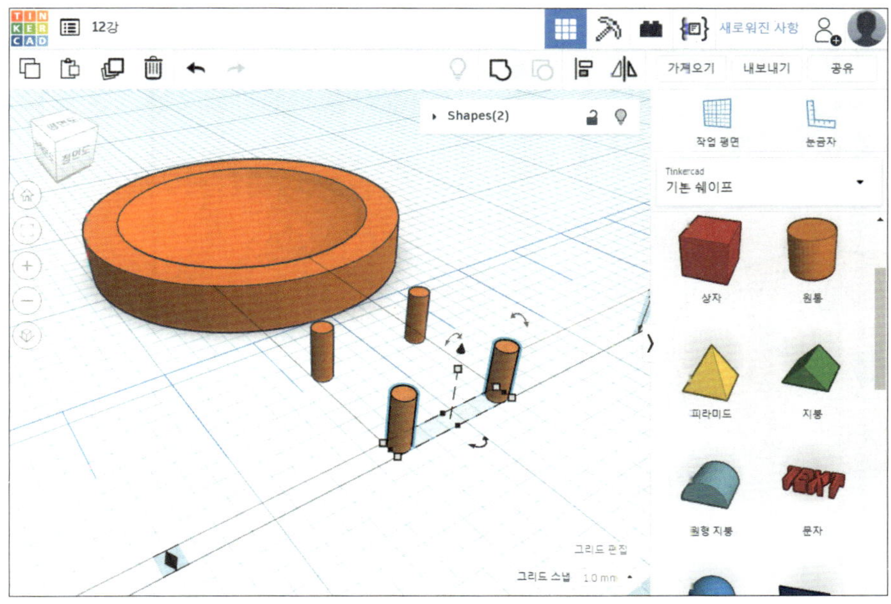

04 단추 구멍으로 사용할 4개의 도형을 모두 선택한 후 그룹으로 설정한 후 [쉐이프] 대화상자의 '구멍'을 클릭합니다.

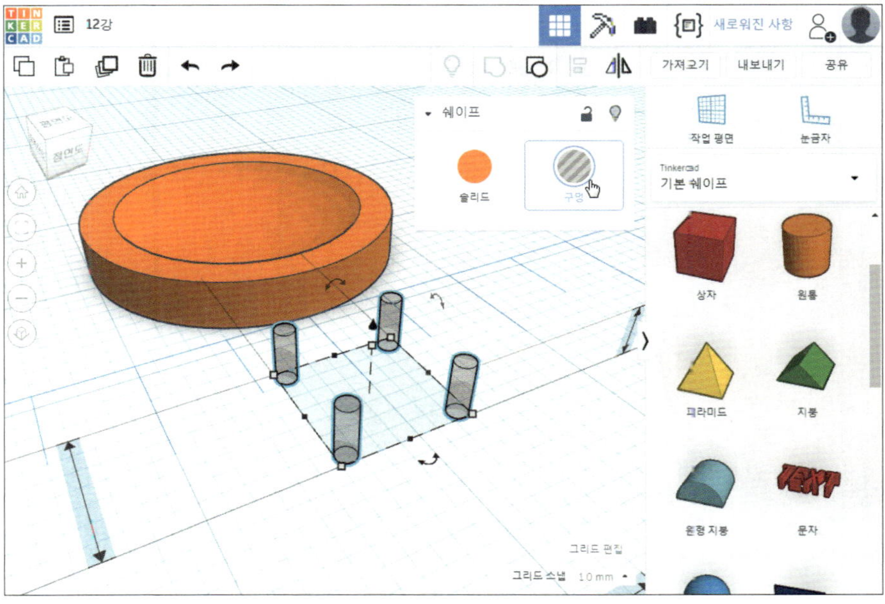

05 모든 도형을 선택한 후 상단 메뉴의 [정렬]을 선택합니다. 그림과 같이 조절점이 표시되면 가운데 부분의 점을 각각 클릭하여 정렬합니다.

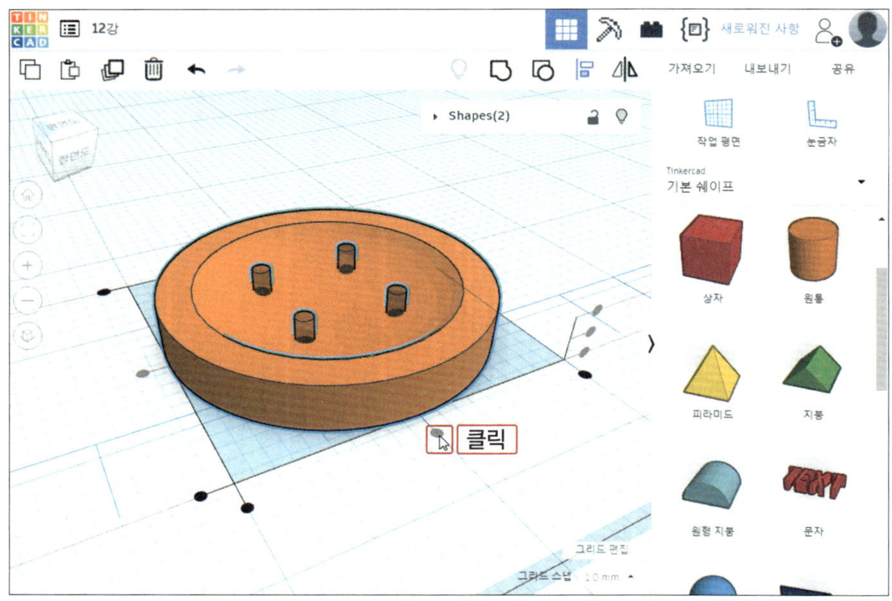

06 선택된 모든 도형을 그룹으로 설정하면 그림과 같이 가운데 부분에 구멍이 뚫린 단추가 완성됩니다.

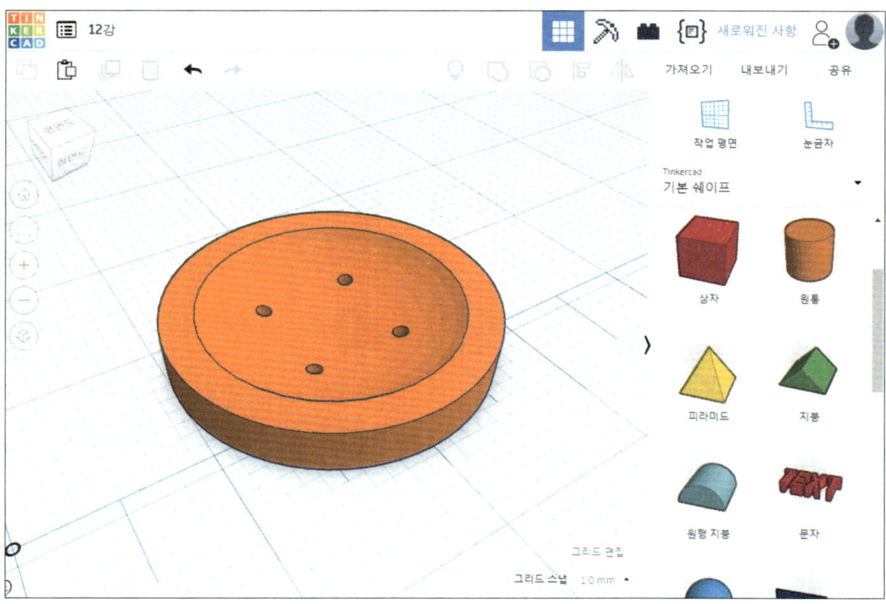

1 그림과 같은 모양의 단추를 만들어 보세요.

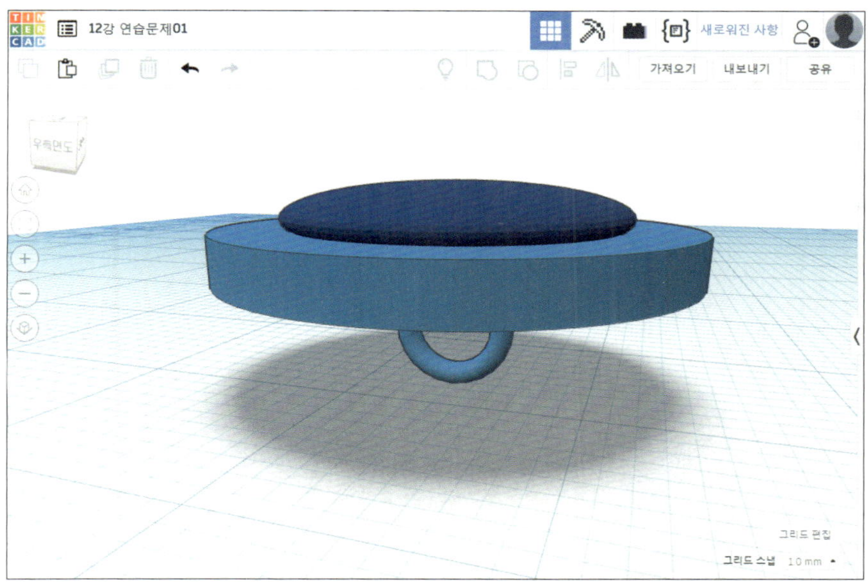

2 그림과 같은 모양의 단추를 만들어 보세요.

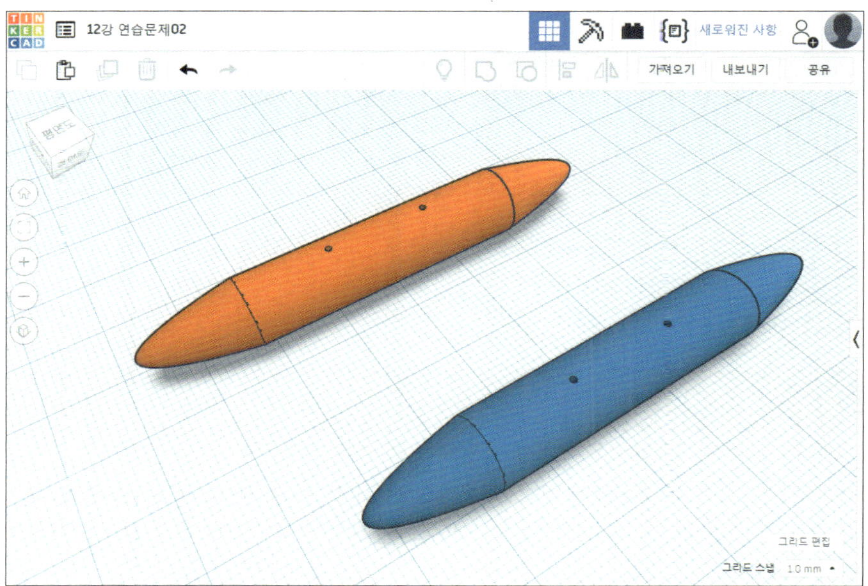

Chapter 13

주사위 만들기

숫자 부분이 움푹 들어간 모양의 주사위는 어떻게 만들 수 있을까요? 구멍과 그룹 기능을 이용하여 주사위를 만드는 방법에 대해 알아보겠습니다.

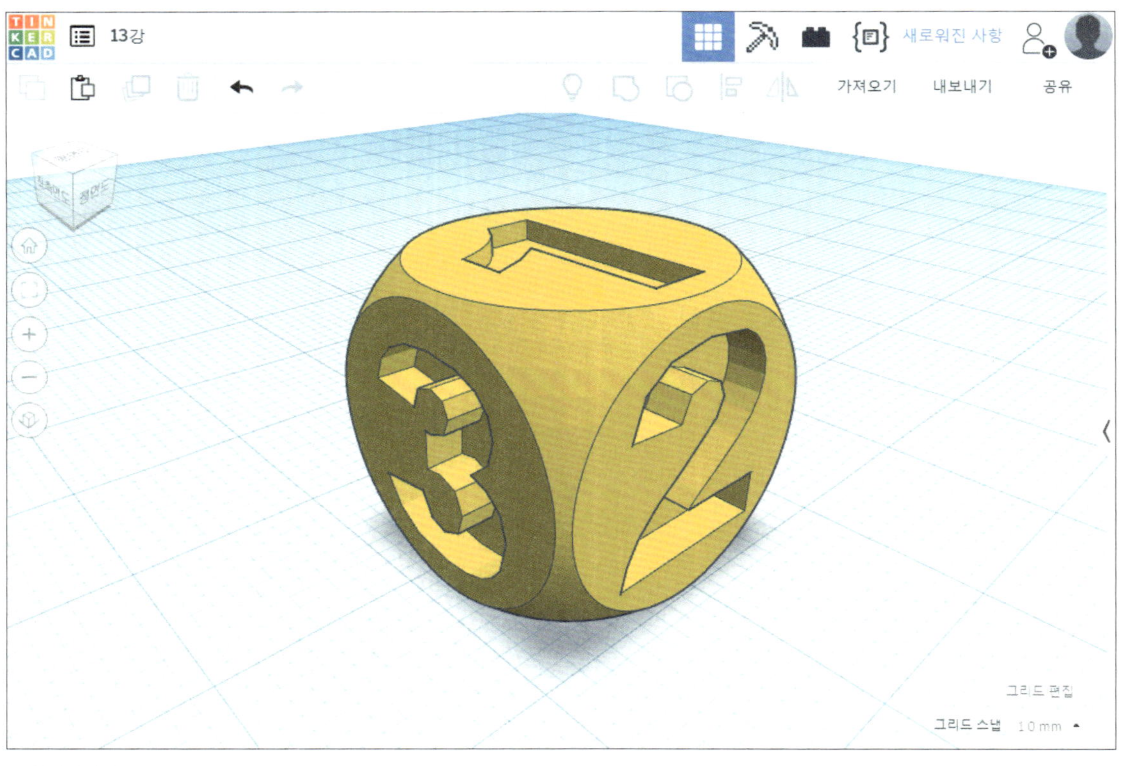

▲ 완성이미지

 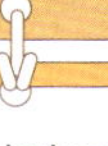

생각해보아요

보드게임과 같이 주사위를 사용하여 진행하는 게임들을 한 번씩 해보았을 것입니다. 주사위는 정육면체로 만들어졌으며 1부터 6까지의 숫자가 사용됩니다. 주사위가 잘 굴러가려면 사각형 모양의 끝부분이 둥글게 만들어져야 합니다. 주사위 모양의 도형을 삽입하고 숫자를 입력해 봅니다. 주사위 이외에 게임에서 사용하는 것들을 어떻게 만들지 알아보도록 합니다.

주사위 모양의 도형을 삽입하고 윗면에 숫자를 입력하는 방법을 알아보겠습니다.

01 오른쪽 모양 모음의 [기호]에서 '주사위'를 선택하여 삽입합니다. 크기는 기본 설정된 상태로 사용합니다.

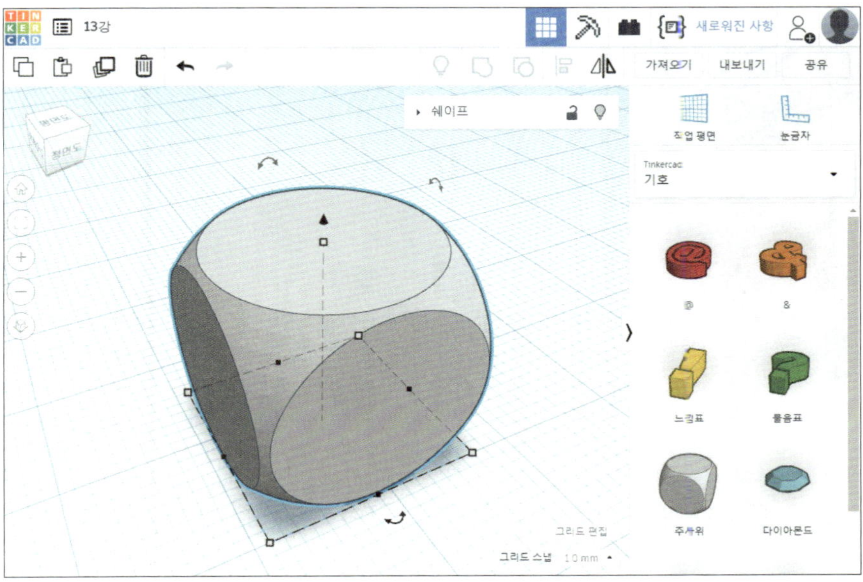

02 모양 모음의 [문자]에서 '1'을 선택한 후 주사위 윗면에 '2mm' 가량 들어가도록 만듭니다. [작업 평면]과의 간격은 '15mm'로 설정합니다.

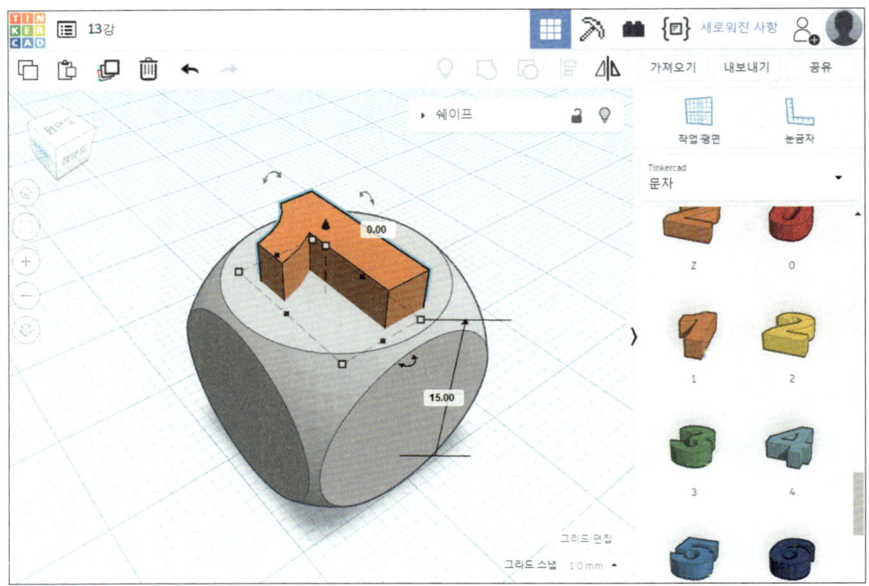

03 [쉐이프] 대화상자에서 '구멍'을 클릭하여 투명한 도형으로 만든 후 두 도형을 모두 선택하고 그룹으로 설정합니다.

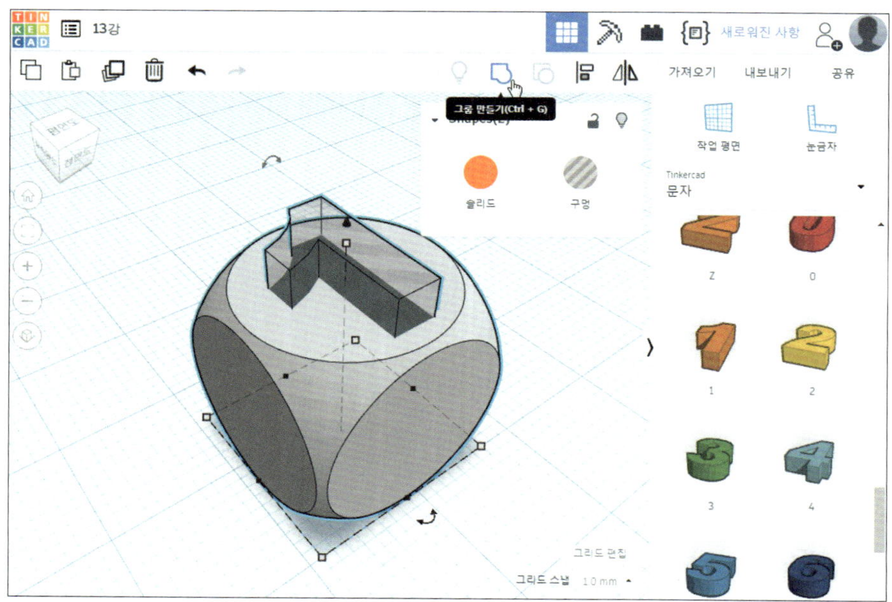

04 그림과 같이 숫자 부분이 움푹 들어간 모양이 만들어진 것을 확인할 수 있습니다.

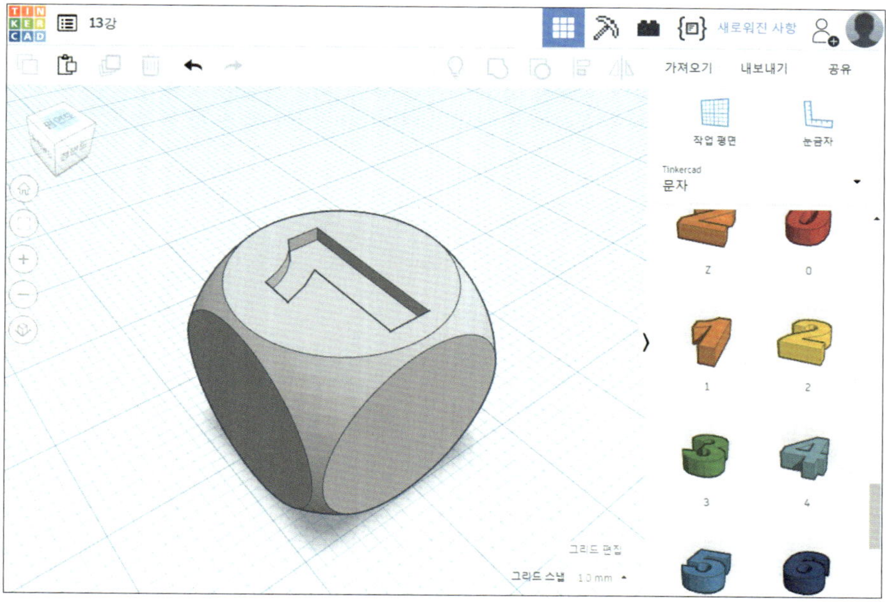

주사위의 옆 부분에 숫자 도형을 삽입하는 방법을 알아보겠습니다.

01 모양 모음의 [문자]에서 '2'를 선택하여 삽입한 후 그림과 같이 90도 회전시킵니다.

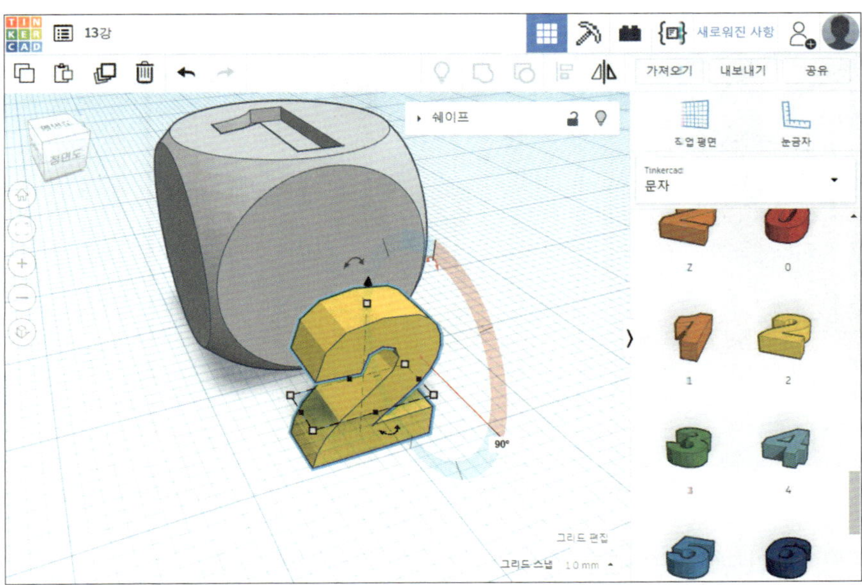

02 주사위 앞면으로 가져간 후 '2mm' 가량 들어가도록 배치합니다. [작업 평면]과의 간격은 '3mm'로 설정합니다.

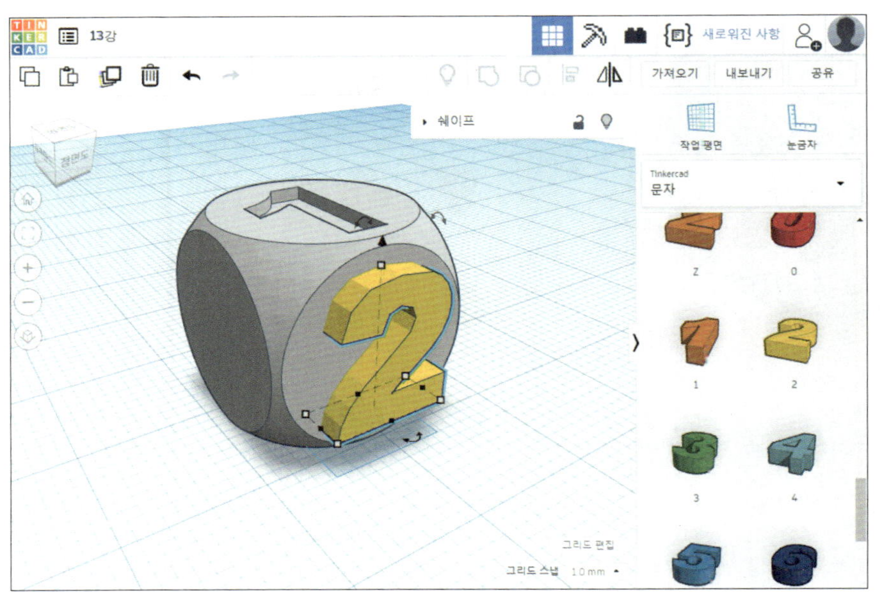

03 [쉐이프] 대화상자에서 '구멍'을 클릭하여 투명한 도형으로 만든 후 주사위와 숫자 도형을 모두 선택하고 그룹으로 설정합니다.

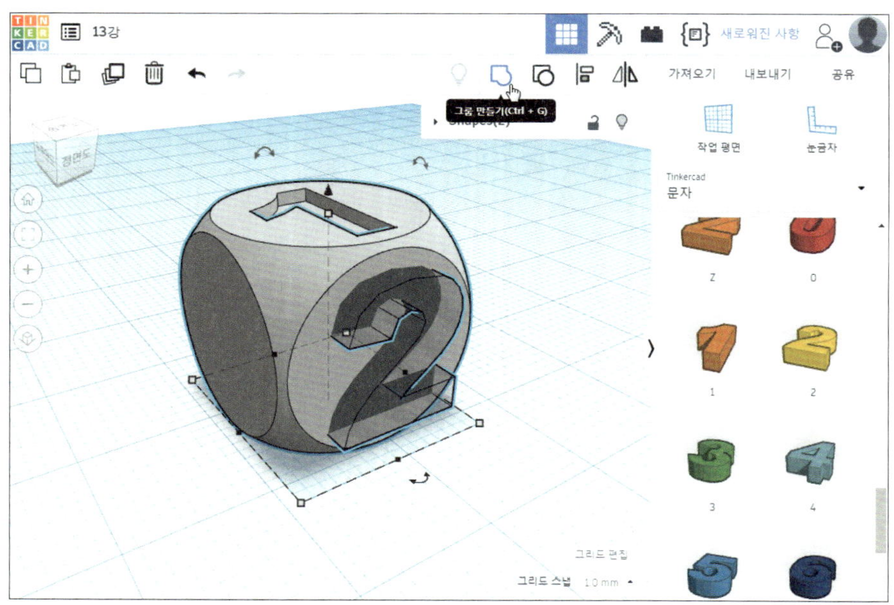

04 같은 방법을 이용하여 [작업 평면]을 회전시키면서 '3', '4', '5'를 삽입합니다.

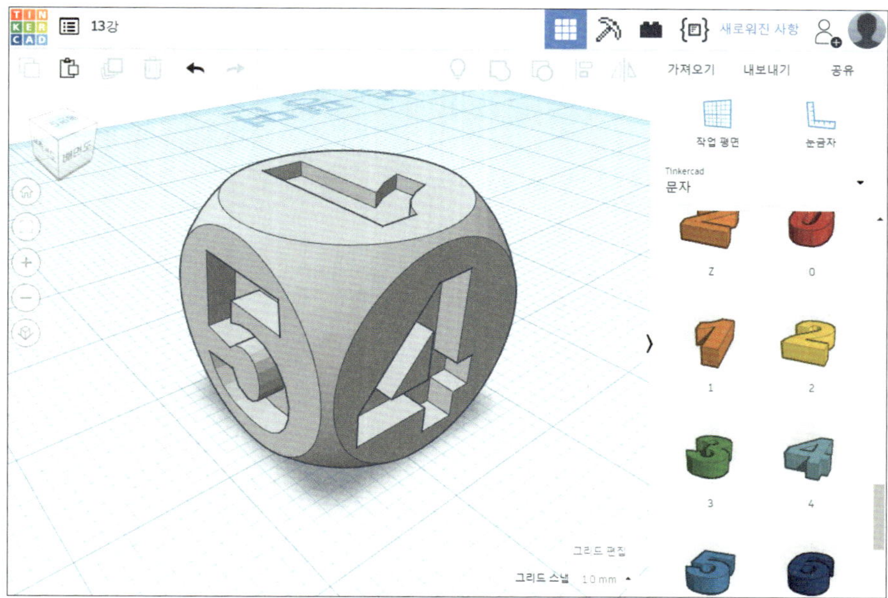

주사위의 밑면에 숫자 도형을 삽입하는 방법을 알아보겠습니다.

01 주사위를 선택한 후 상단 메뉴의 [반전]을 클릭합니다. 주사위에 화살표가 표시되면 클릭하여 그림과 같이 위와 아래를 바꿉니다.

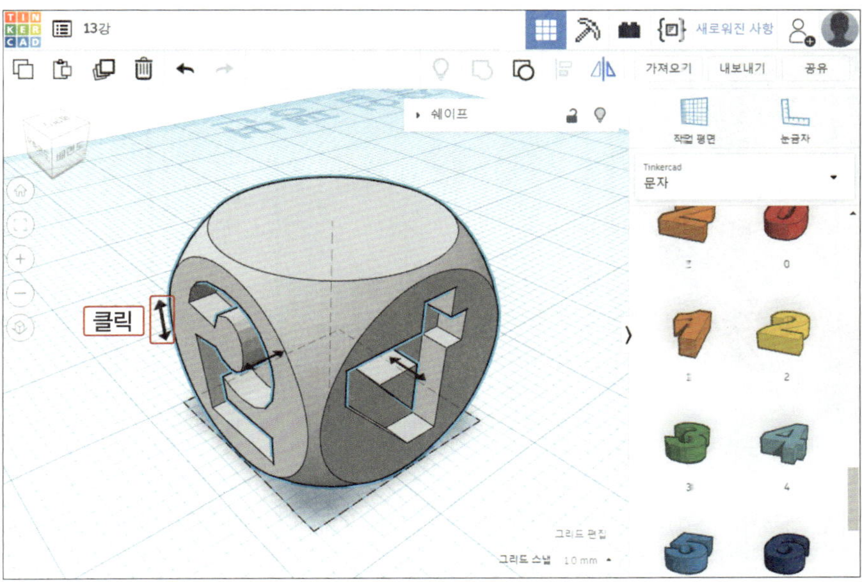

02 모양 모음의 [문자]에서 '6'을 선택한 후 주사위 윗면에 '2mm' 가량 들어가도록 만듭니다. [작업평면]과의 간격은 '15mm'로 설정합니다.

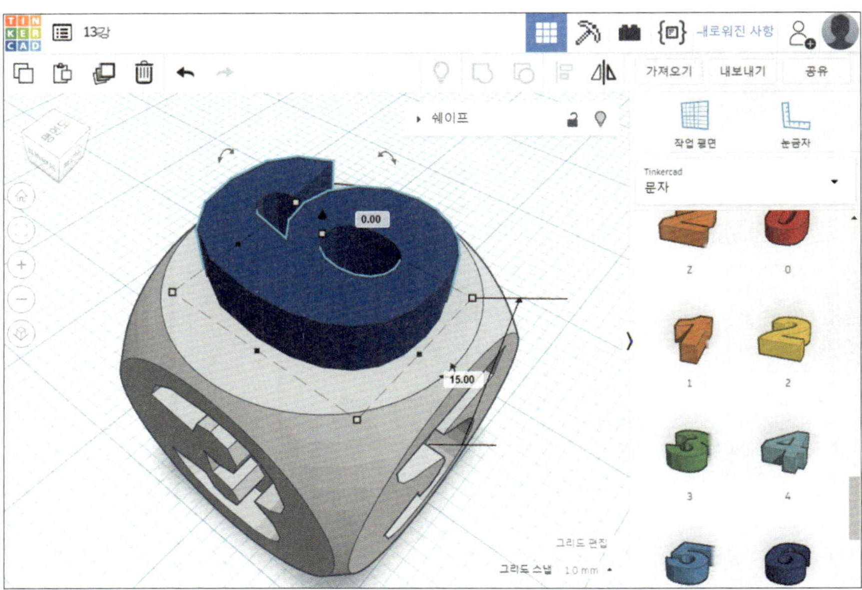

03 [쉐이프] 대화상자의 '구멍'을 클릭하여 투명한 도형으로 만든 후 두 도형을 모두 선택하고 그룹으로 설정합니다.

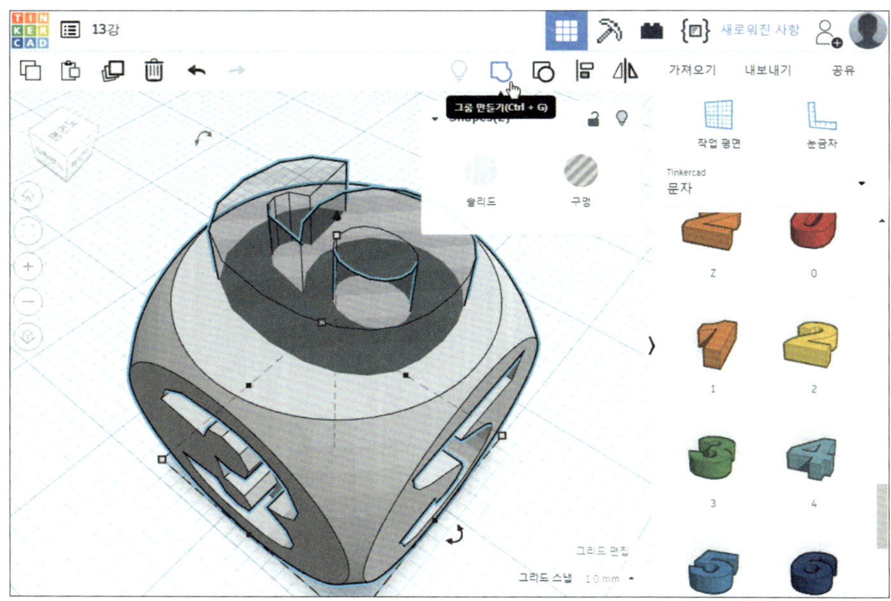

04 그림과 같이 숫자가 입력된 주사위가 완성된 것을 확인할 수 있습니다. 주사위에 원하는 색을 적용해 봅니다.

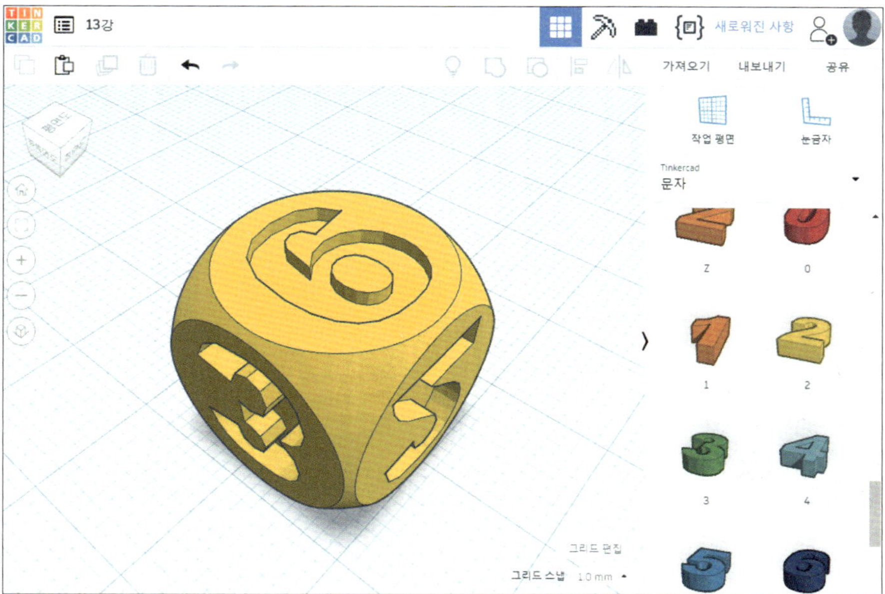

1 주사위의 숫자가 볼록 튀어나오도록 만들어 보세요.

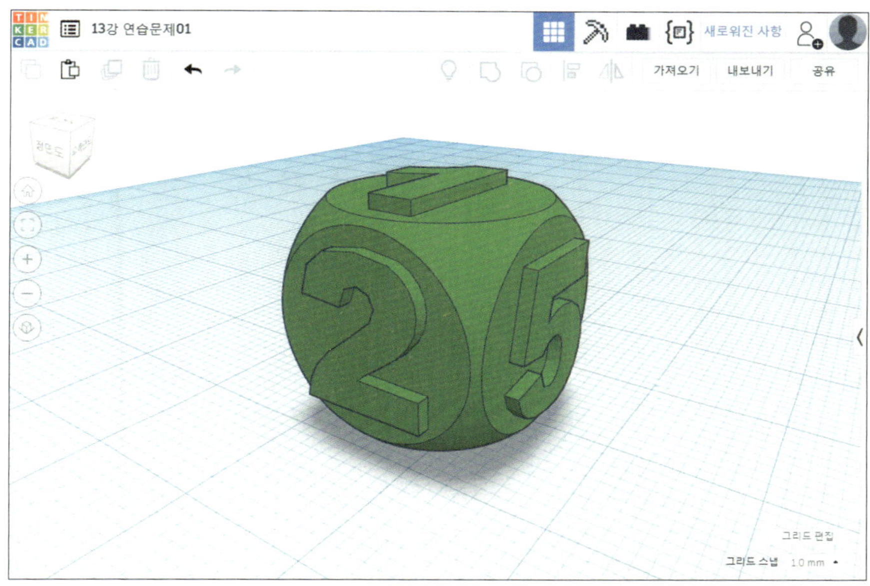

2 주사위의 숫자를 모두 지우고 [기호]의 도형을 그림과 같이 삽입해 보세요.

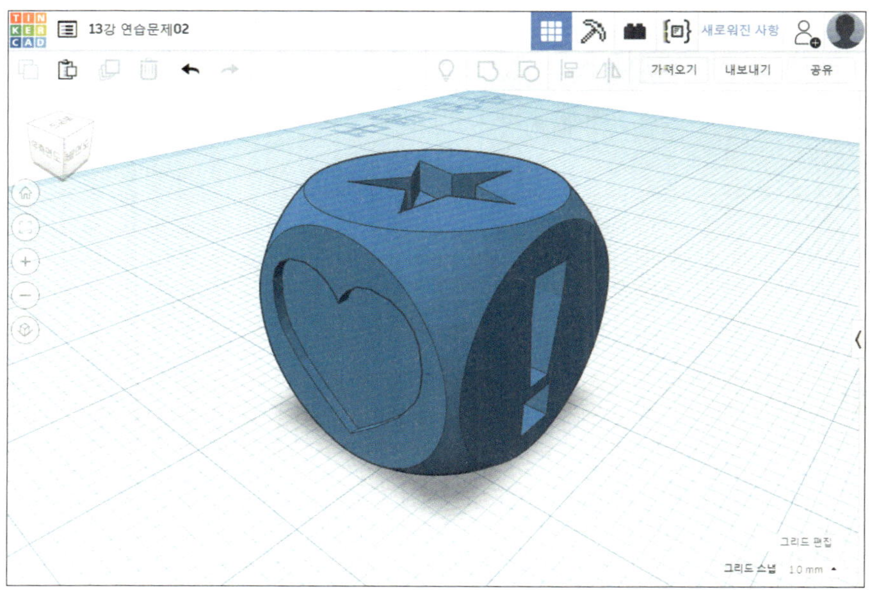

Chapter 14

책갈피 만들기

책을 어디까지 읽었는지 표시할 수 있는 책갈피를 만들어 보겠습니다. 페이지에 끼는 부분을 비우고 원하는 모양도 넣어서 만들어 보겠습니다.

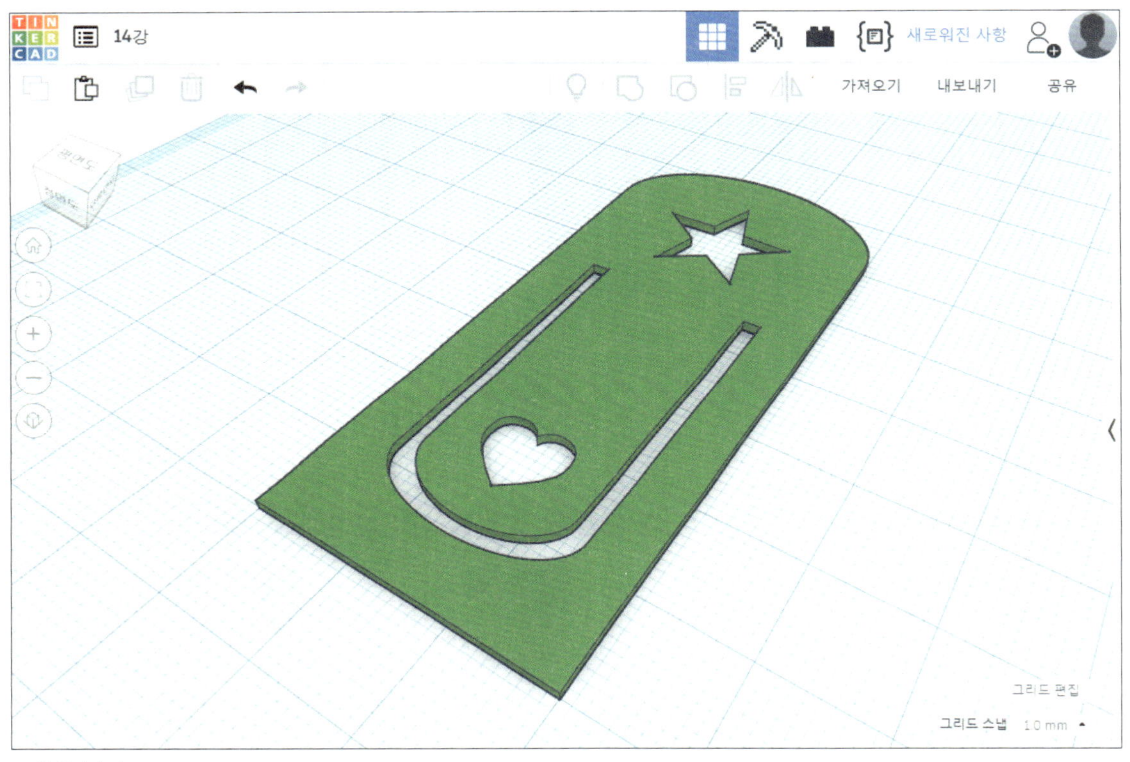

▲ 완성이미지

생각해보아요

책을 어디까지 읽었는지 표시하는 책갈피는 가능한 얇게 만들어야 페이지에 끼우기 쉽고 책의 모양이 변하지 않습니다. 3D 프린터에서 사용되는 대부분의 소재는 플라스틱이므로 두껍게 만들면 휘어지지 않으므로 소재의 특성을 생각해서 책갈피의 두께를 결정해야 합니다. 재미있는 모양으로 나만의 책갈피를 만들고 도형이나 글자를 삽입해 봅니다.

책갈피 틀을 만들고 페이지에 끼울 수 있는 부분을 만들어 보겠습니다.

01 모양 모음의 [기본 쉐이프]에서 '상자'를 선택하고 그림과 같이 삽입합니다.
(가로 : 30mm, 세로 : 60mm, 높이 : 1mm)

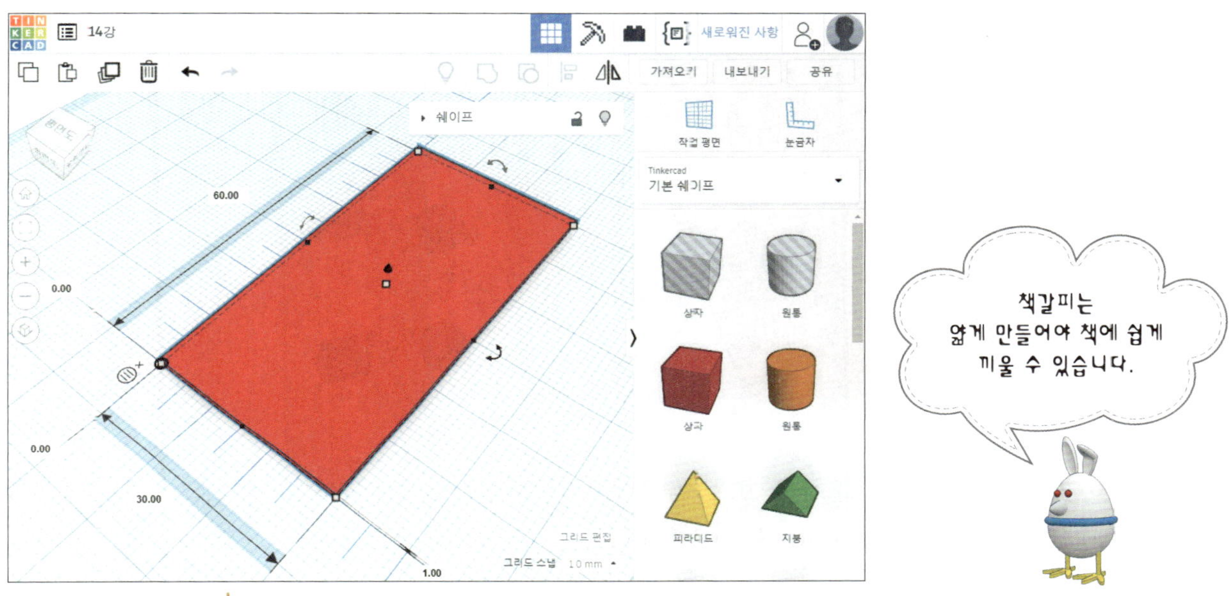

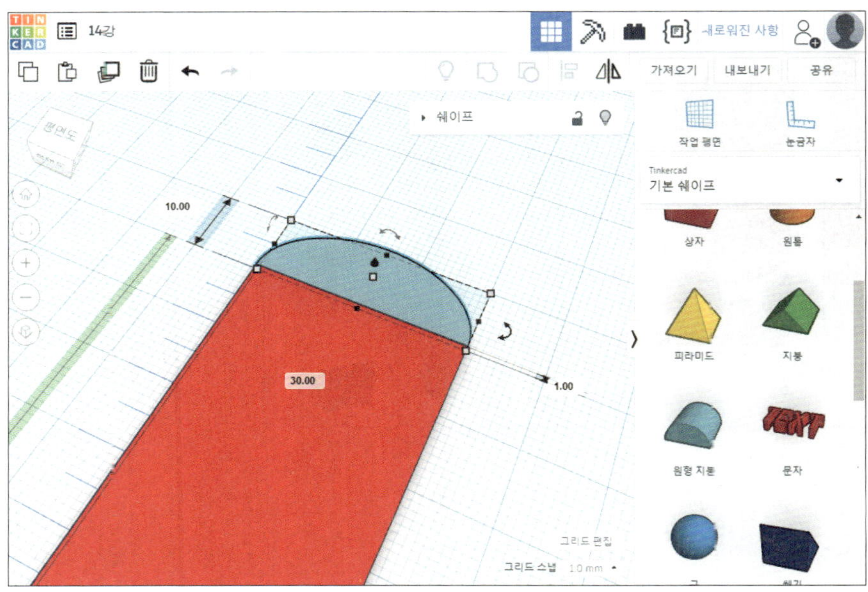

02 책갈피 윗부분을 만들기 위해 '원형 지붕'을 선택하여 그림과 같이 '상자' 윗부분에 삽입합니다.
(가로 : 30mm, 세로 : 10mm, 높이 : 1mm)

03 삽입한 두 도형을 선택한 후 상단 메뉴의 [그룹 만들기]를 클릭하여 하나의 도형으로 만듭니다.

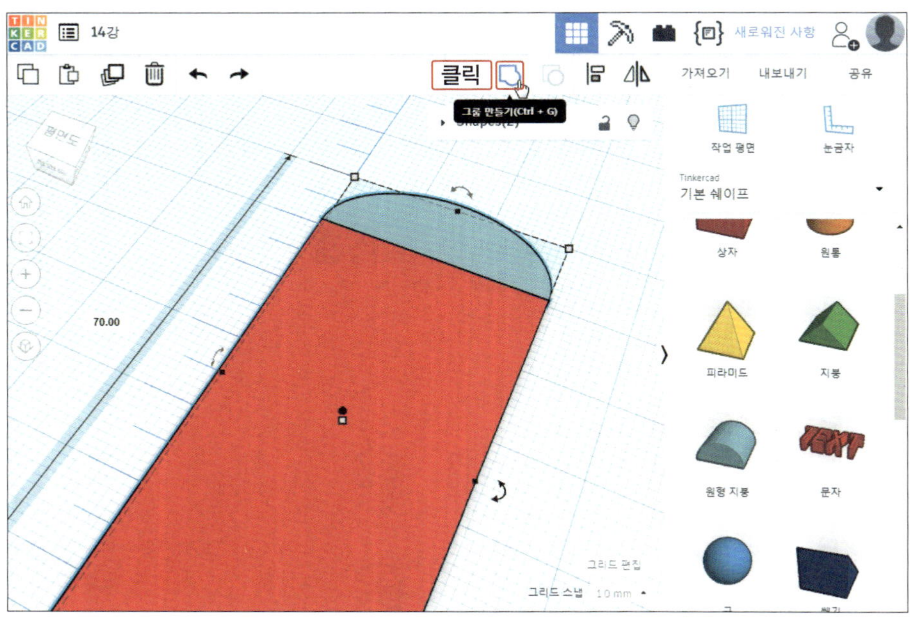

04 그룹으로 설정된 도형을 복사한 후 그림과 같이 회전시키고 크기를 조절합니다.
(가로 : 20mm, 세로 : 38mm, 높이 : 1mm)

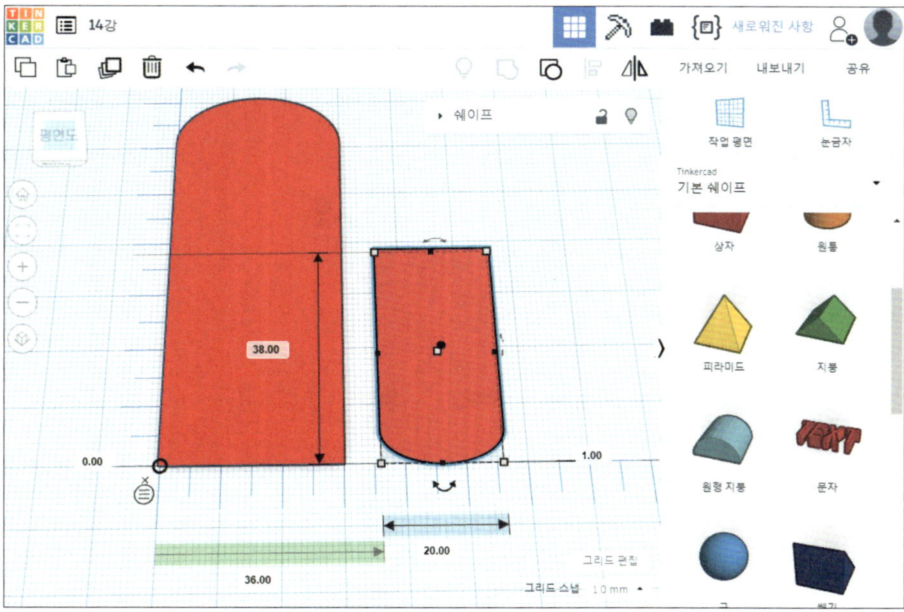

05 같은 방법을 이용하여 도형을 하나 더 복사한 후 그림과 같이 크기를 조절합니다.
(가로 : 16mm, 세로 : 36mm, 높이 : 1mm)

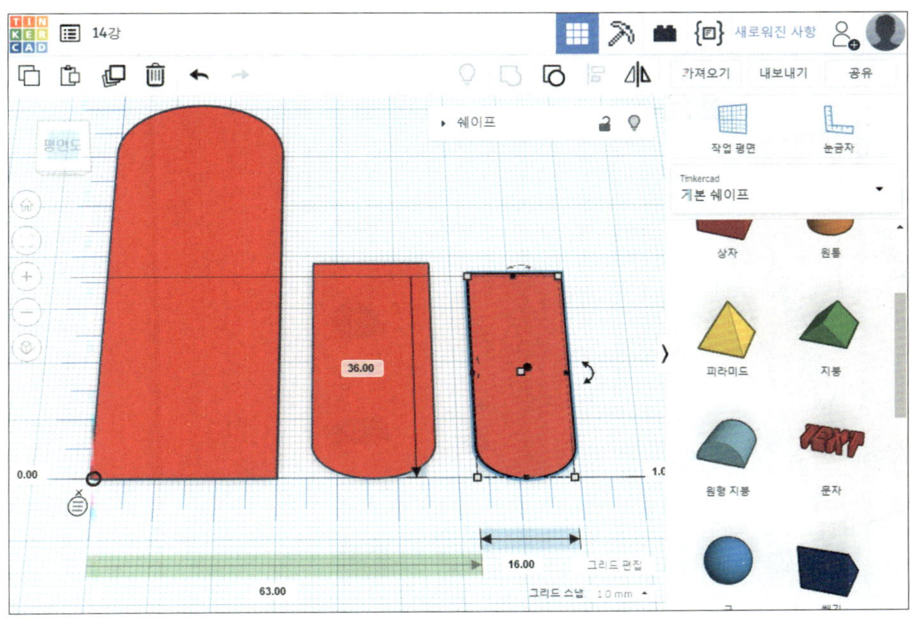

06 도형을 투명한 모양의 '구멍'으로 설정한 후 그림과 같이 도형을 겹치고 그룹으로 설정합니다.

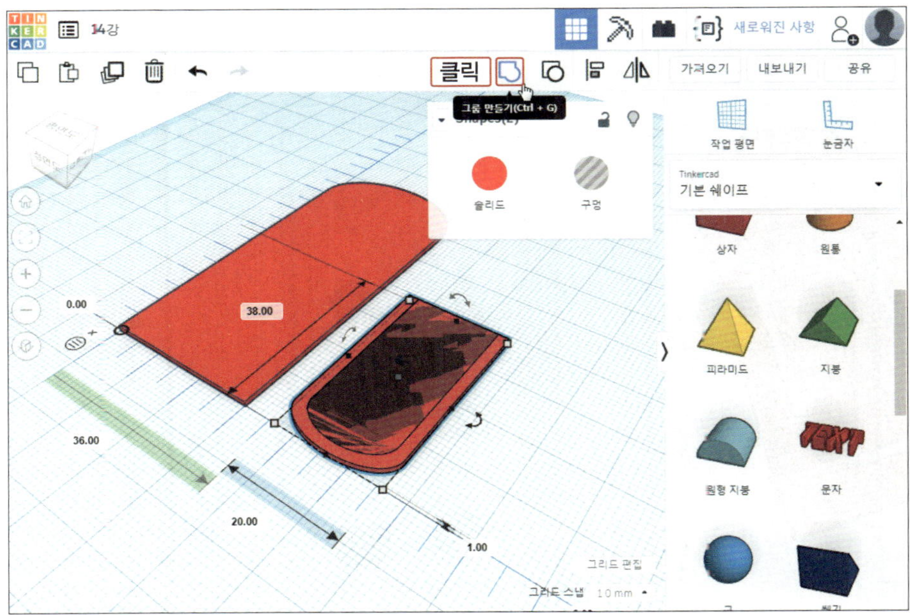

07 그룹으로 설정된 도형을 다시 투명한 모양의 '구멍'으로 설정한 후 그림과 같이 도형을 겹치고 그룹으로 설정합니다.

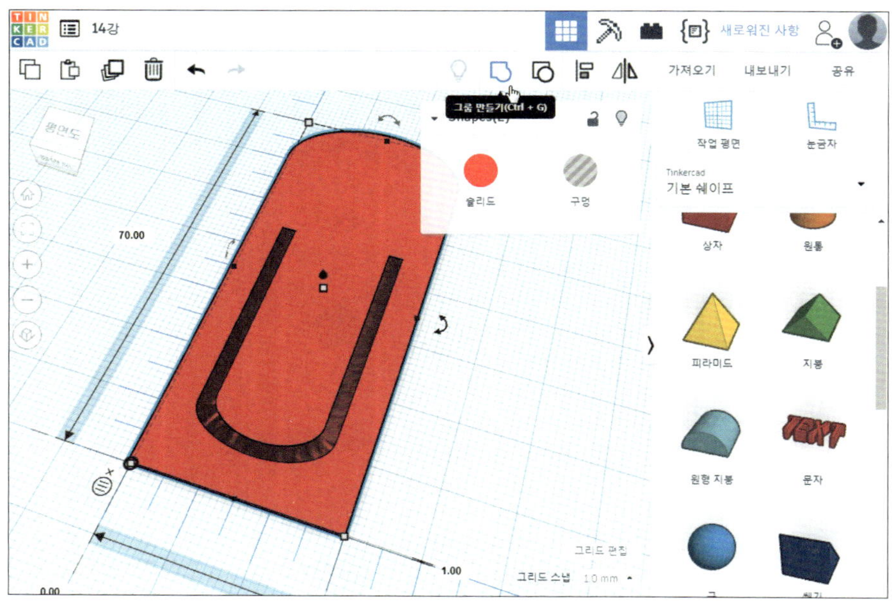

08 그림과 같이 책의 페이지에 꽂을 수 있는 모양이 완성됩니다.

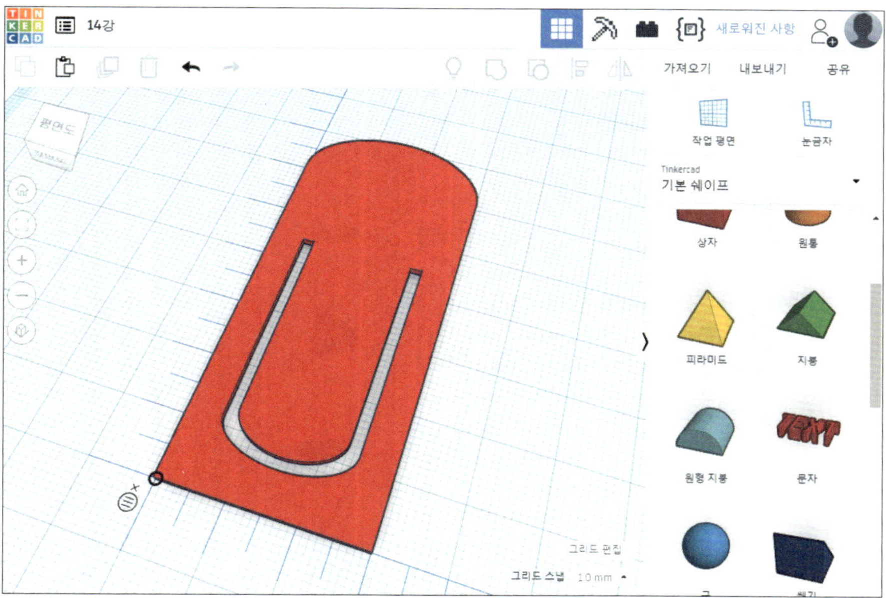

나만의 책갈피를 만들기 위해 빈 공간에 모양을 삽입해 보겠습니다.

01 모양 므음의 [기호]에서 '별'을 선택하여 삽입합니다.(가로 : 15mm, 세로 : 15mm, 높이 : 1mm)

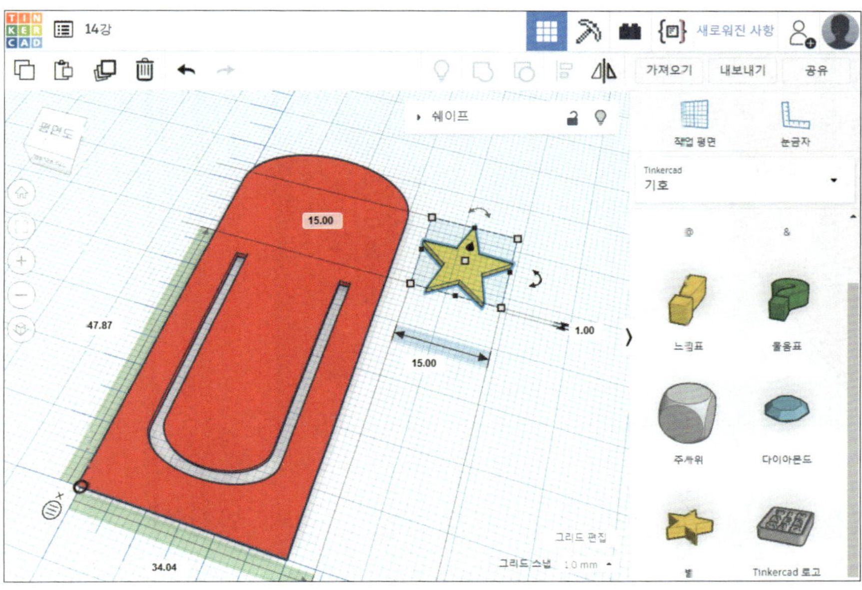

02 도형을 투명한 모양의 '구멍'으로 설정한 후 그림과 같이 책갈피의 윗부분에 겹치고 그룹으로 설정합니다.

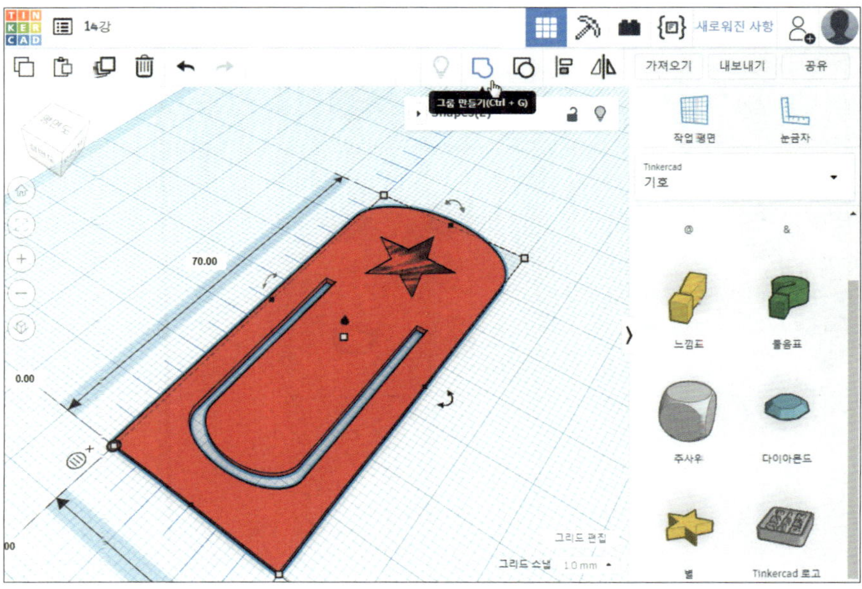

 그림과 같이 책갈피 윗부분에 도형 모양의 빈 공간이 만들어 진 것을 확인할 수 있습니다.

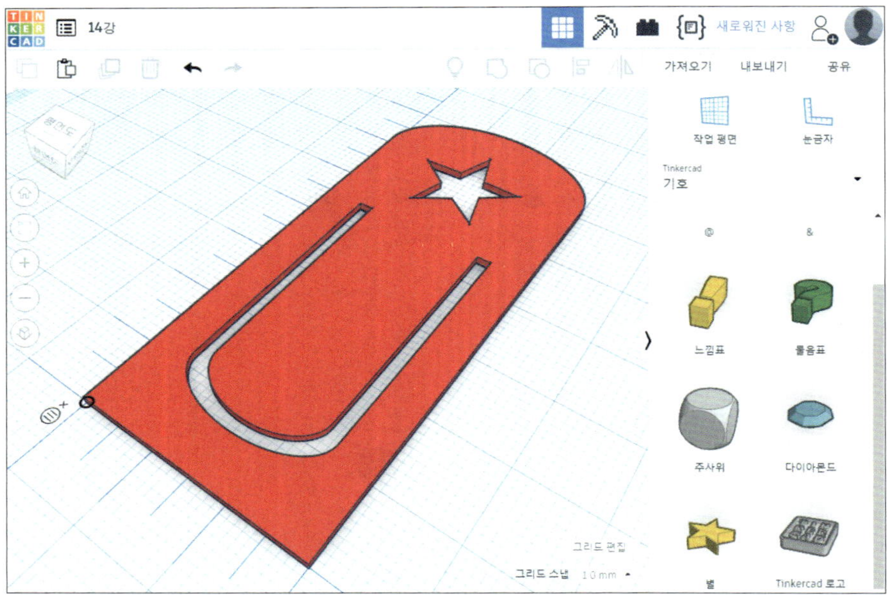

 같은 방법을 이용하여 책갈피를 그림과 같이 꾸미고 책갈피의 색을 바꿔 완성합니다.

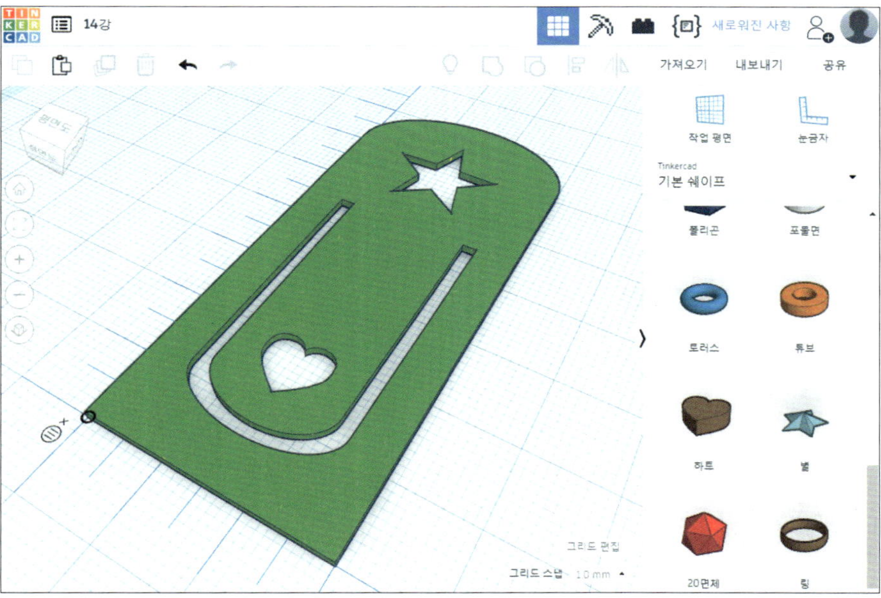

1 그림과 같이 책갈피 윗부분에 고리를 만들어 보세요.

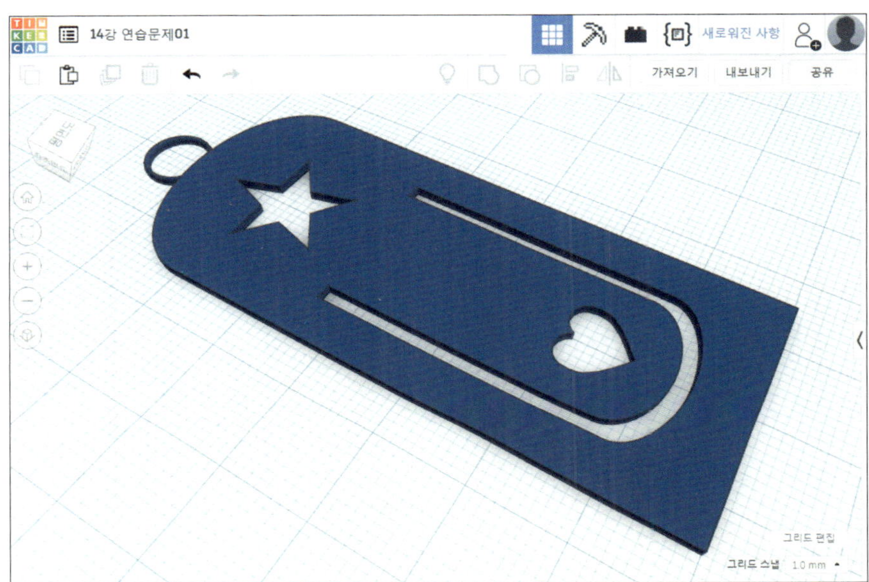

2 그림과 같은 모양의 책갈피를 만들어 보세요.

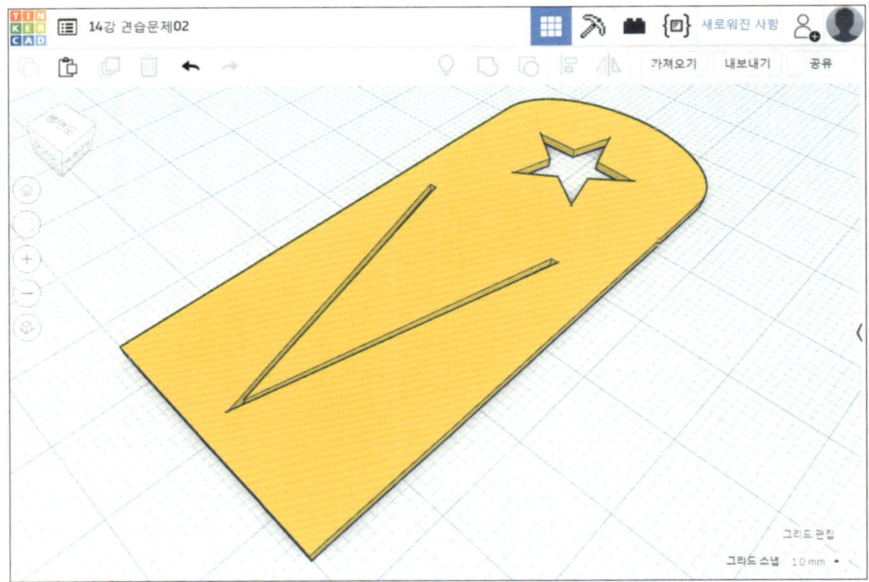

Chapter 15 장난감 블록 만들기

많은 사람들이 즐겨 만드는 블록 장난감, 그런데 블록이 없어졌다면 어떻게 해야죠?
팅커캐드로 블록을 만드는 방법에 대해 알아보겠습니다.

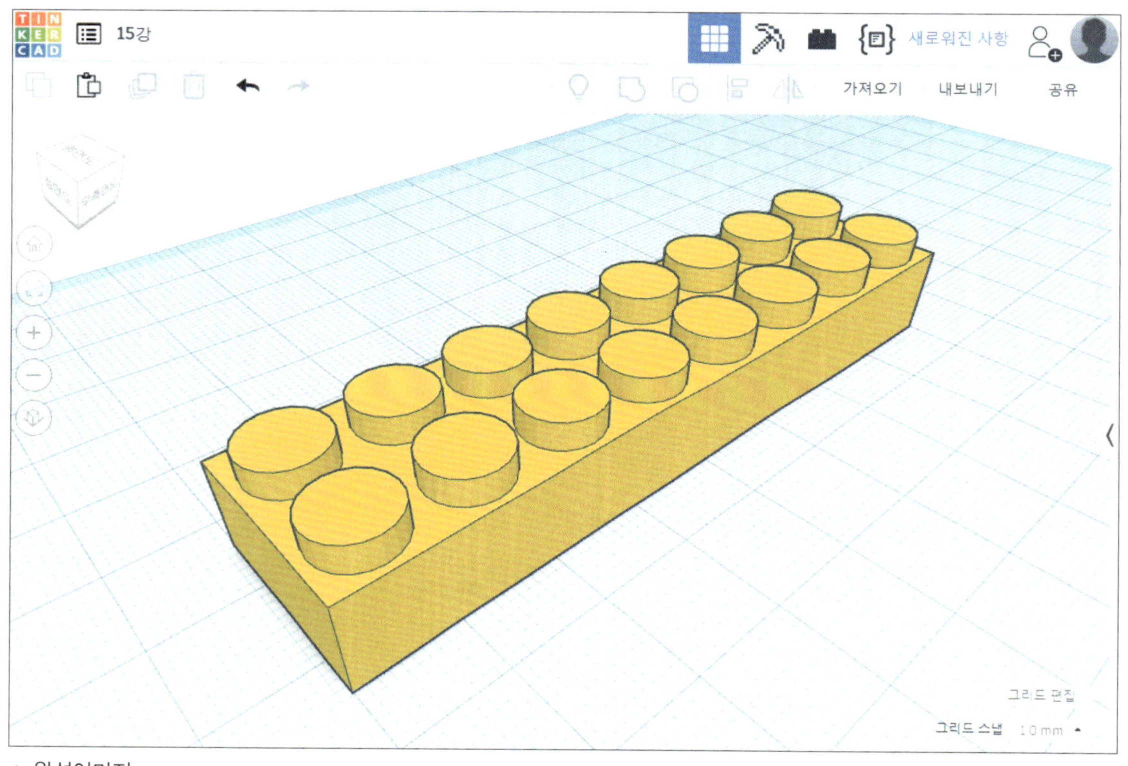

▲ 완성이미지

 **생각해보아요**

블록 장난감은 모든 사람들이 좋아하는 장난감 중 하나입니다. 그런데 블록을 잃어버렸거나 필요한 모양의 블록이 없다면 어떻게 해야 할까요? 3D 프린터의 장점 중 하나는 내가 필요로 하는 것, 세상에 없는 것을 창조하는 점에 있습니다. 여러분이 그동안 필요로 했던 모양의 블록 장난감은 어떻게 생겼는지 이야기를 나누어 봅니다.

블록이 다른 블록과 연결될 수 있도록 아랫부분을 비우고 구분 공간을 만들어 보겠습니다.

01 블록을 만들기 위해 모양 모음의 [기본 쉐이프]에서 '상자'를 선택하고 그림과 같이 삽입합니다.
(가로 : 20mm, 세로 : 80mm, 높이 : 10mm)

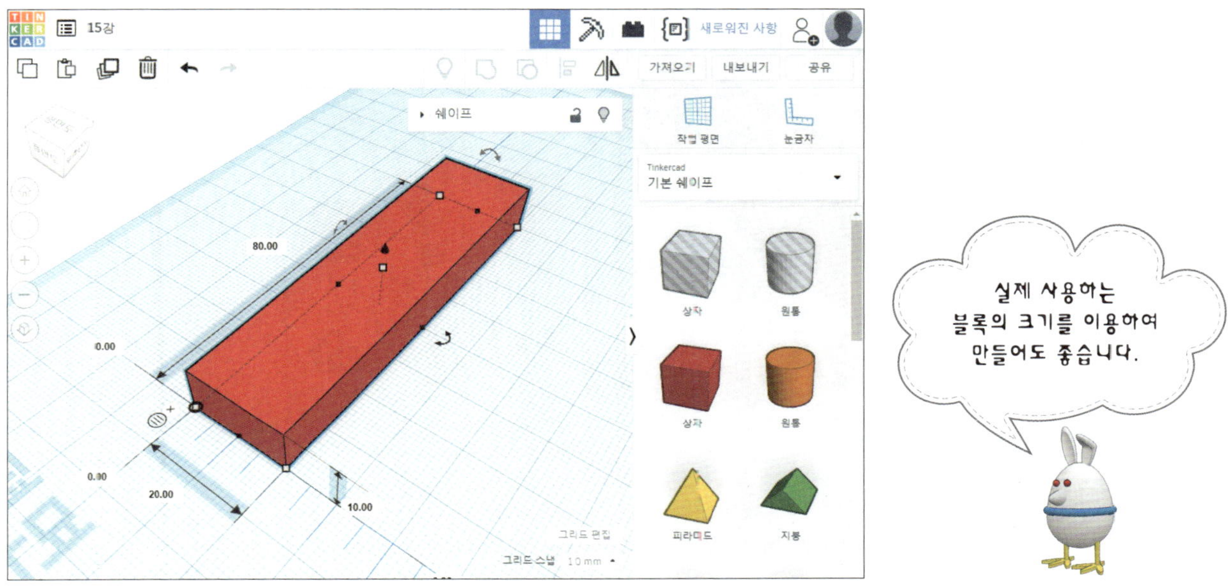

02 삽입한 블록을 복사한 후 가로 '18mm', 세로 '78mm', 높이 '9mm'가 되도록 크기를 조절한 후
[작업 평면]과 '1mm' 간격을 띄우고 [쉐이프] 대화상자의 '구멍'을 클릭합니다.

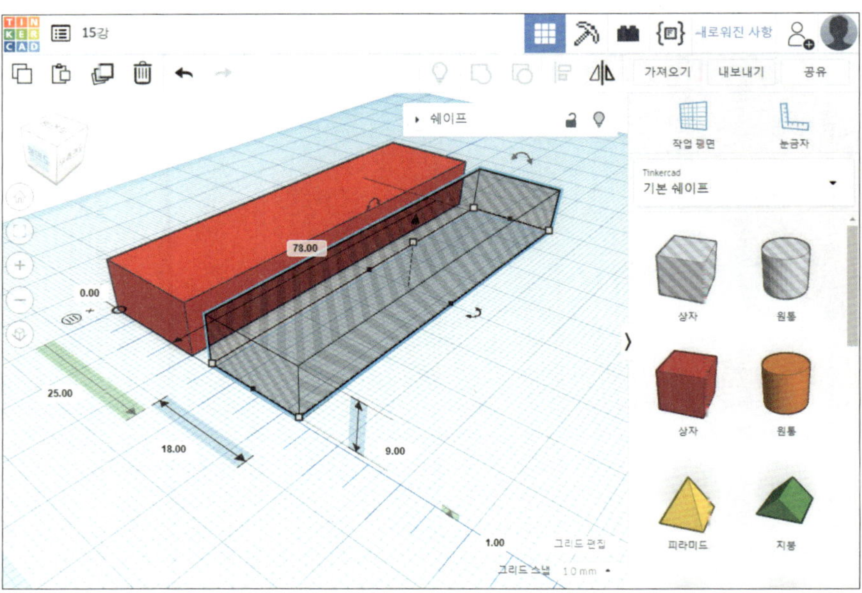

03 두 개의 블록을 모두 선택한 후 상단 메뉴의 [정렬]을 선택합니다. 표시되는 조절점의 가운데 조절점을 각각 클릭하여 정렬한 후 그룹으로 설정합니다.

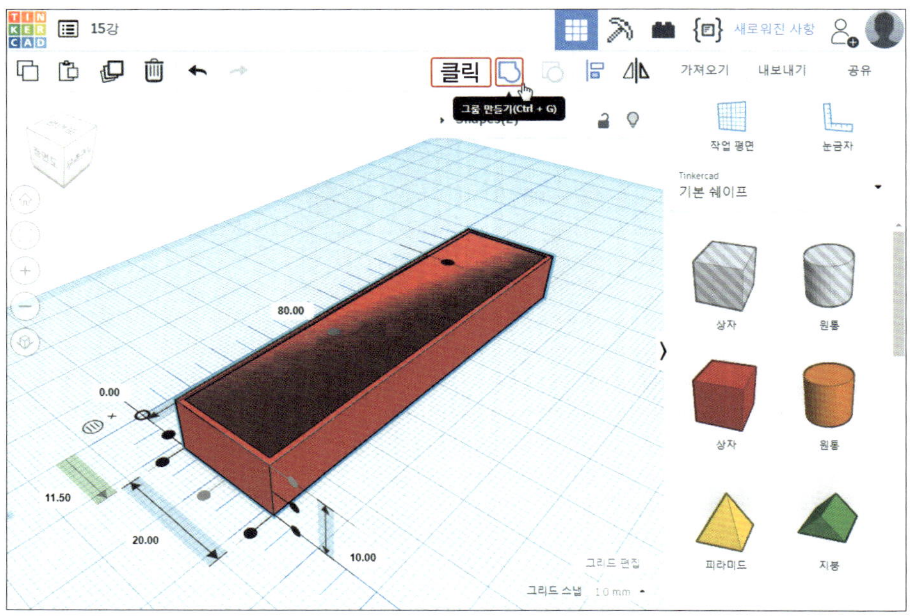

04 그림과 같이 속이 비어있는 블록이 만들어진 것을 확인할 수 있습니다.

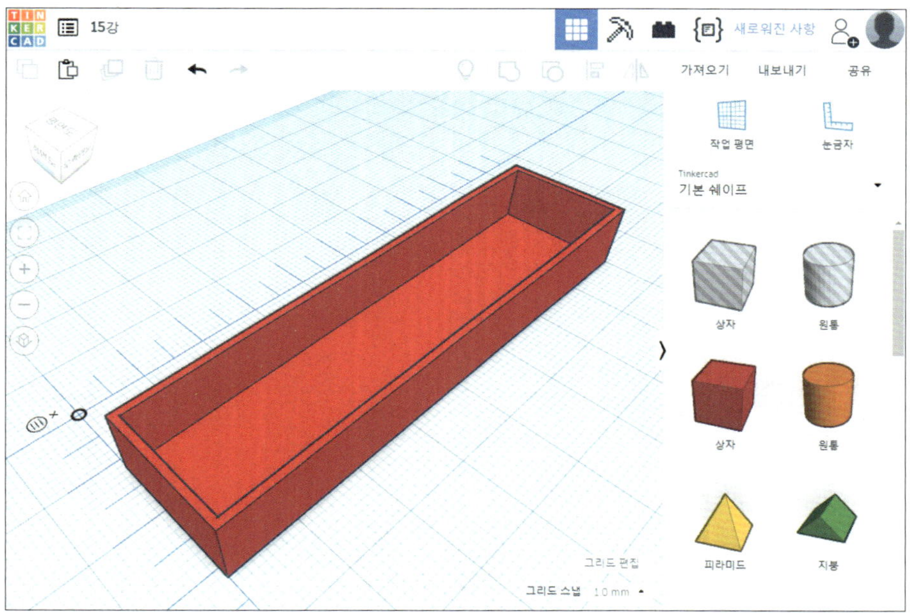

05 다른 블록과 연결할 수 있는 구분 공간을 만들기 위해 '상자'를 선택하고 그림과 같이 삽입합니다.
(가로 : 80mm, 세로 : 2mm, 높이 : 10mm)

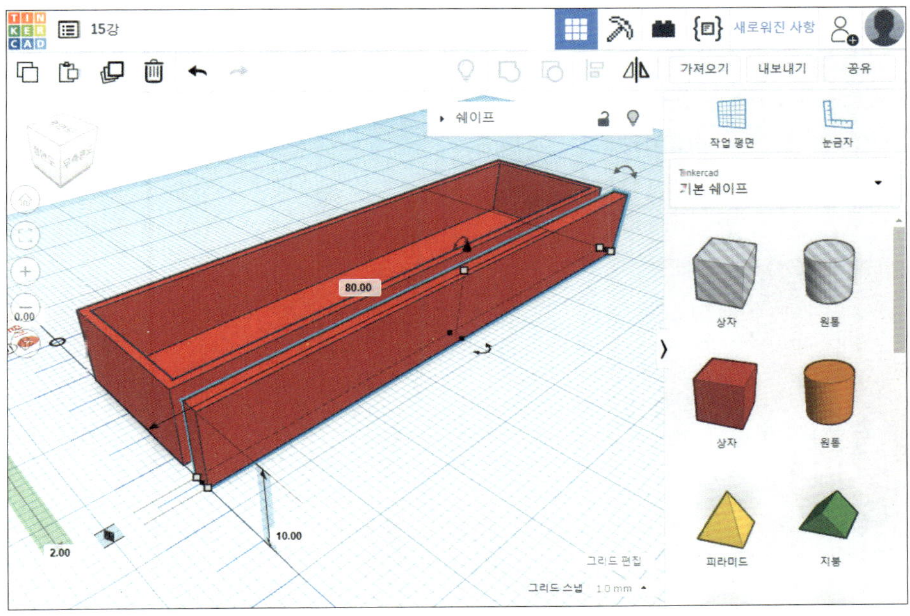

06 정렬 기능을 이용하여 이전에 만든 블록의 가운데로 위치를 이동하고 그룹으로 설정하여 그림과 같이 만듭니다.

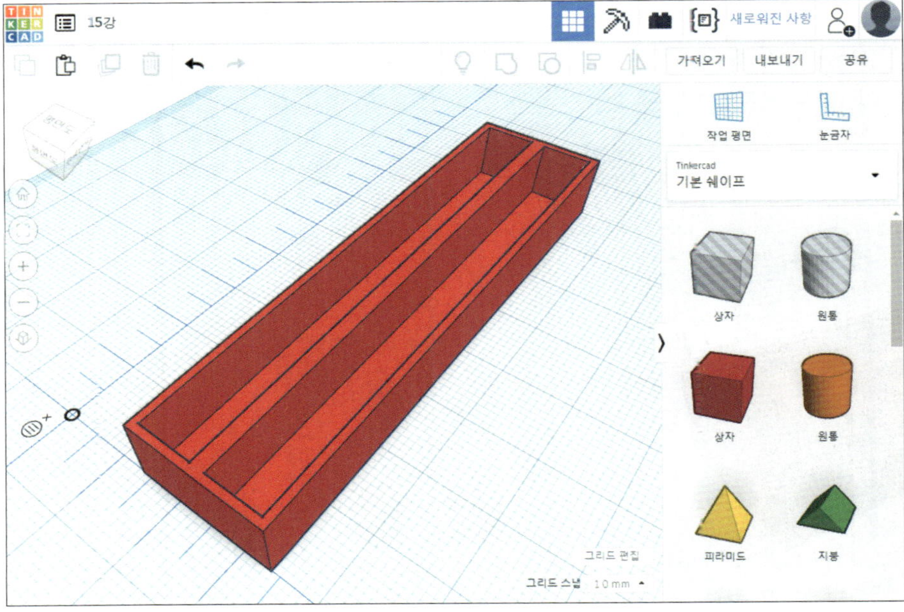

블록 윗부분에 동그라미 모양의 블록들을 삽입해 다른 블록과 연결할 수 있도록 만들어 보겠습니다.

01 동그란 모양의 블록을 만들기 위해 [기본 쉐이프]에서 '원통'을 선택하고 그림과 같이 삽입합니다. (가로 : 8mm, 세로 : 8mm, 높이 : 3mm)

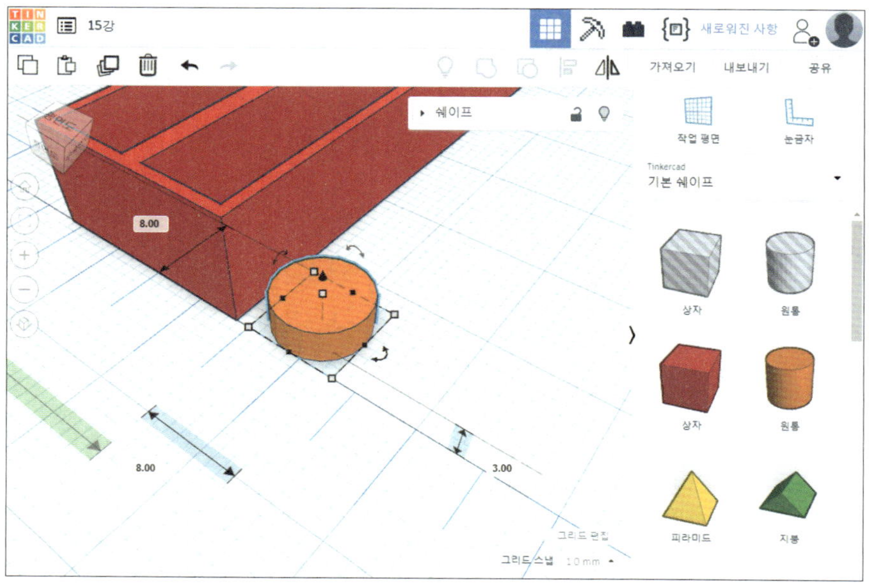

02 블록을 [작업 평면]과 '10mm' 간격이 되도록 이동한 후 아래 블록의 끝 부분, 중간의 구분 공간과 '1mm' 간격이 되도록 위치를 조절합니다.

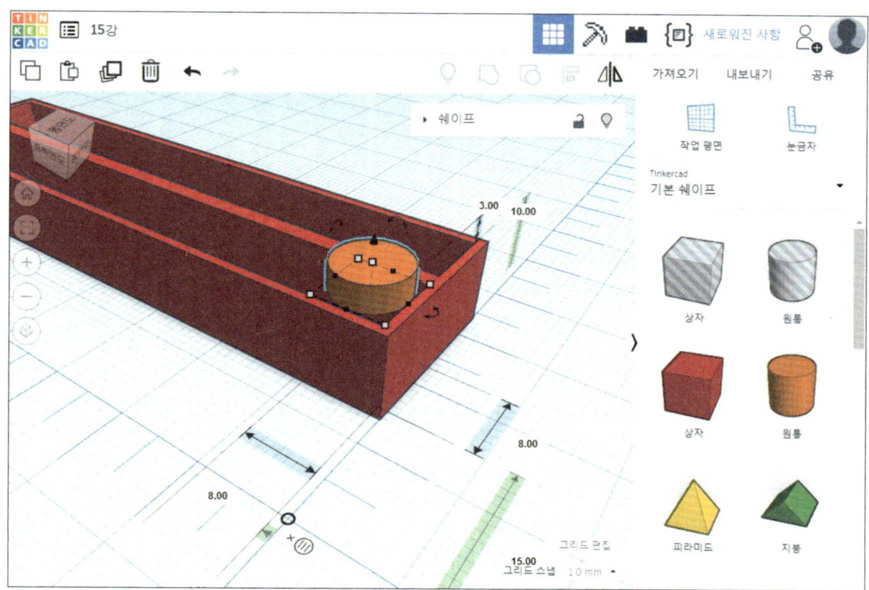

03 블록을 복사하여 1개 더 만든 후 오른쪽에도 '1mm' 간격이 되도록 배치합니다.

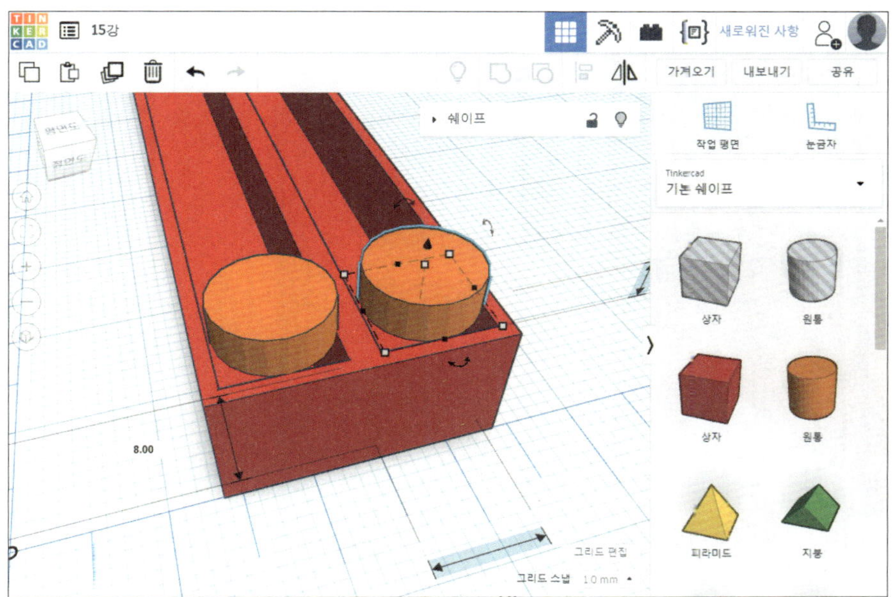

04 같은 방법을 이용하여 모두 16개의 동그란 블록을 만들어 그림과 같이 배치합니다.

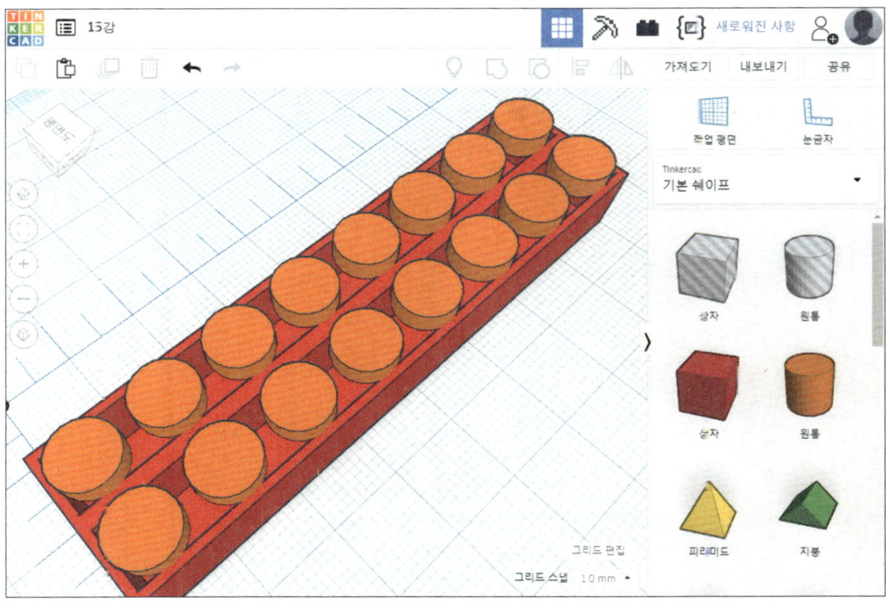

05 아래의 블록을 선택한 후 상단 메뉴의 [반전]을 선택합니다. 화면에 화살표가 표시되면 상/하 변경 화살표를 클릭합니다.

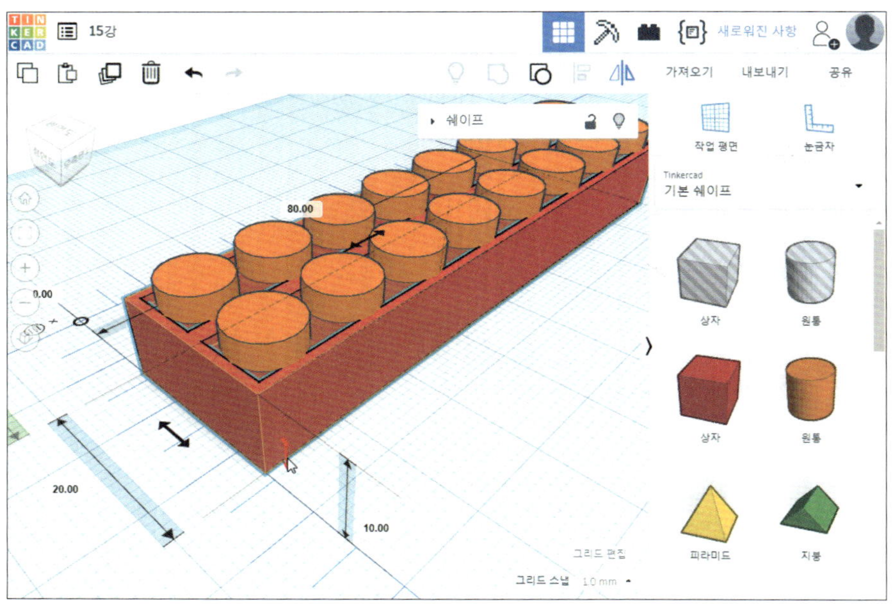

06 그림과 같이 아래의 블록이 회전하면 모든 도형을 선택한 후 그룹으로 설정하고 원하는 색을 적용해 완성합니다.

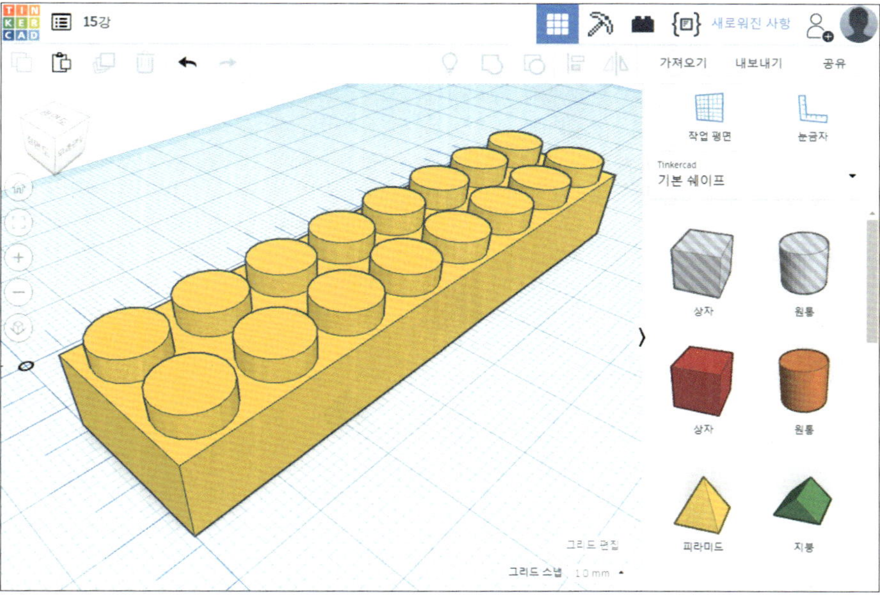

① 그림과 같은 모양의 블록을 만들어 보세요.

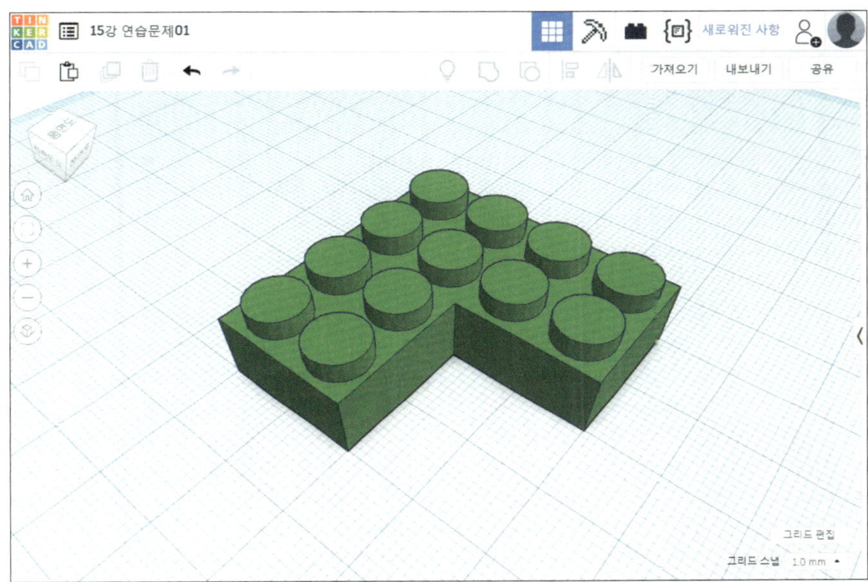

② 그림과 같은 모양의 블록들을 만들어 보세요.

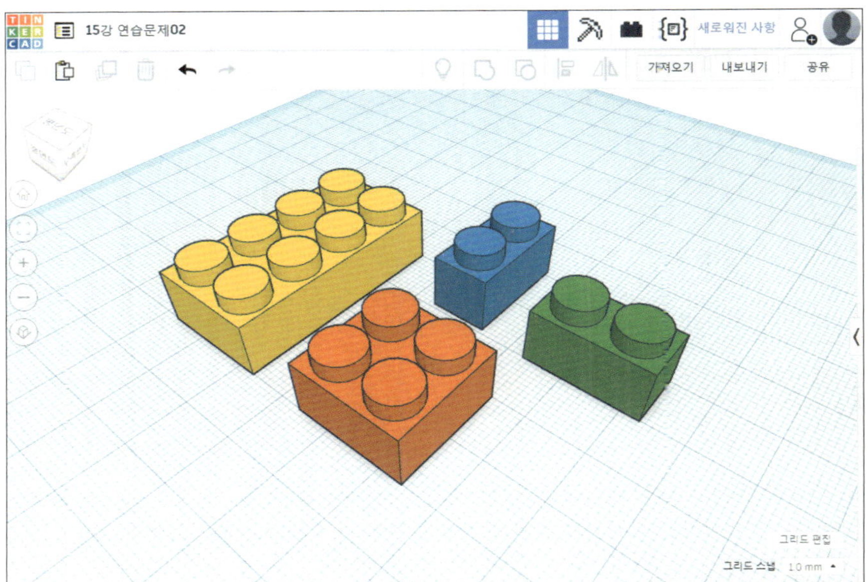

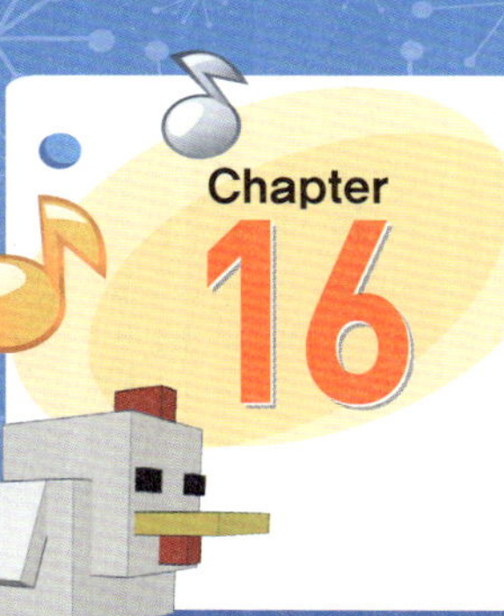

도장 만들기

팅커캐드를 이용하여 재미있는 도장을 만들어 보겠습니다. 찍히는 부분이 바르게 표시되도록 만드는 방법을 알아보겠습니다.

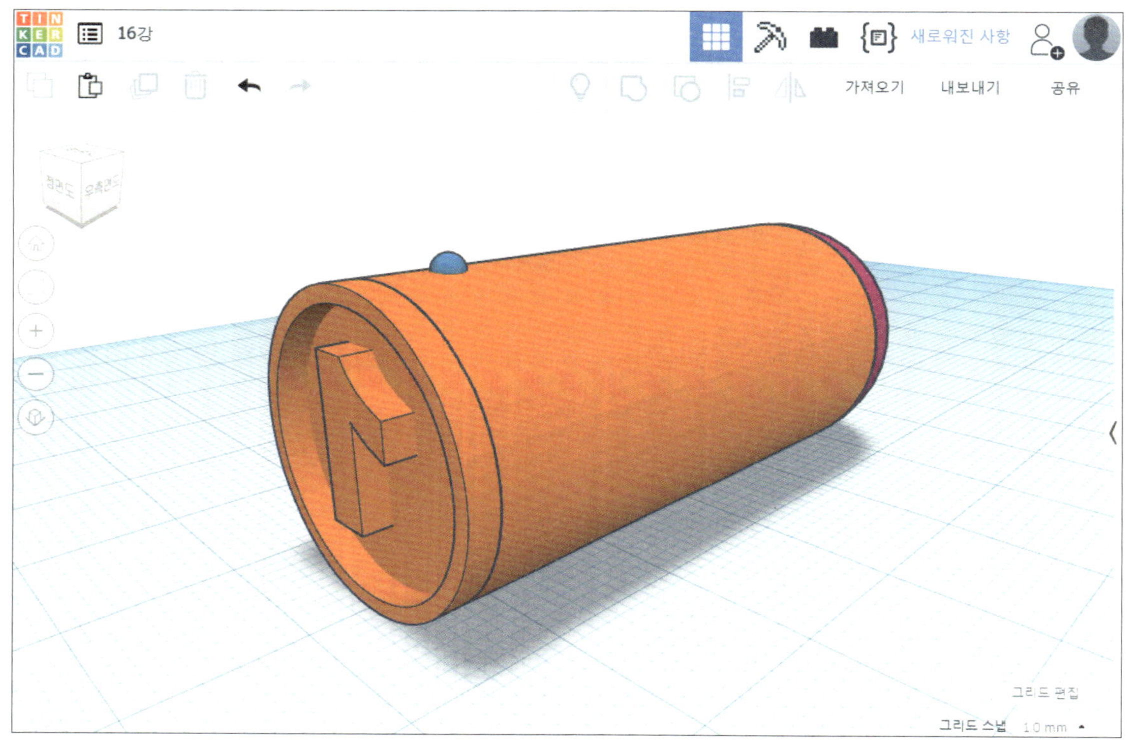

▲ 완성이미지

생각해보아요

사인을 많이 사용하는 요즘에도 중요한 문서나 계약에는 도장을 사용하고 있습니다. 대부분의 도장은 나무나 플라스틱을 칼이나 기계로 깎아서 만들고 있습니다. 도장은 찍히는 부분이 반대가 되도록 만들어야 글자가 정확하게 찍힐 수 있습니다. 도장이 필요할 때에는 어떤 것들이 있는지 알아보도록 합니다.

도장의 글자가 찍히게 되는 아랫부분을 만들고 글자를 회전시켜 바르게 찍히도록 만들어 보겠습니다.

01 도장 아랫부분을 만들기 위해 모양 모음의 [기본 쉐이프]에서 '원통'을 선택하여 삽입합니다.
(가로 : 20mm, 세로 : 20mm, 높이 : 2mm)

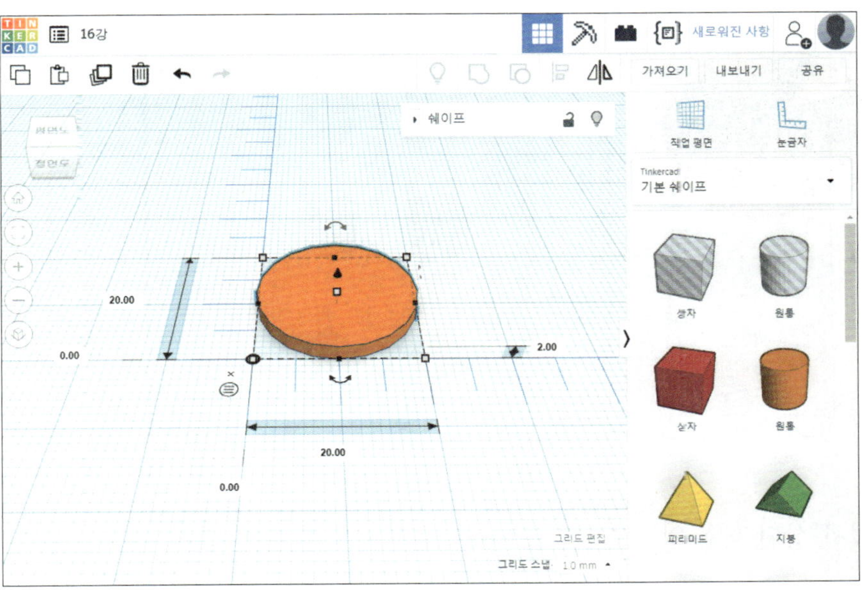

02 삽입한 도형을 하나 더 복사한 후 가로와 세로를 각각 '18mm'로 크기를 조절한 후 [쉐이프] 대화
상자에서 '구멍'을 클릭합니다.

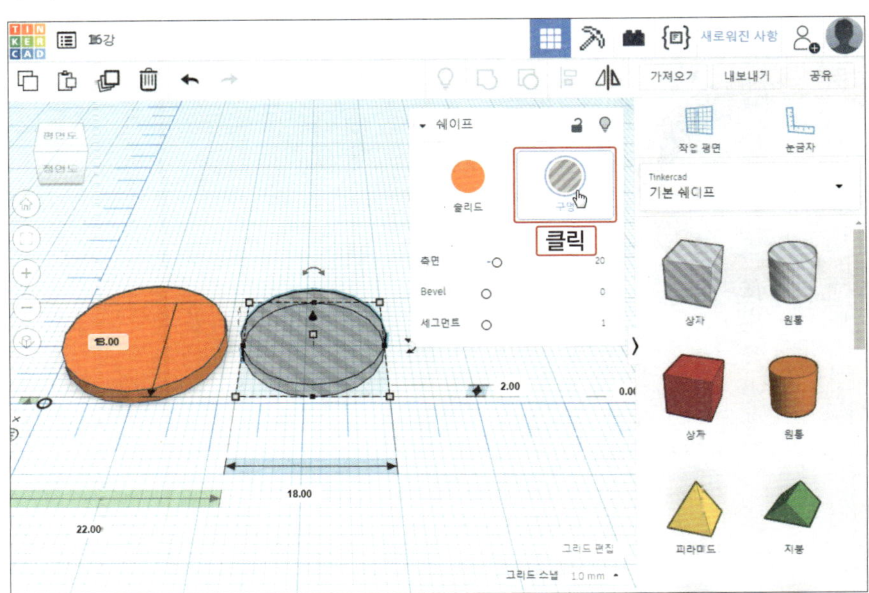

03 두 도형을 모두 선택한 후 상단 메뉴의 [정렬]을 선택한 후 조절점의 가운데 점을 각각 클릭하여 정렬합니다.

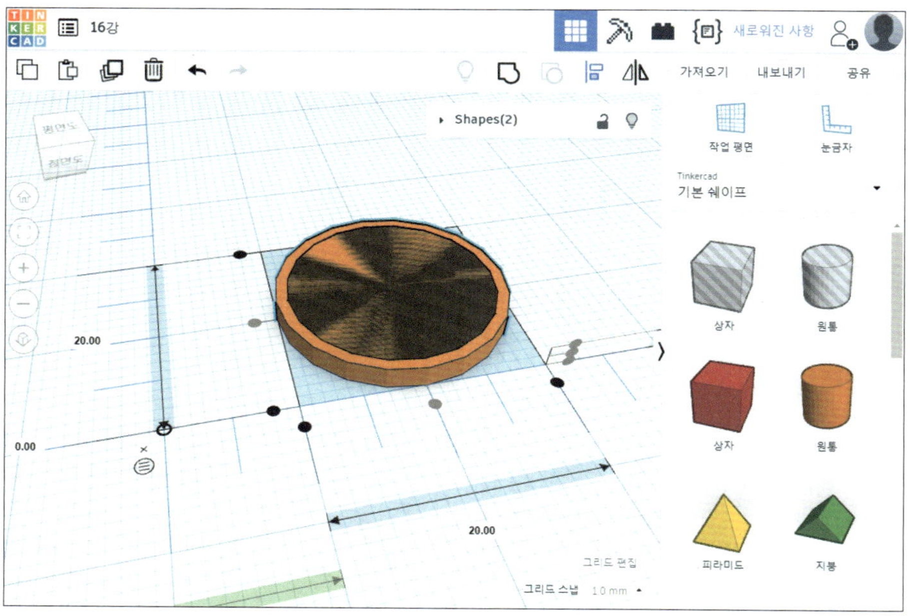

04 두 도형이 선택된 상태에서 상단 메뉴의 [그룹 만들기]를 클릭하여 그림과 같이 가운데 부분이 비도록 만듭니다.

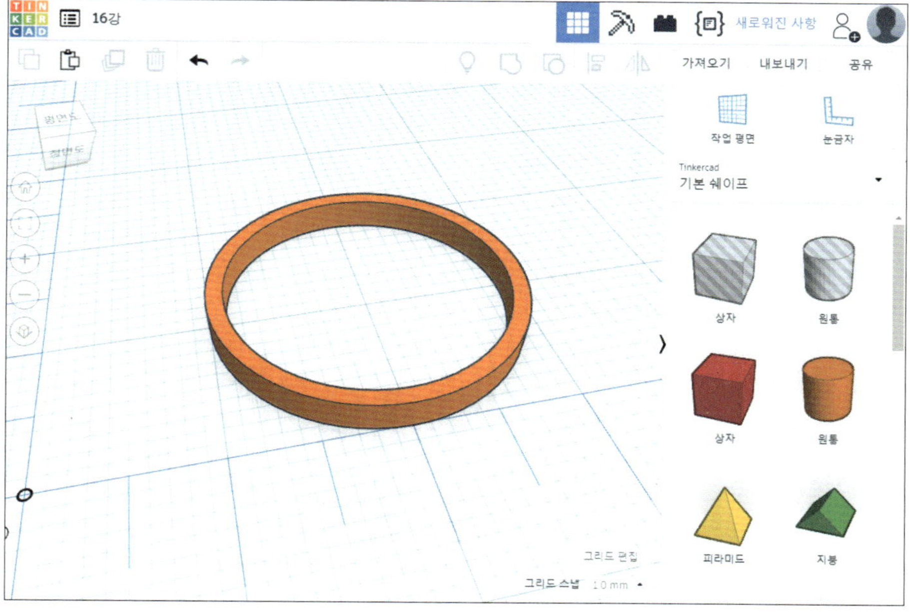

05 모양 모음의 [문자]에서 '1'을 선택하고 그림과 같이 삽입합니다.
(가로 : 6mm, 세로 : 11mm, 높이 : 2mm)

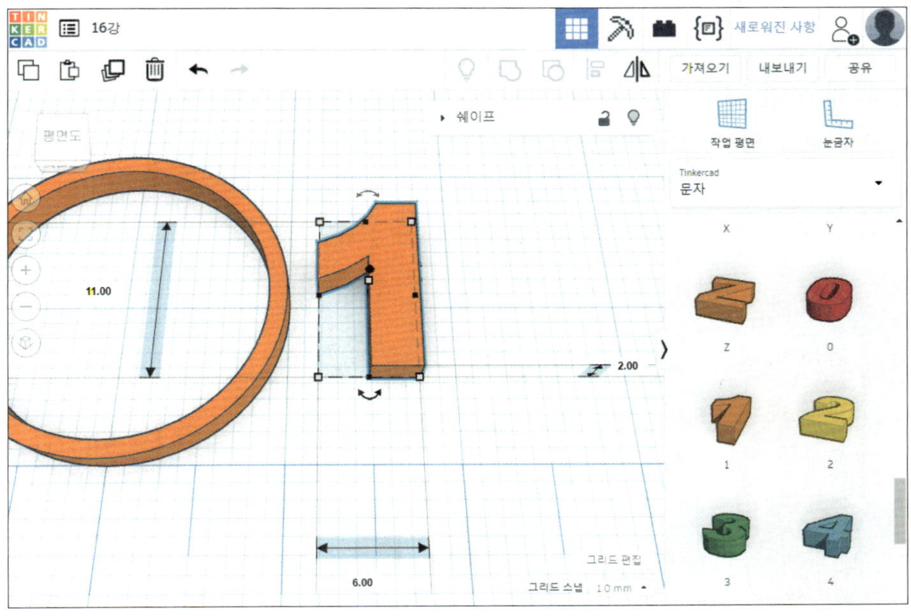

06 상단 메뉴의 [반전]을 선택하고 화살표가 표시되면 클릭하여 글자의 좌우를 반대가 되도록 회전
시킨 후 그림과 같이 위치를 변경합니다.

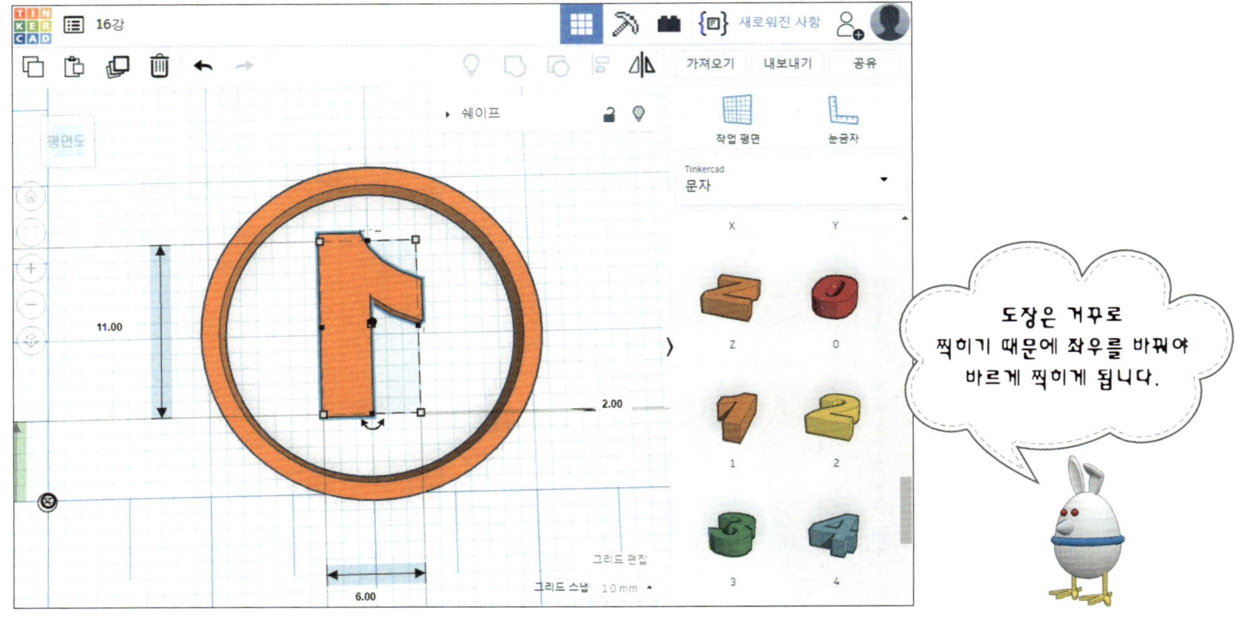

손으로 잡게 되는 도장 윗부분을 만들고 글자를 바르게 찍을 수 있도록 도와주는 도형도 넣어 보겠습니다.

01 도장 윗부분을 만들기 위해 모양 모음의 [기본 쉐이프]에서 '원통'을 선택하여 삽입합니다.
(가로 : 20mm, 세로 : 20mm, 높이 : 40mm)

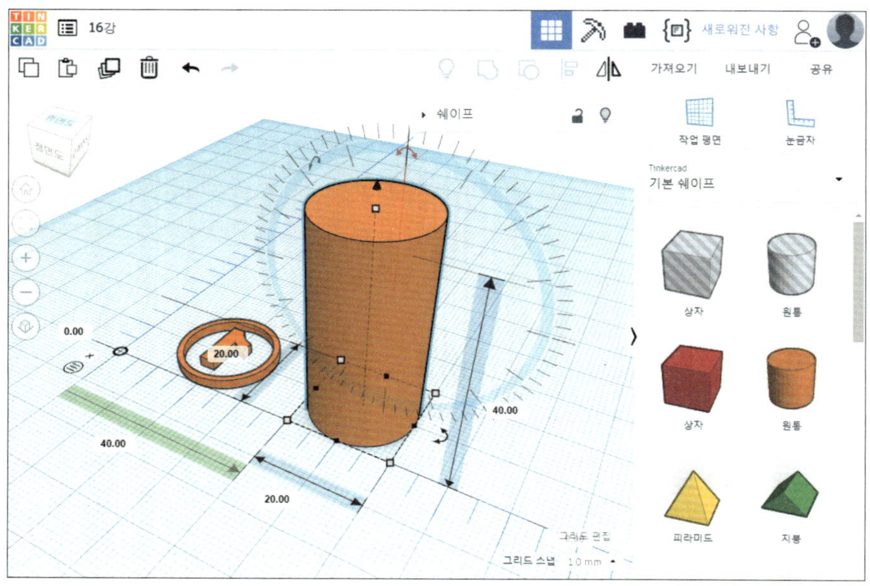

02 윗부분을 둥글게 만들기 위해 '반구'를 삽입하고 크기를 바꾼 후 그림과 같이 윗부분에 연결합니다.
(가로 : 20mm, 세로 : 20mm, 높이 : 10mm)

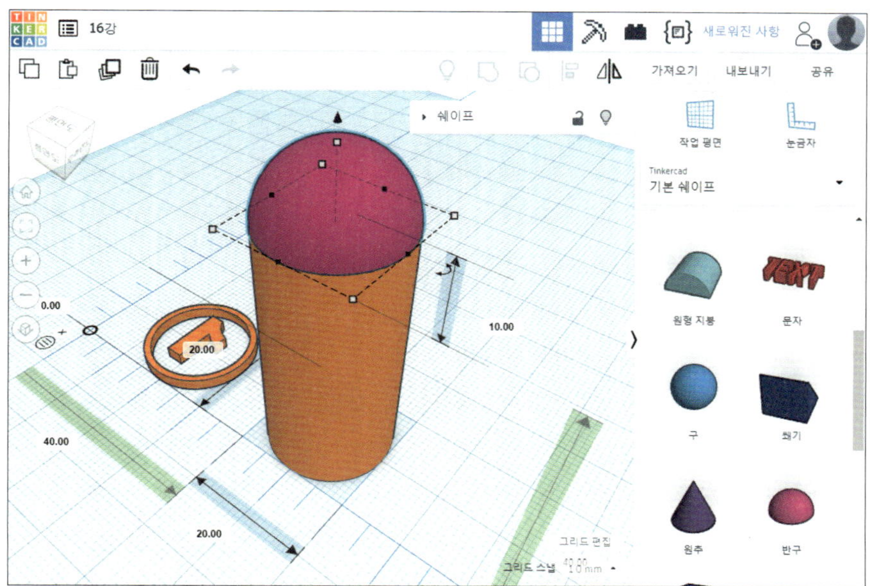

03 두 도형을 선택한 후 [작업 평면]과의 간격을 '2mm'가 되도록 조절한 후 도장 아래 부분위에 윗부분을 가져가 연결합니다.

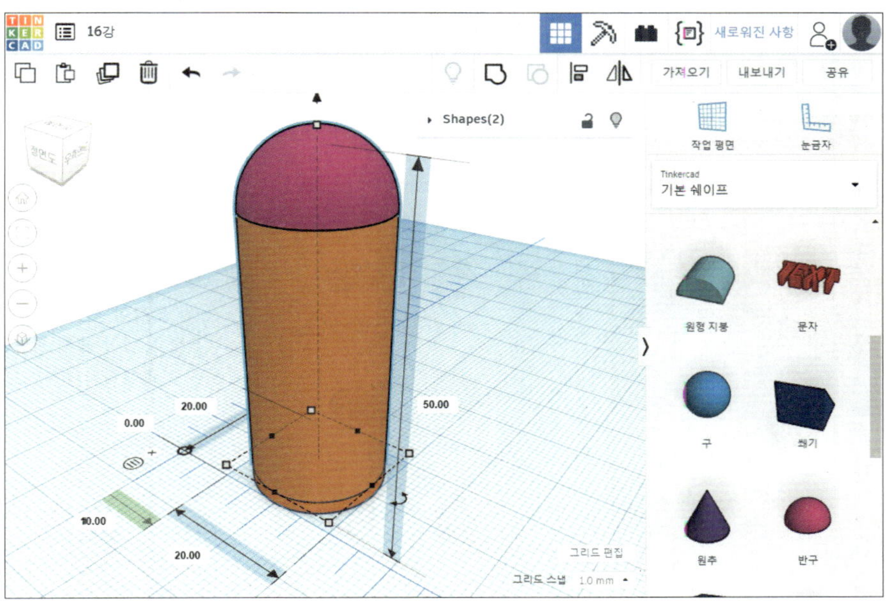

04 모든 도형을 선택한 후 회전 기능을 이용하여 그림과 같이 회전시키고 [작업 평면]과 '0mm'가 되도록 간격을 조절합니다.

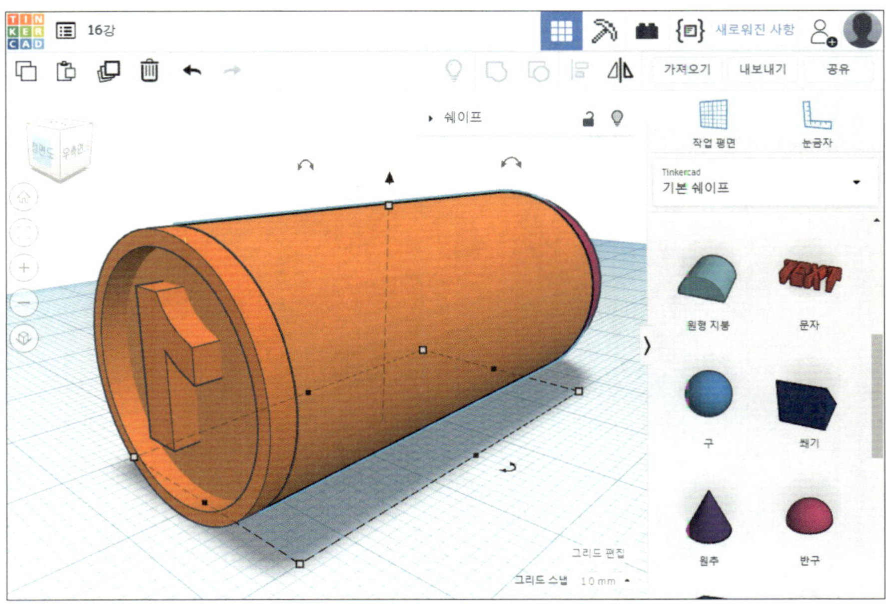

05 도장을 찍을 때의 윗부분을 표시하기 위해 '구'를 삽입하고 크기를 조절합니다.
(가로 : 2mm, 세로 : 2mm, 높이 : 2mm)

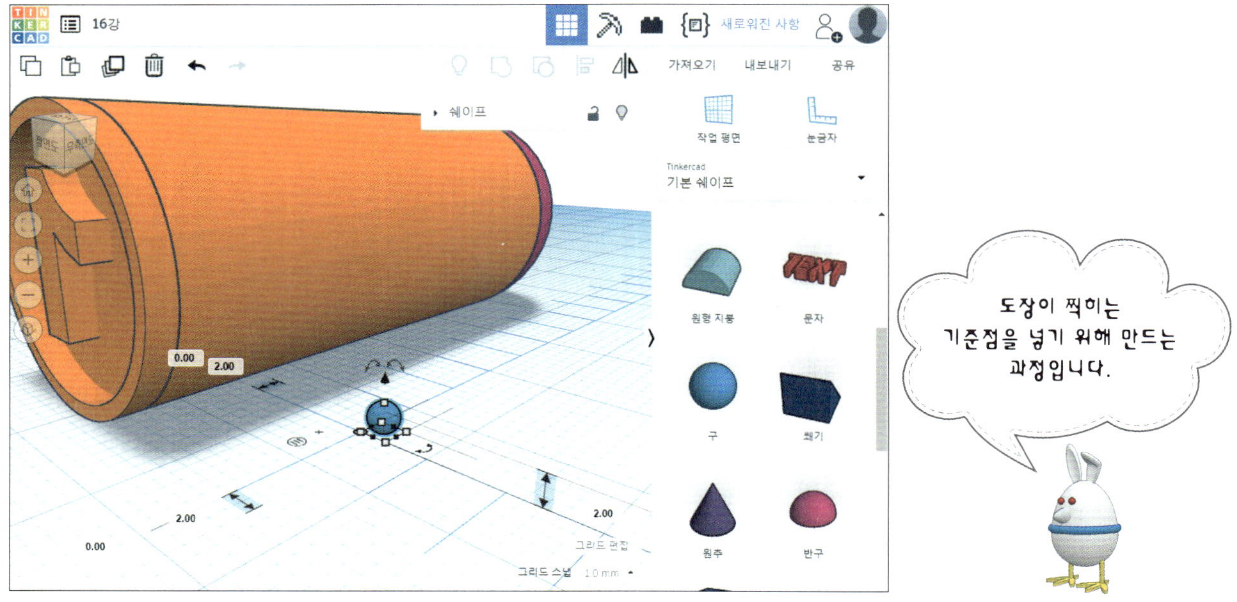

06 [작업 평면]과의 간격이 '19mm'가 되도록 조절한 후 도장의 윗부분에 삽입하여 완성합니다.

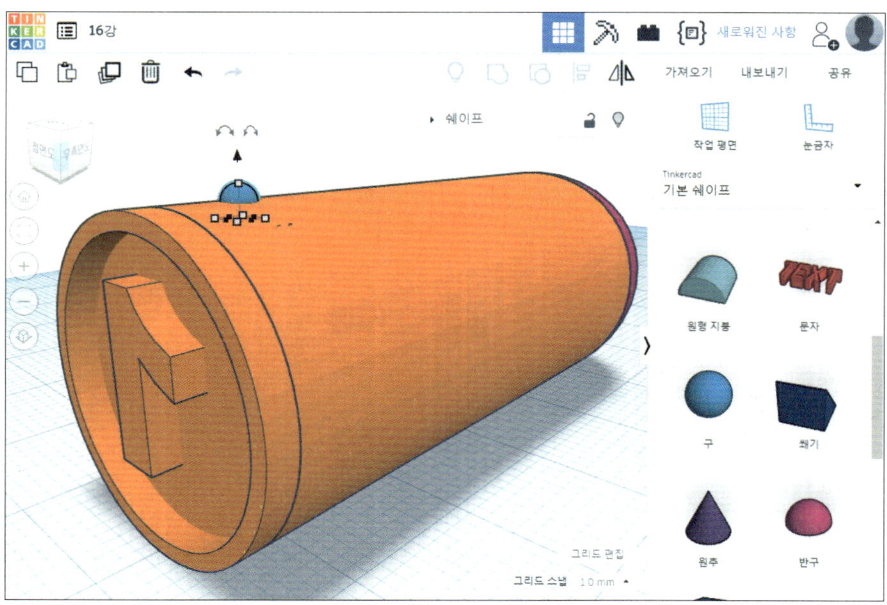

1 도장의 찍히는 면에 그림과 같은 모양을 넣어 보세요.

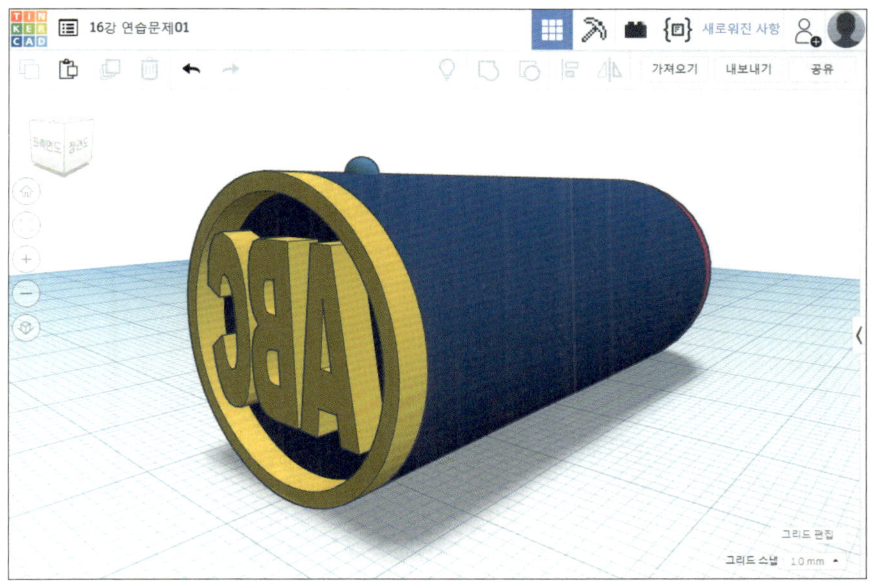

2 그림과 같은 모양의 도장을 만들어 보세요.

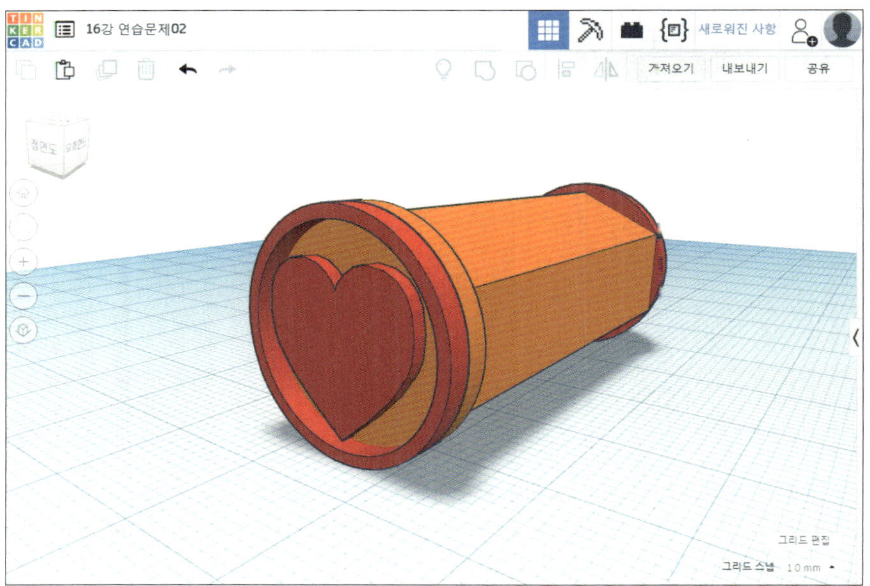

휴대폰 케이스 만들기

세상에 하나 밖에 없는 나만의 휴대폰 케이스를 만들어 보겠습니다. 이어폰이나 충전단자를 비우고 재미있는 모양으로 만드는 방법을 알아보겠습니다.

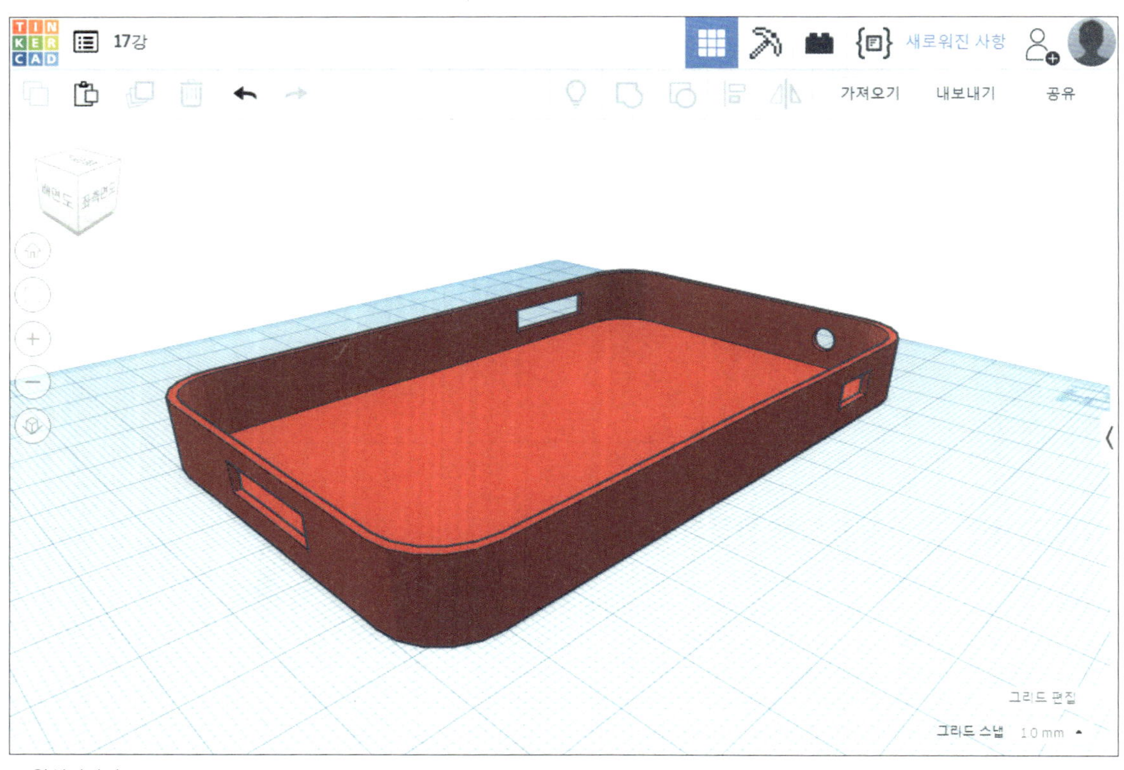

▲ 완성이미지

생각해보아요

최근에는 대부분 스마트폰을 휴대폰으로 사용하고 있습니다. 편리한 만큼 떨어뜨리면 액정화면이 깨지는 경우도 많은데, 휴대폰 케이스를 사용하면 이런 문제를 방지하거나 스마트폰을 깨끗하게 사용할 수 있습니다. 3D 프린터를 이용하여 나만의 휴대폰 케이스를 만든다면 어떤 모양으로 만들고 싶은지 이야기를 나누어 봅니다.

핸드폰 케이스 모양을 만들고 핸드폰이 들어갈 수 있도록 속을 파내는 방법을 알아보겠습니다.

01 핸드폰 케이스를 만들기 위해 먼저 [눈금자]를 가져와 [작업 평면]에 그림과 같이 설정합니다.

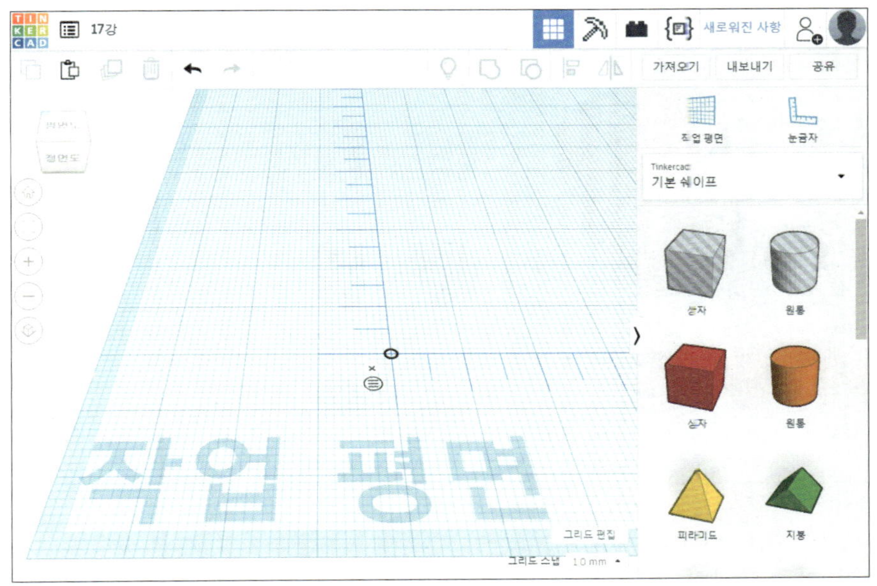

02 모양 모음의 [기본 쉐이프]에서 '원통'을 선택해 그림과 같이 삽입합니다.
(가로 : 20mm, 세로 : 20mm, 높이 : 20mm)

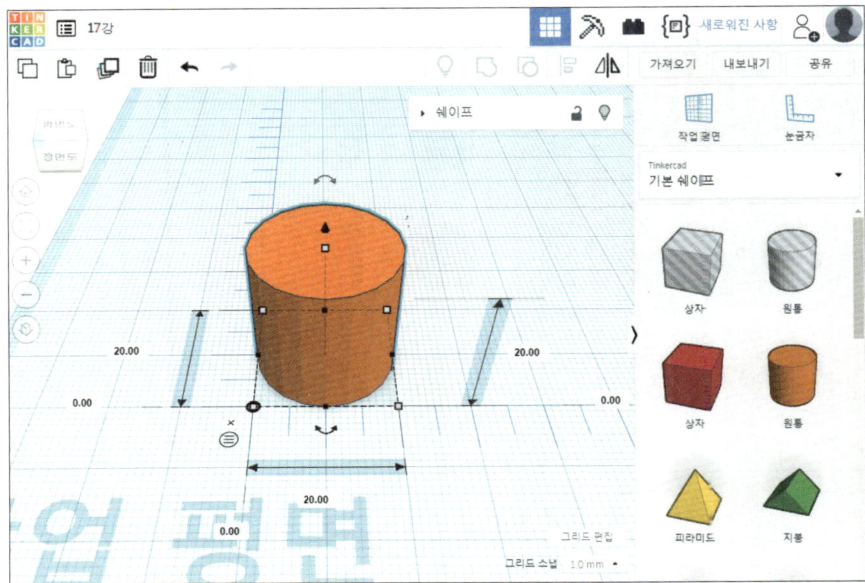

03 도형을 복사하여 [눈금자]의 기준점에서 오른쪽으로 이동하여 간격이 '50mm'가 되도록 조절합니다.

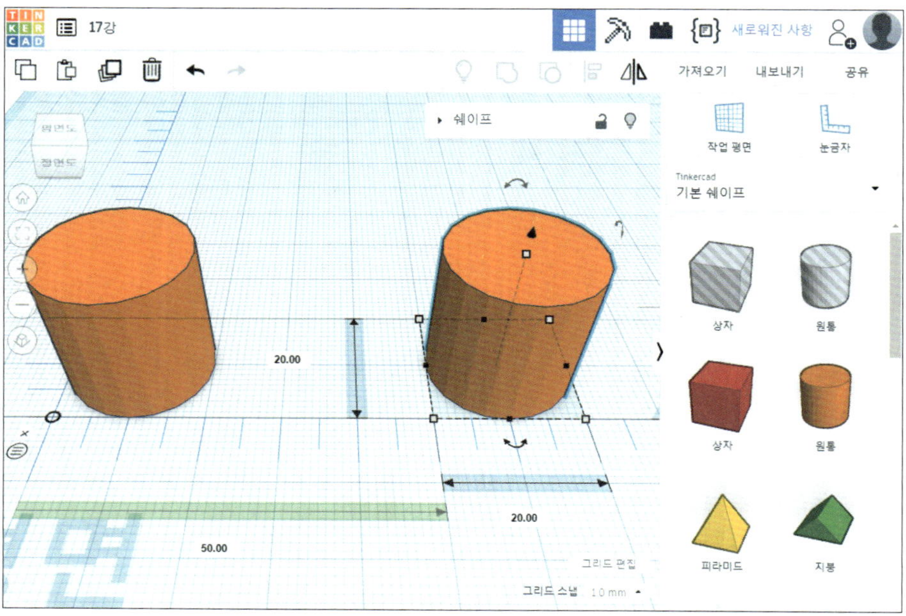

04 두 도형을 복사하여 눈금자 기준점에서 위쪽으로 이동하여 간격이 '90mm'가 되도록 조절합니다.

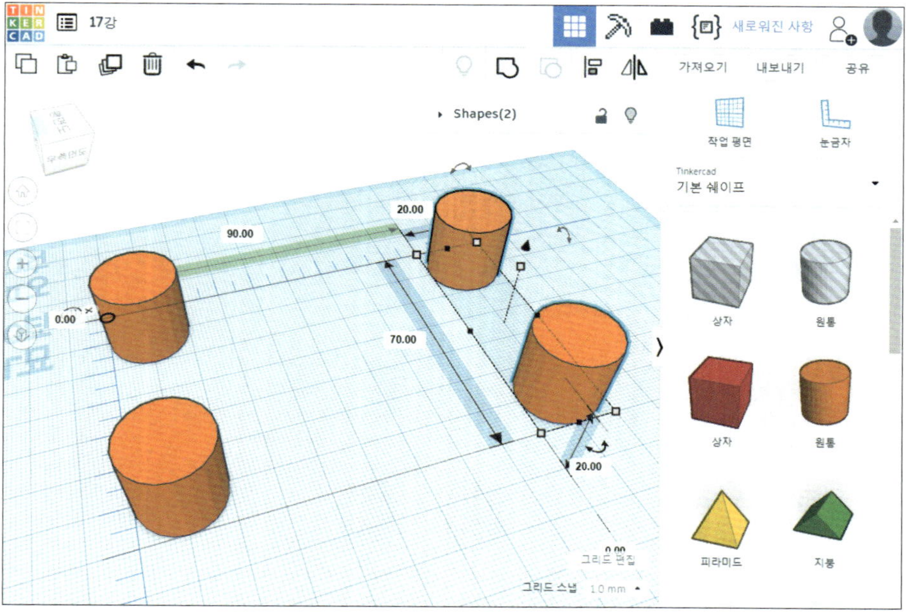

 '상자'를 삽입하고 크기를 조절한 후 그림과 같이 복사하여 배치합니다.
(가로 : 20mm, 세로 : 90mm, 높이 : 20mm)

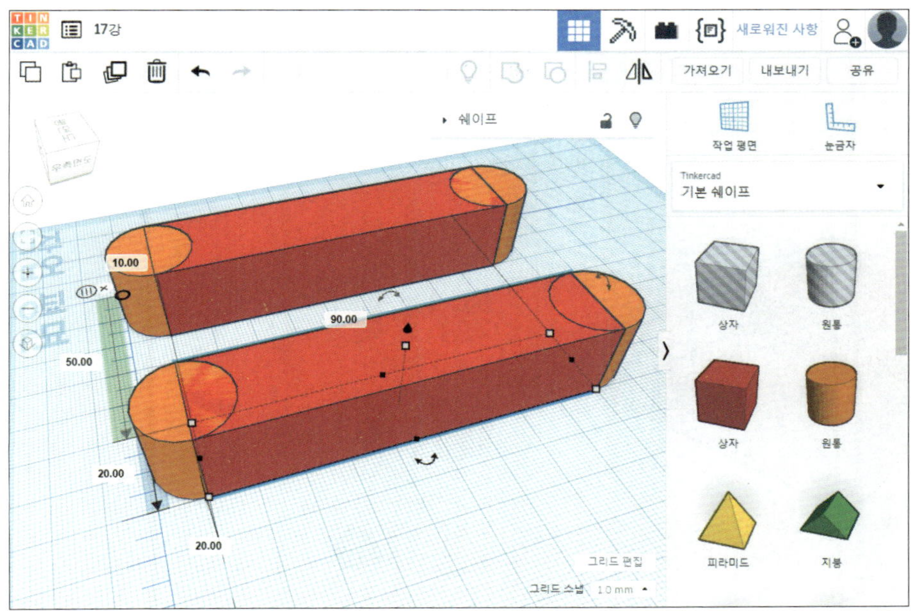

06 다시 '상자'를 삽입하고 크기를 조절하여 그림과 같이 태치합니다.
(가로 : 50mm, 세로 : 110mm, 높이 : 20mm)

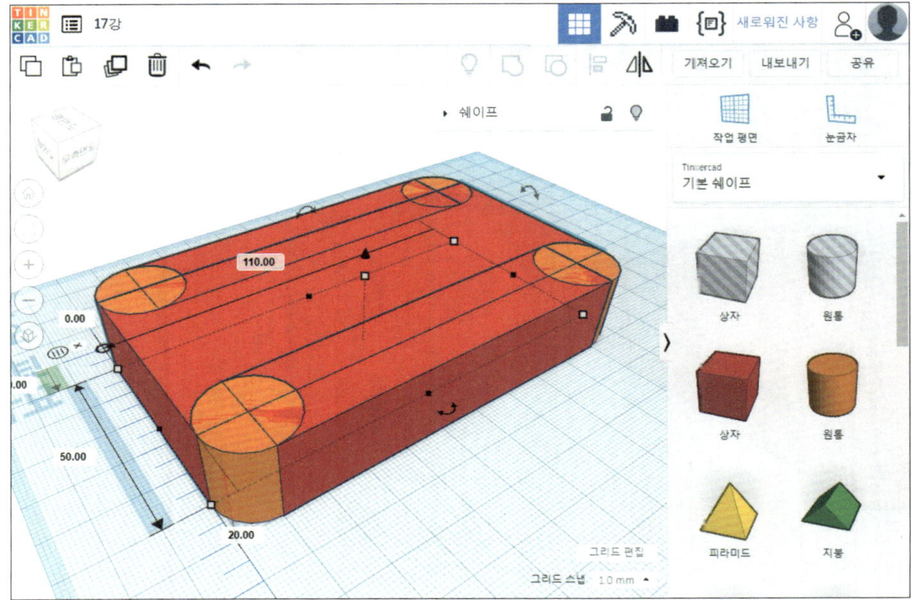

 모든 도형을 선택한 후 그룹으로 설정하고 복사 기능을 이용하여 하나 더 복사합니다. 크기를 조절하고 투명 도형으로 만든 후 [작업 평면]과의 높이는 '1mm'로 조절합니다.
(가로 : 68mm, 세로 : 108mm, 높이 : 20mm)

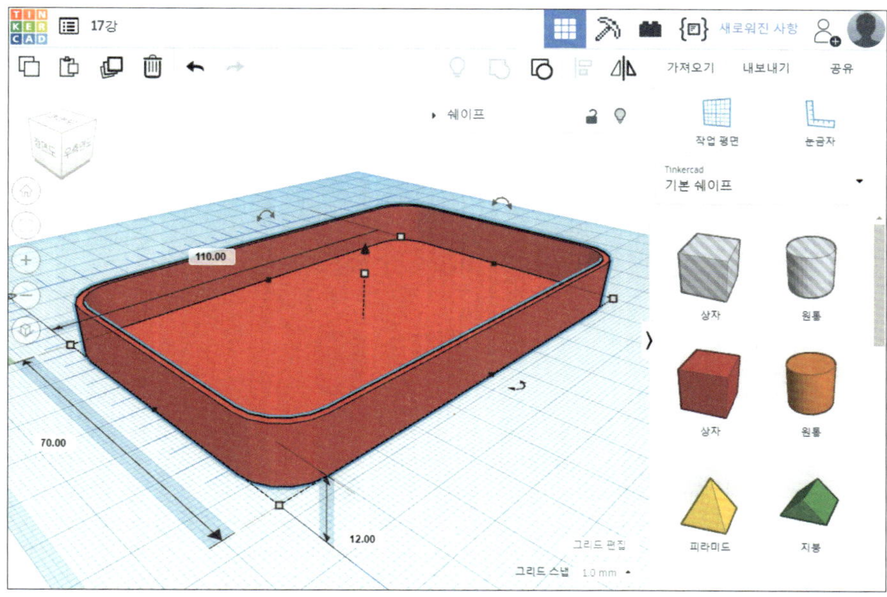

08 정렬 기능을 이용하여 두 도형을 정가운데를 기준으로 정렬한 후 그룹으로 설정하면 그림과 같이 속이 비어있는 케이스가 만들어집니다. 높이를 '12mm'로 조절합니다.

휴대폰에 이어폰이나 충전단자, 전원이나 볼륨 버튼을 사용하려면 구멍을 뚫어야 합니다. 연결 구멍을 만드는 방법을 알아보겠습니다.

01 이어폰 구멍을 만들기 휴대폰 케이스 윗부분에 '원통'을 삽입하고 앞에서 배운 방법을 이용하여 동그란 구멍을 만듭니다.(가로 : 5mm, 세로 : 5mm, 높이 : 5mm)

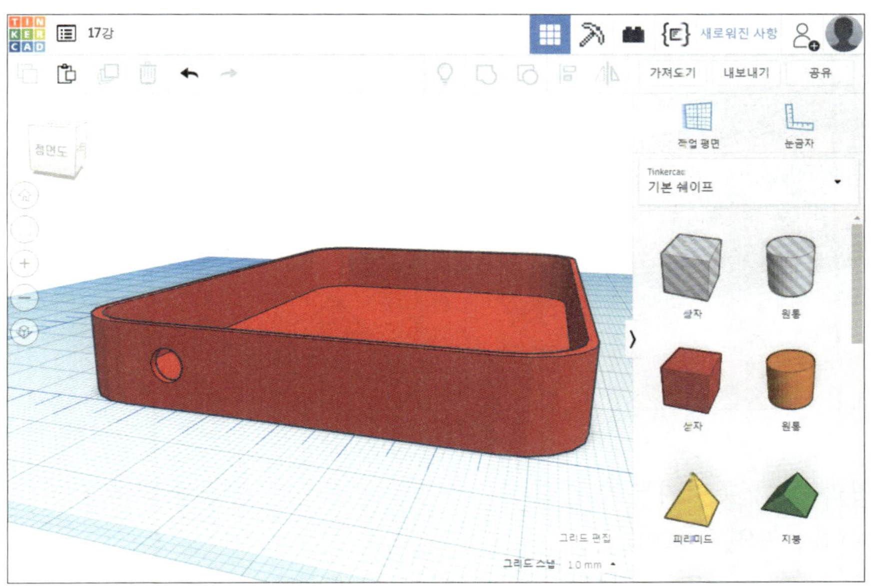

02 볼륨 버튼 부분을 만들기 위해 휴대폰 왼쪽 부분에 '상자'를 삽입하고 그림과 같이 네모 모양으로 파냅니다.(가로 : 20mm, 세로 : 5mm, 높이 : 5mm)

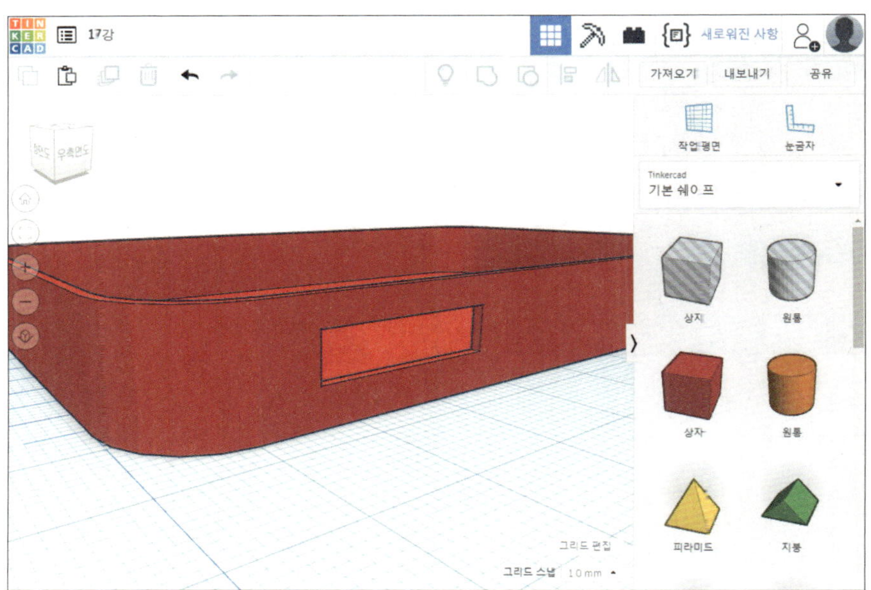

 같은 방법을 이용하여 휴대폰 오른쪽 부분에 그림과 같이 네모 모양으로 전원 버튼 부분을 만듭니다.
(가로 : 10mm, 세로 : 5mm, 높이 : 5mm)

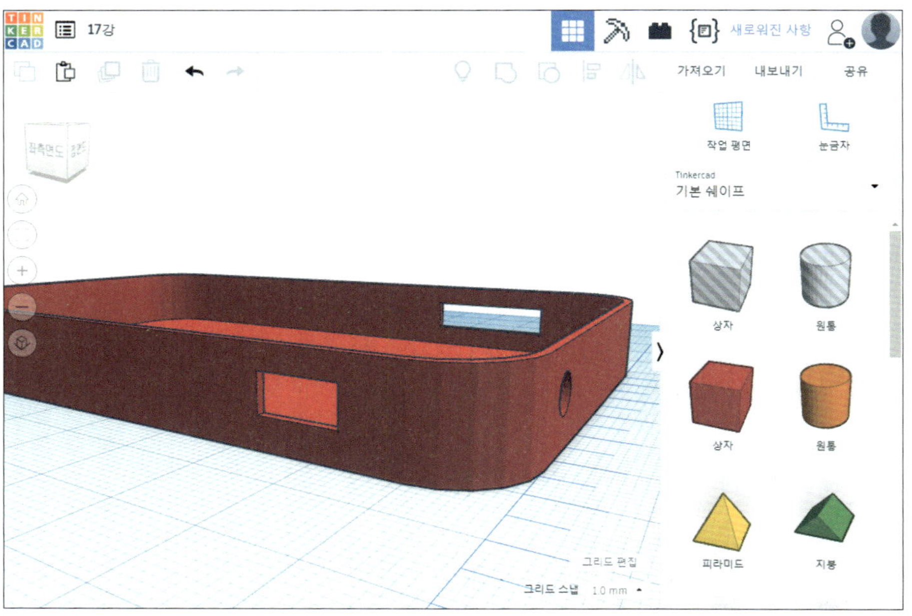

 휴대폰 아래 부분에 그림과 같이 충전기를 연결할 수 있도록 네모 모양으로 파내서 완성합니다.
(가로 : 20mm, 세로 : 5mm, 높이 : 5mm)

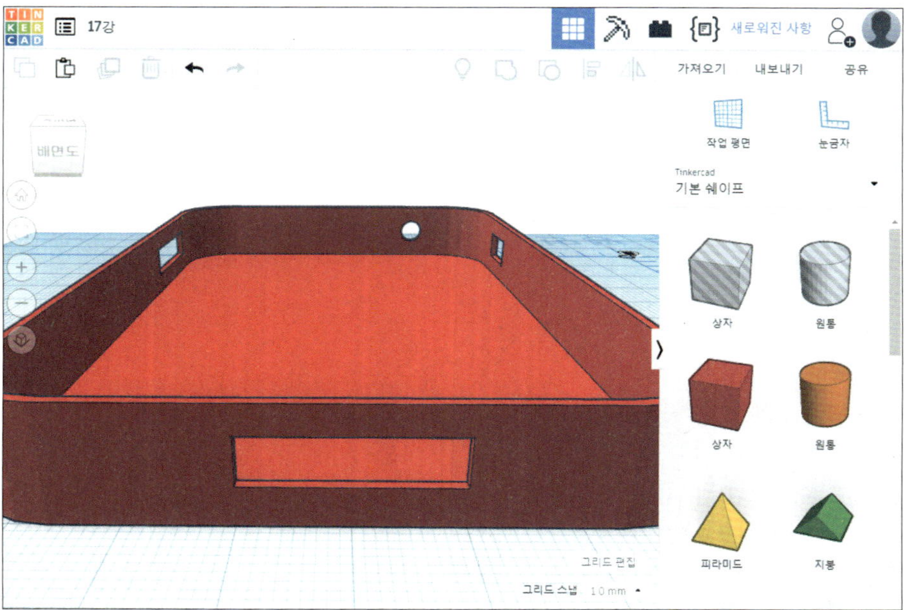

1. 휴대폰 케이스 윗부분을 그림과 같이 만들어 보세요.

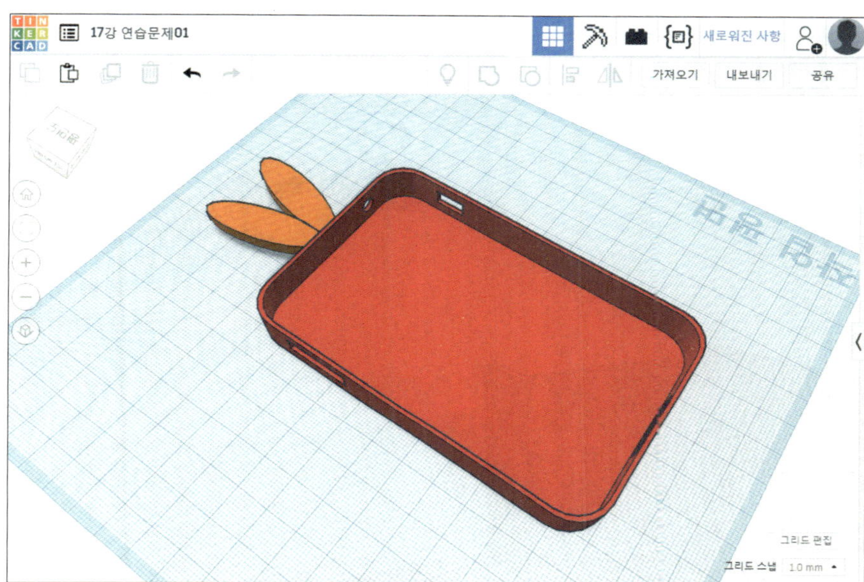

2. 휴대폰 케이스 밑 부분을 그림과 같이 만들어 보세요.

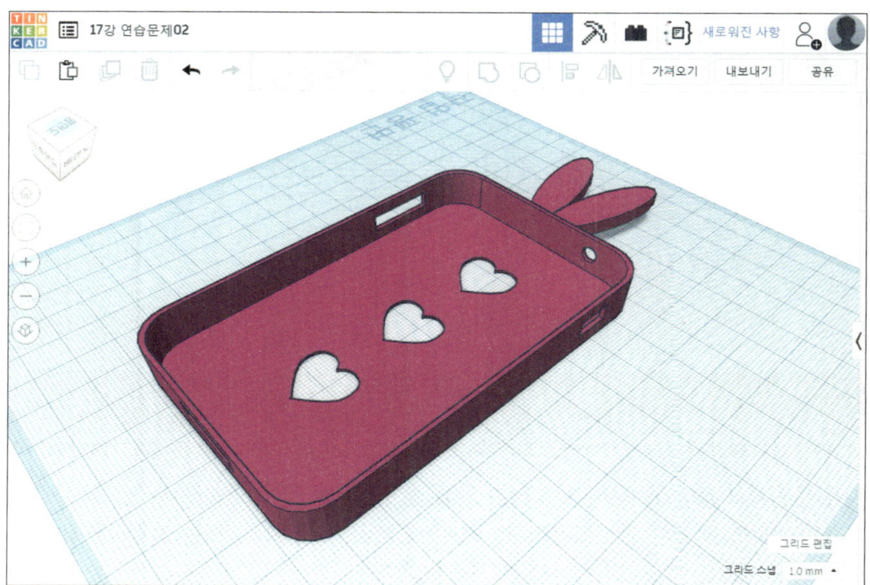

Chapter 18

뚜껑 보관함 만들기

두 개의 상자 모양을 만들고 3D 프린터로 출력한 후 연결하여 사용할 수 있도록 뚜껑이 있는 보관함을 만드는 방법에 대해 알아보겠습니다.

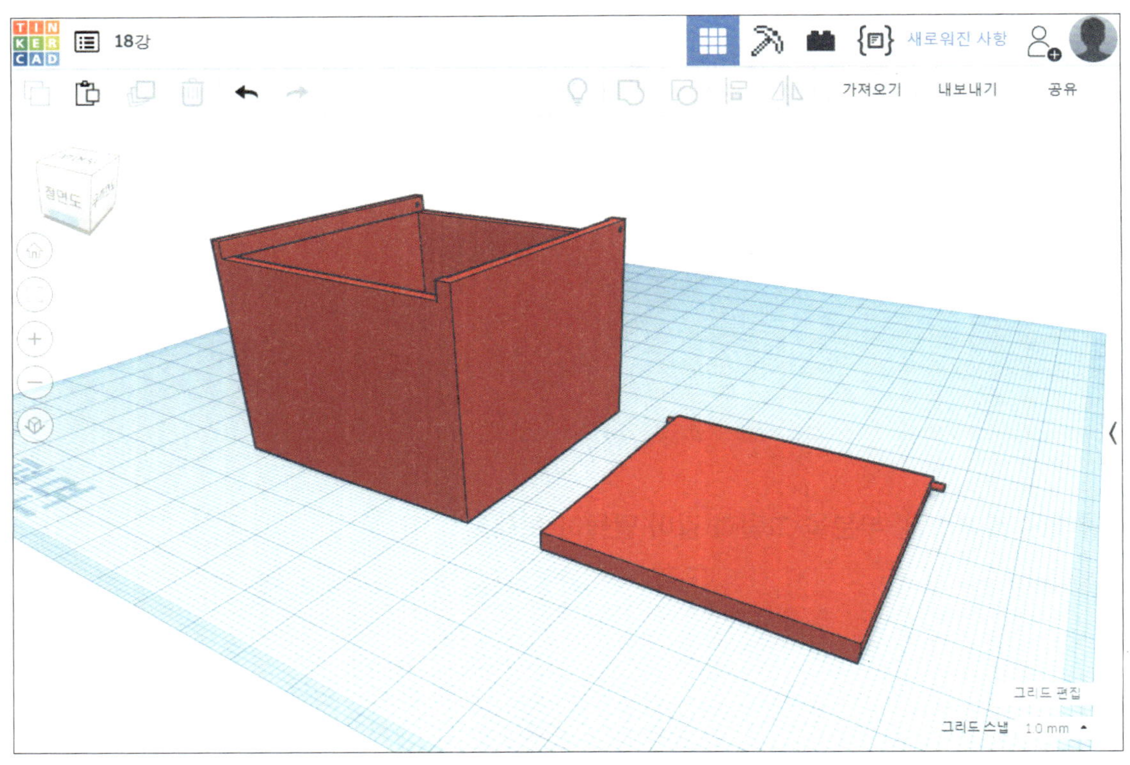

▲ 완성이미지

생각해보아요

물건을 보관하는 대부분의 상자들은 먼지가 들어가는 것을 방지하고 속에 들어있는 물건들이 쏟아지지 않도록 뚜껑이 있습니다. 두 개의 결과물을 만들어 뚜껑의 튀어나온 부분을 보관함의 빈 부분에 연결하여 뚜껑이 열리는 보관함을 만들게 됩니다. 여러분이 필요한 보관함은 어떤 모양과 크기로 만들어야 하는지 생각해 봅니다.

물건을 담을 수 있는 보관함의 아랫부분을 만들어 보겠습니다.

01 보관함의 아랫부분을 만들기 위해 모양 모음의 [기본 쉐이프]에서 '상자'를 선택해 삽입하고 크기를 조절합니다.(가로 : 50mm, 세로 : 50mm, 높이 : 40mm)

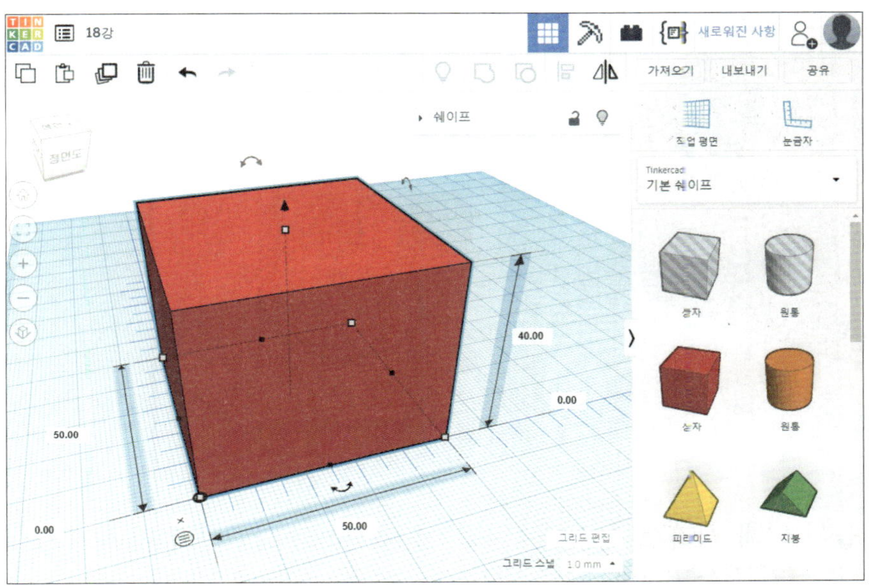

02 도형을 하나 더 복사한 후 크기를 조절하고 [작업 평면]과의 간격을 '2mm'로 설정한 후 투명 도형을 만듭니다.(가로 : 46mm, 세로 : 46mm, 높이 : 40mm)

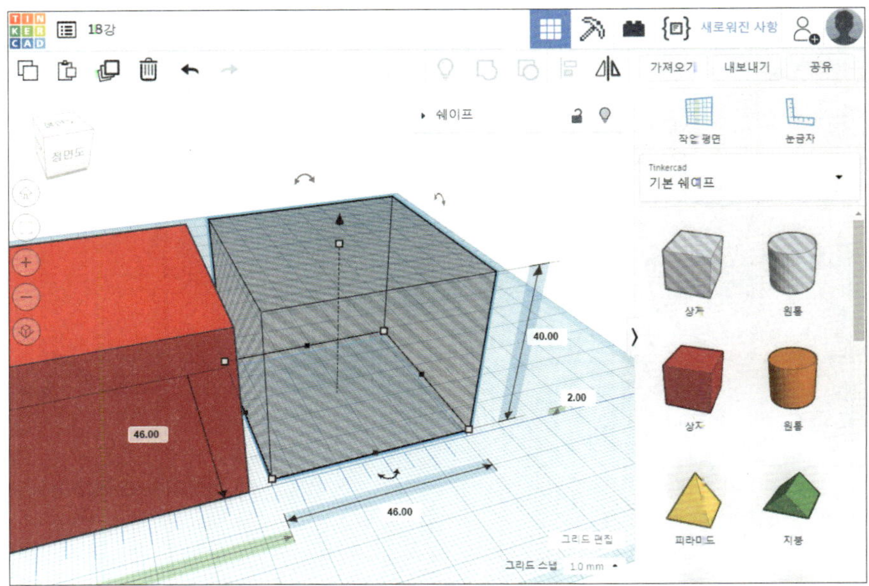

03 정렬 기능을 이용하여 정가운데를 기준으로 정렬한 후 그룹으로 설정하여 그림과 같이 속이 빈 상자 모양으로 만듭니다.

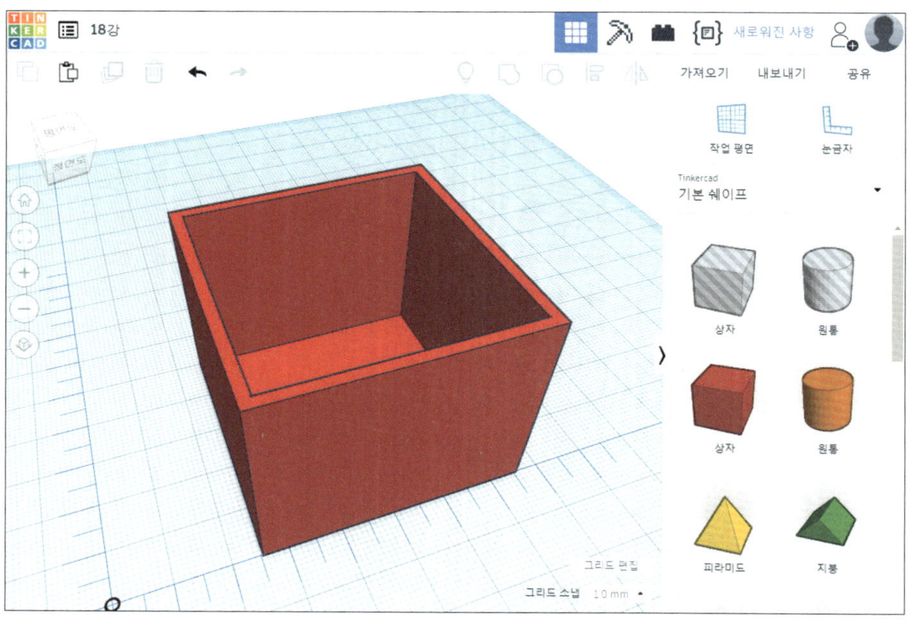

04 뚜껑이 들어갈 부분을 만들기 위해 '상자'를 삽입한 후 크기를 조절하고 그림과 같이 상자 윗부분의 가운데 부분으로 가져갑니다.(가로 : 46mm, 세로 : 50mm, 높이 : 3mm)

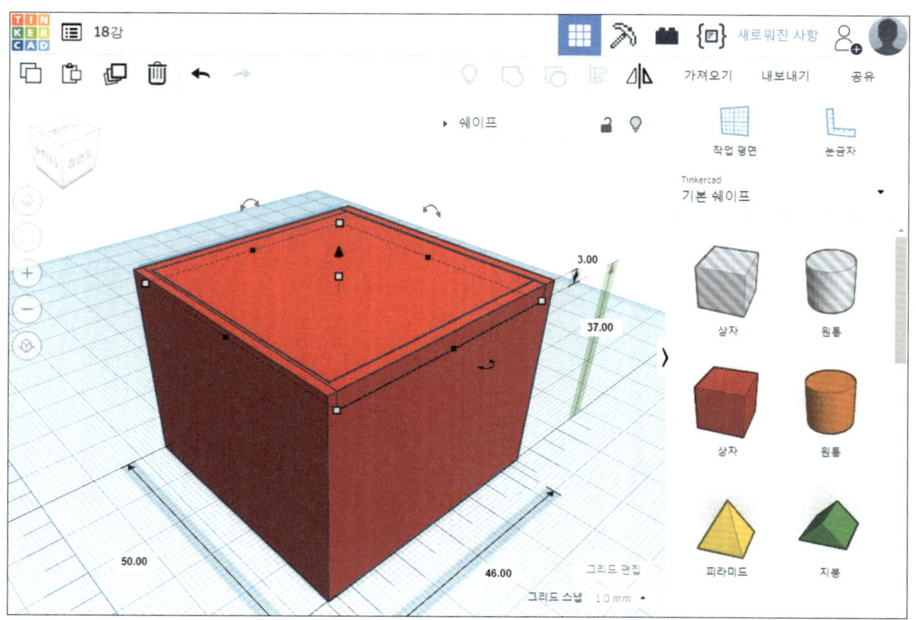

05 도형을 투명하게 만든 후 아래의 도형과 그룹으로 설정하여 그림과 같이 뚜껑이 연결될 부분을 만듭니다.

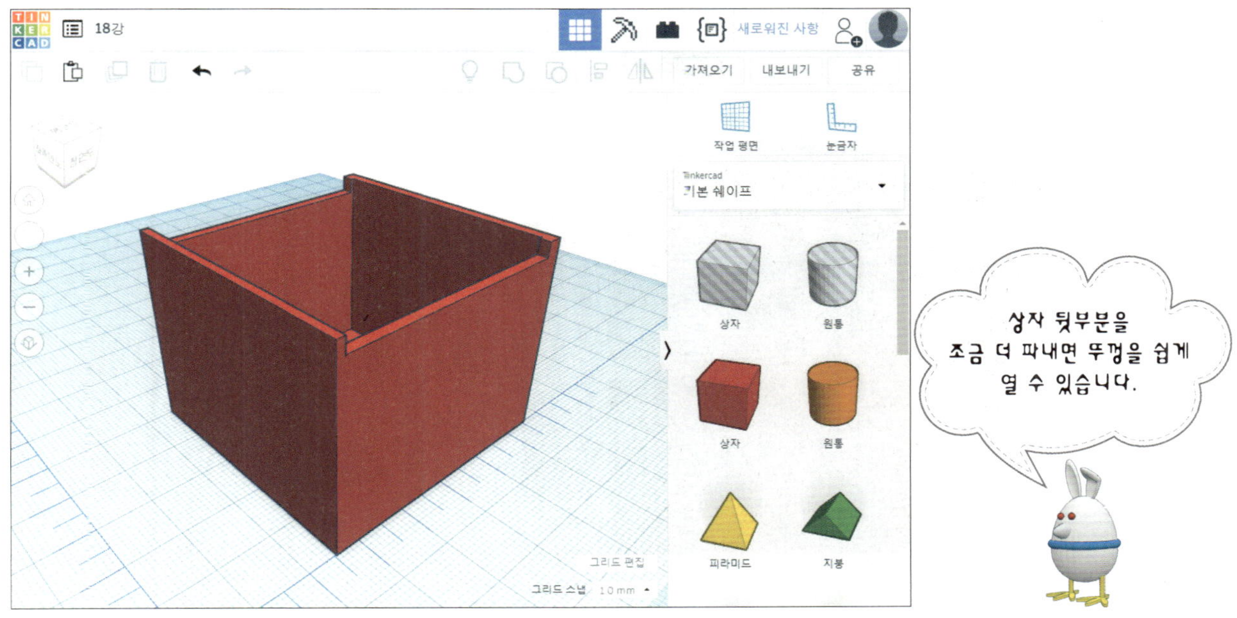

06 뚜껑과 연결되는 부분을 만들기 위해 '원통'을 삽입하고 크기와 위치를 조절하여 그림과 같이 상자의 끝 부분과 '1mm' 간격이 되도록 설정합니다.(가로 : 51mm, 세로 : 1mm, 높이 : 1mm)

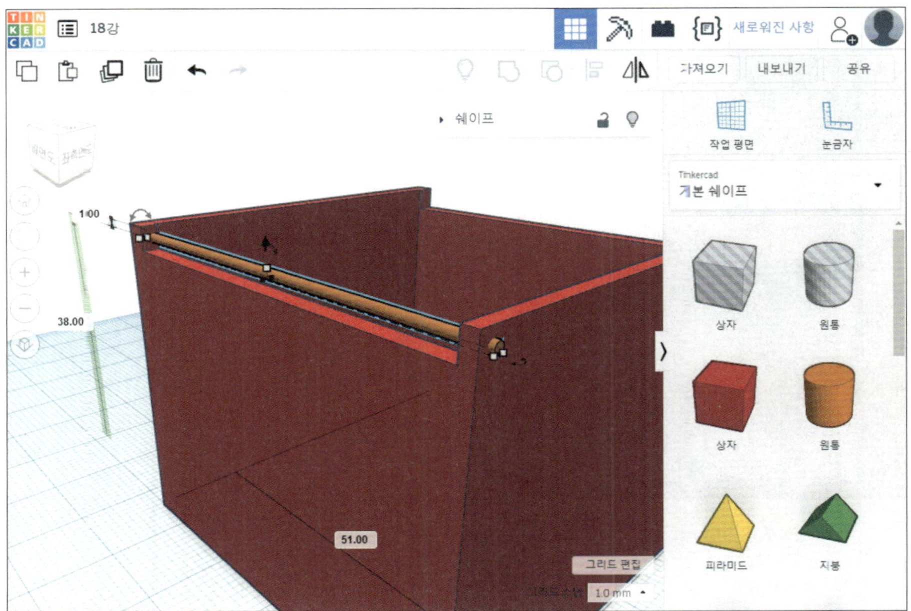

07 도형을 투명하게 만든 후 모든 도형을 선택하고 그룹으로 설정합니다.

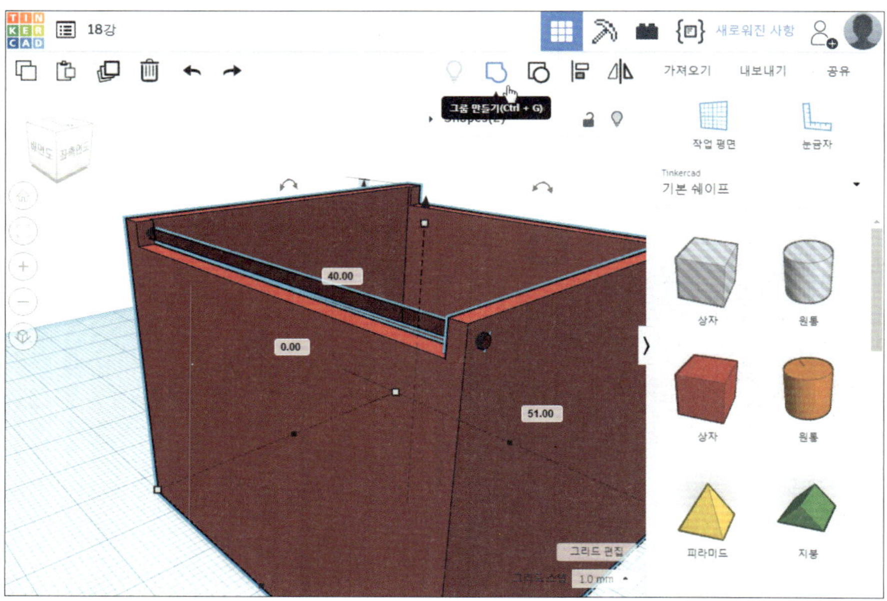

08 그림과 같이 뚜껑과 연결할 수 있는 구멍이 만들어 집니다.

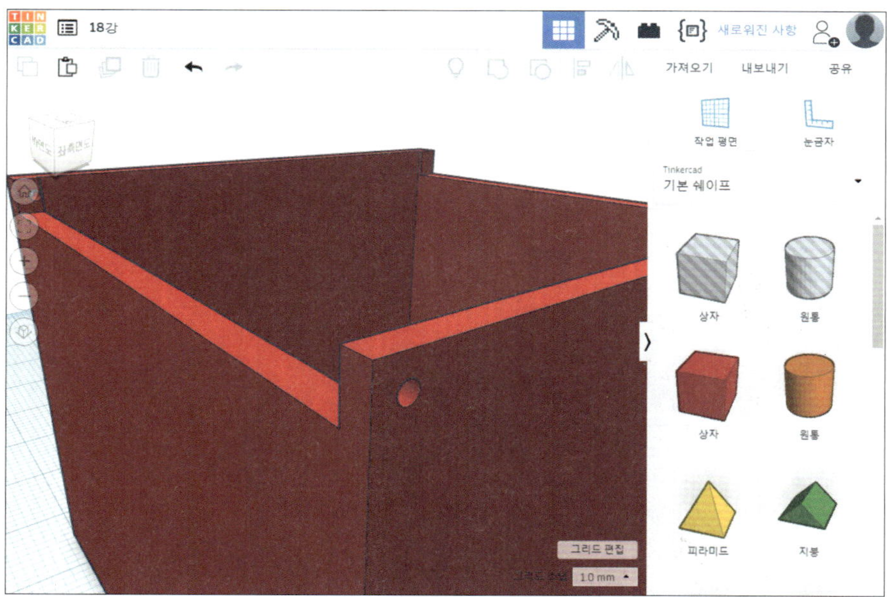

아랫부분에 연결할 수 있는 뚜껑을 만들고 부드럽게 열릴 수 있도록 만드는 방법을 알아보겠습니다.

01 뚜껑을 만들기 위해 '상자'를 삽입하고 그림과 같이 크기를 조절합니다.
(가로 : 46mm, 세로 : 47mm, 높이 : 3mm)

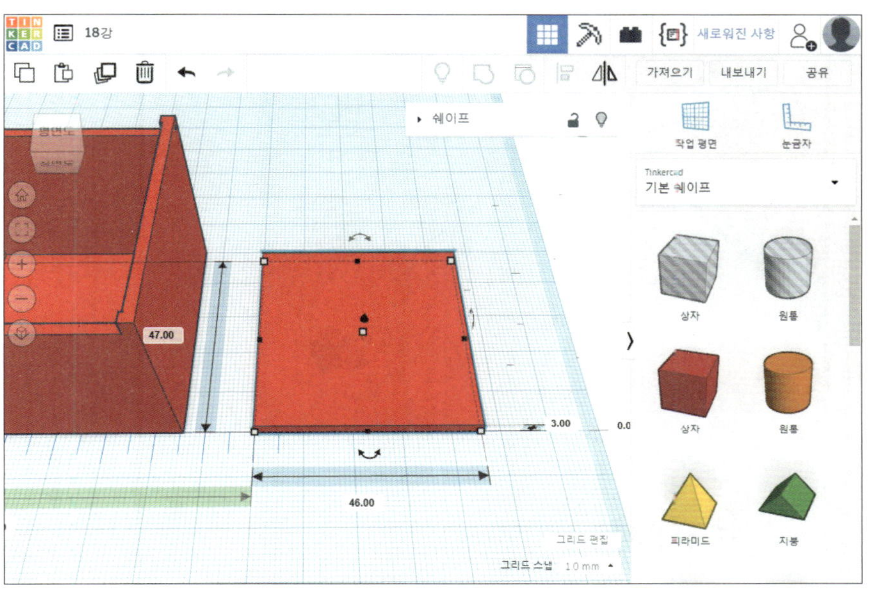

02 뚜껑의 끝 부분을 둥글게 만들기 위해 '원형 지붕'을 '상자' 도형 끝 부분에 삽입하여 연결합니다.
(가로 : 46mm, 세로 : 3mm, 높이 : 3mm)

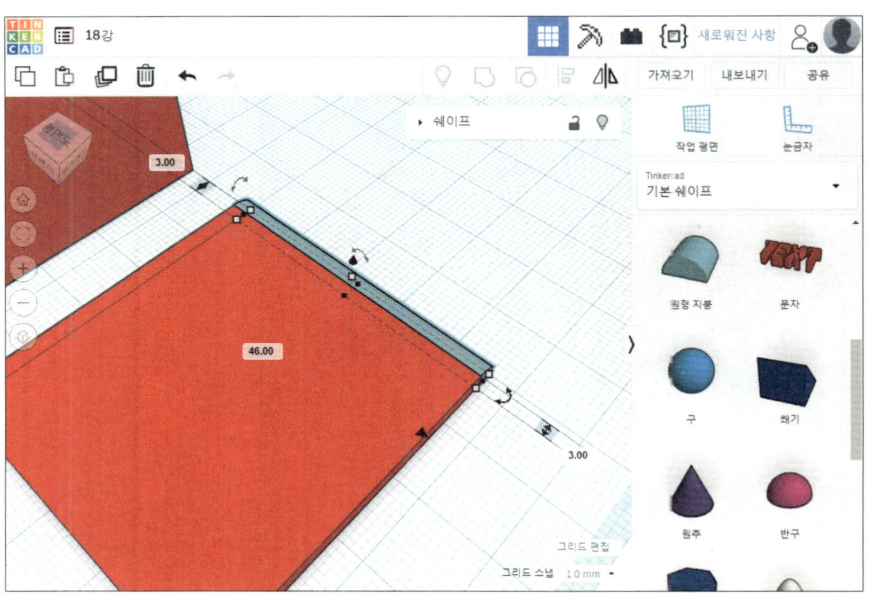

03 상자와 연결될 부분을 만들기 위해 '원통'을 삽입하고 크기와 위치를 조절하여 그림과 같이 상자의 끝 부분과 '1mm' 간격이 되도록 설정합니다.(가로 : 50mm, 세로 : 1mm, 높이 : 1mm)

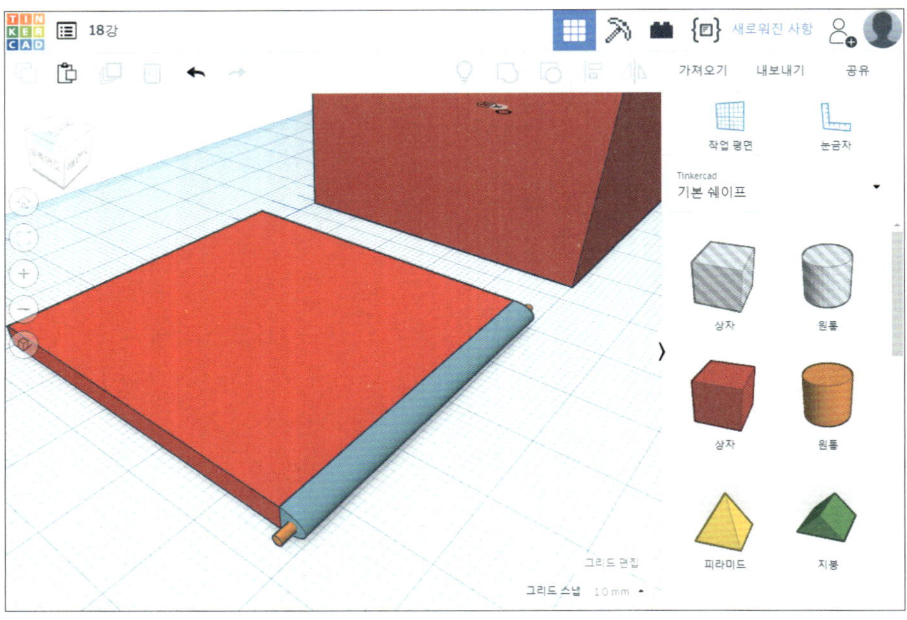

04 뚜껑으로 사용할 도형들을 그룹으로 설정하여 완성합니다.

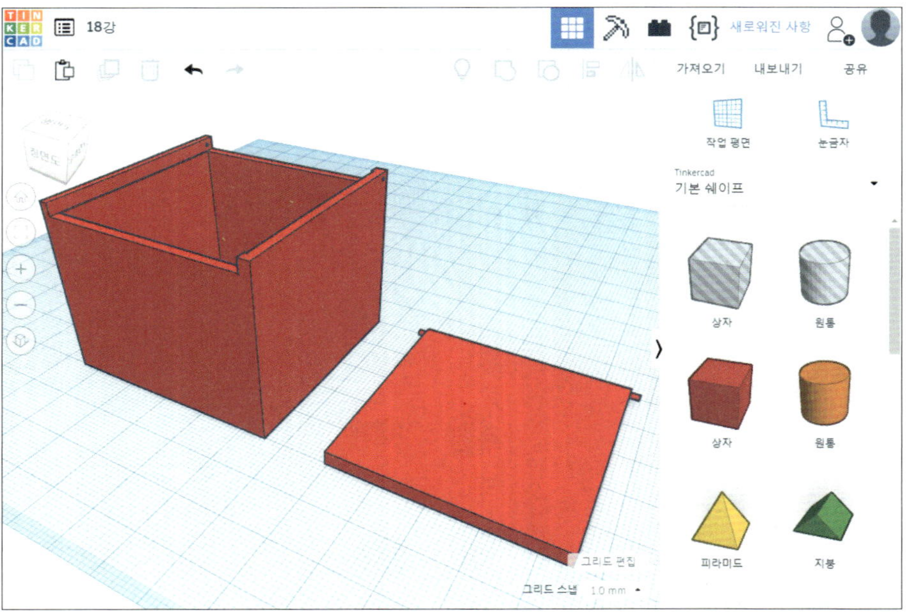

1 도형들을 연결하여 그림과 같이 뚜껑이 열리는 모양을 만들어 보세요.

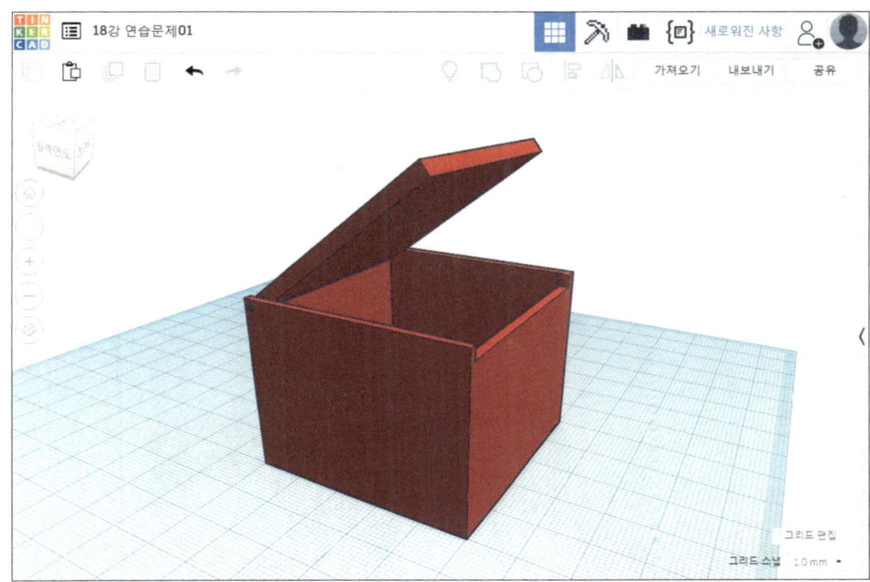

2 그림과 같이 보관함의 바깥 부분에 모양을 입력해 보세요.

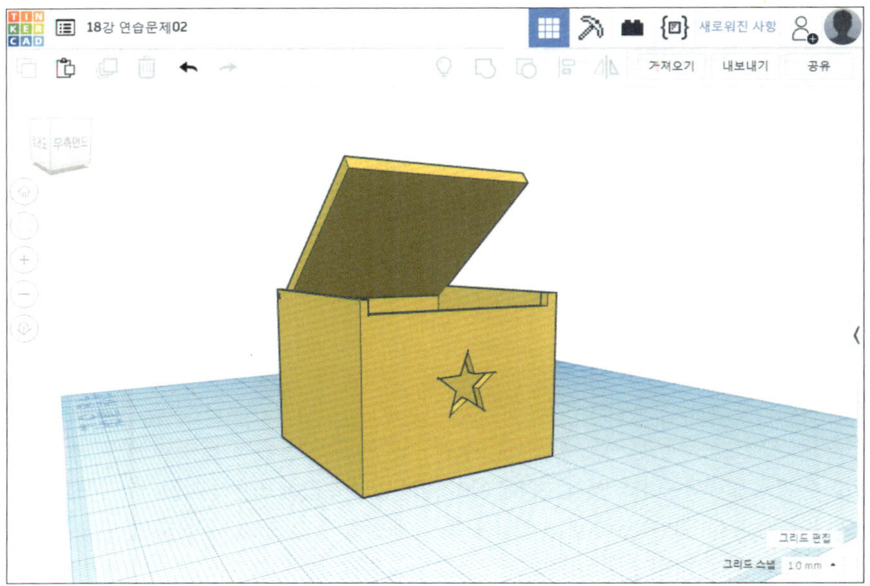

19 안경테 만들기

안경테의 다리처럼 휘어진 부분은 어떻게 만들 수 있을까요? 도형을 이용하여 원하는 모양을 만드는 방법에 대해 알아보겠습니다.

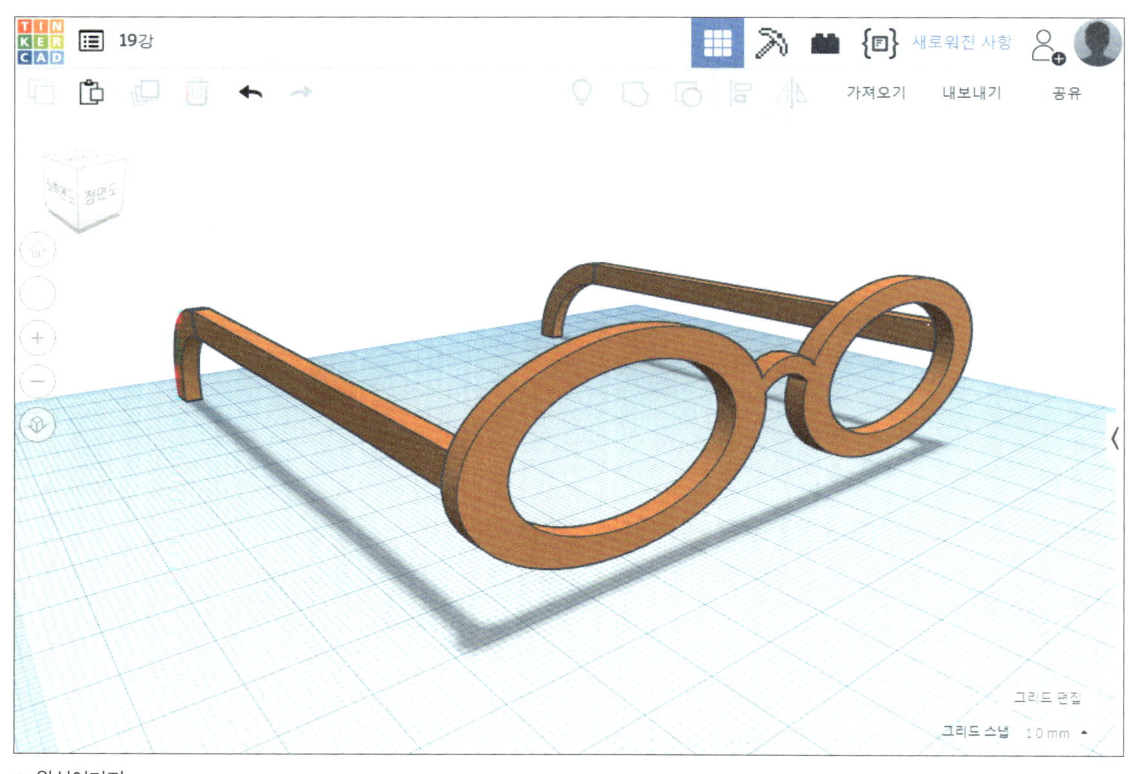

▲ 완성이미지

생각해보아요

시력이 좋지 않은 사람들에게 있어 안경은 필수품입니다. 안경 모양에 따라 얼굴 인상도 많이 바뀐다고 합니다. 공장에서 대량으로 만든 안경테가 얼굴에 잘 맞지 않다면 3D 프린터를 이용하여 내 얼굴에 꼭 맞게 만들 수 있습니다. 안경테를 만들면서 각 부분을 어떻게 구성해야 하는지 알아보도록 합니다. 다양한 도형을 이용하여 어떤 모양의 안경테를 만들 수 있을지 이야기를 나눠봅니다.

01 안경 앞부분 만들기

렌즈가 들어가는 안경 앞부분을 만들고 연결하는 방법을 알아보겠습니다.

01 렌즈가 들어가는 앞부분을 만들기 위해 모양 모음의 [기본 쉐이프]에서 '튜브'를 선택해 삽입합니다.
(가로 : 50mm, 세로 : 30mm, 높이 : 3mm)

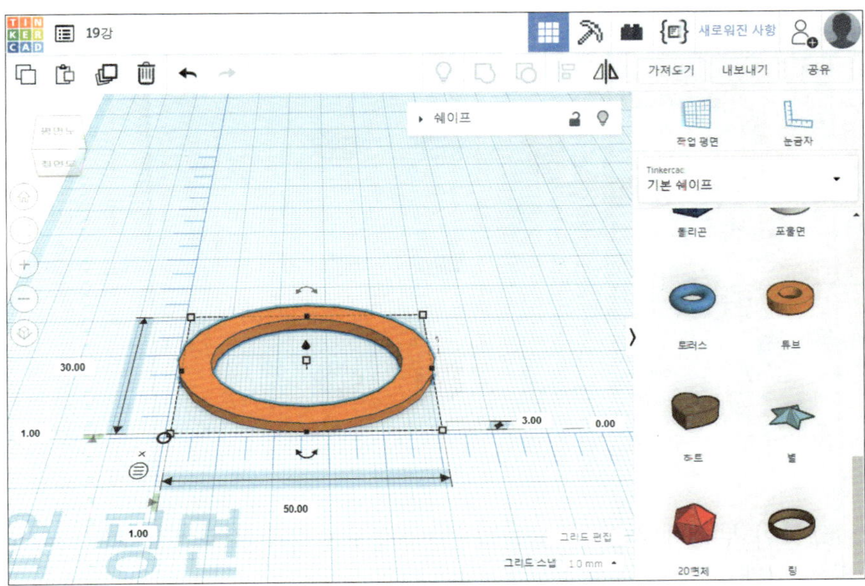

02 삽입한 도형을 복사하고 사이 간격이 '10mm'가 되도록 위치를 조절합니다.

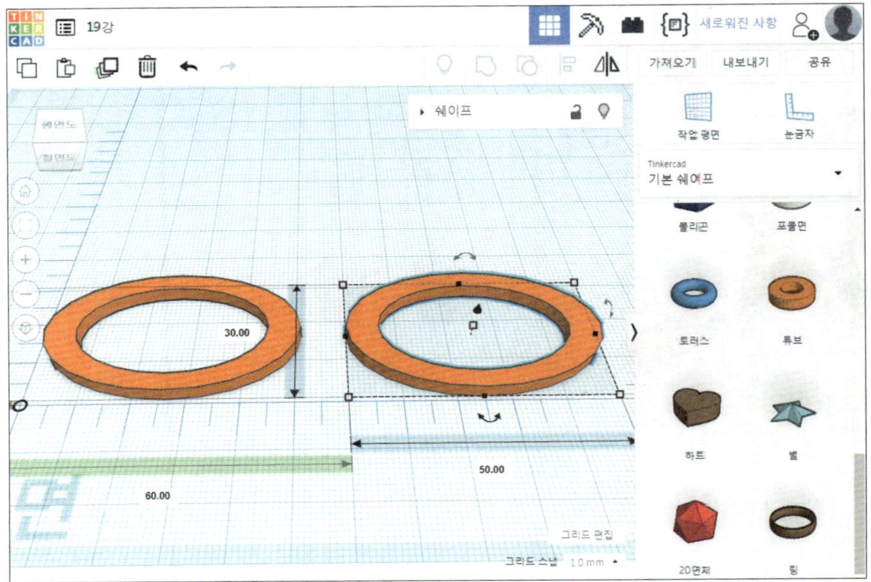

03 코걸이 부분을 만들기 위해 '튜브'를 선택해 삽입합니다.
(가로 : 20mm, 세로 : 20mm, 높이 : 3mm)

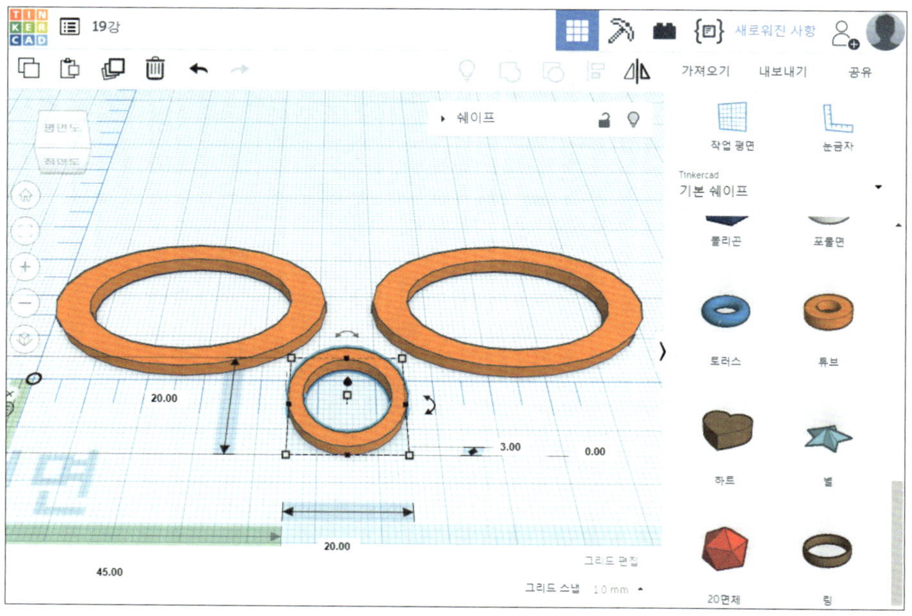

04 '상자'를 선택해 삽입한 후 코걸이 부분에 사용할 도형의 절반 정도가 가려지도록 위치를 조절한 후
[쉐이프] 대화상자의 '구멍'을 선택합니다.

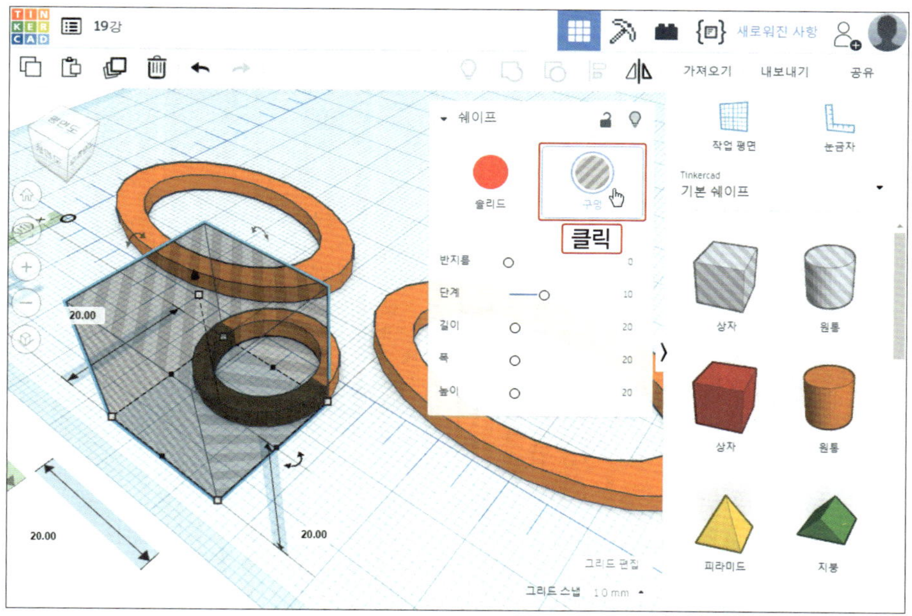

05 두 도형을 그룹으로 설정하면 그림과 같이 잘라진 것을 확인할 수 있습니다.

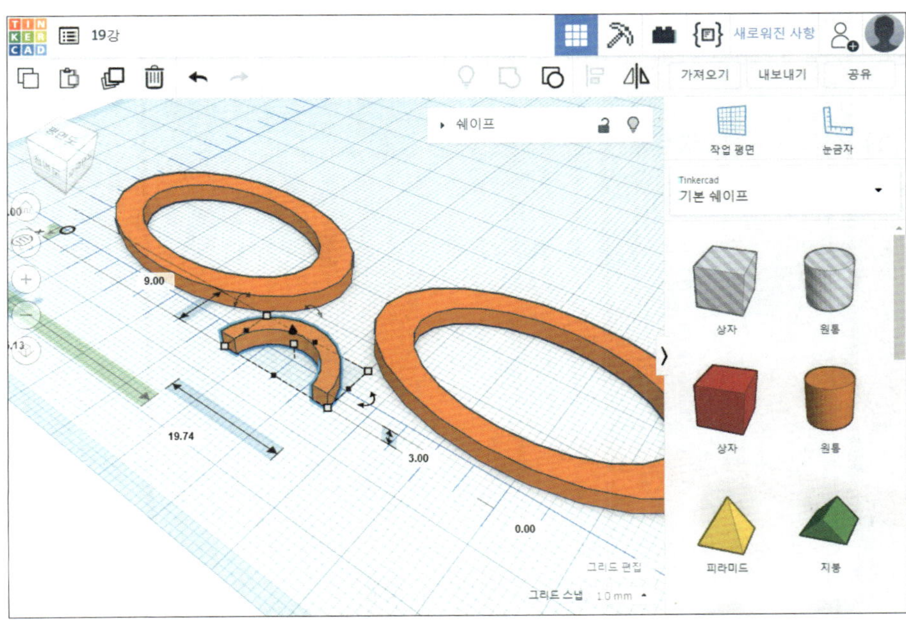

06 잘라진 도형을 이전에 만든 두 도형 사이에 연결하고 그룹으로 설정하여 그림과 같이 만듭니다.

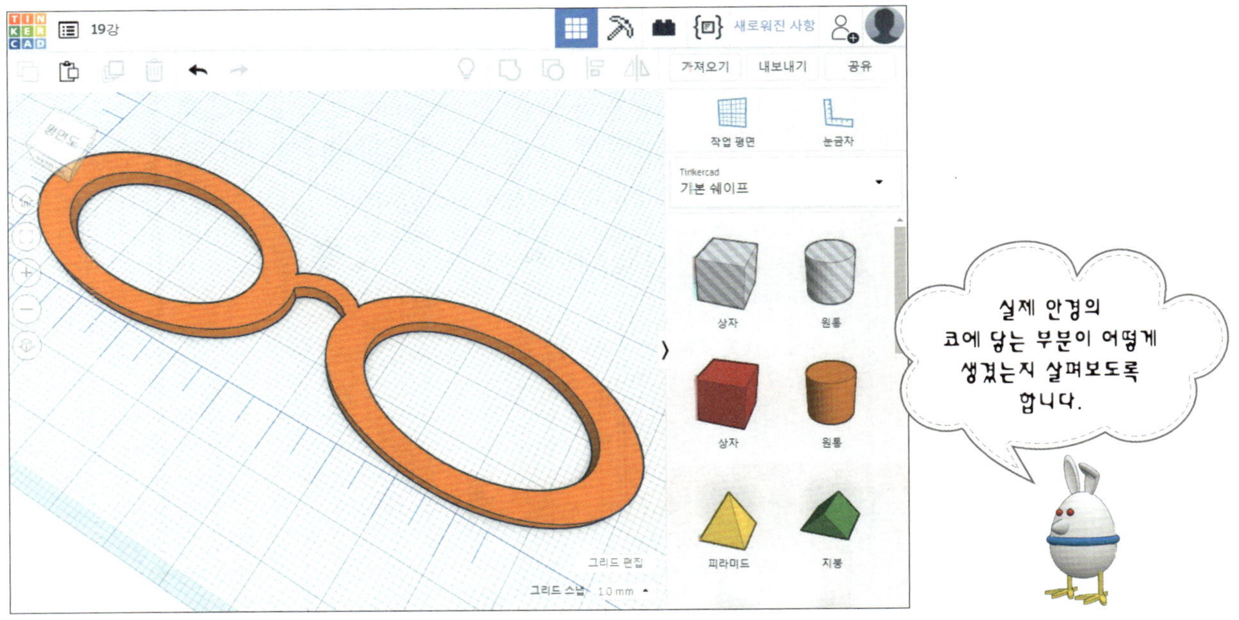

안경다리를 만들고 끝 부분을 도형을 이용하여 둥글게 만들어 보겠습니다.

01 안경다리를 만들기 위해 '상자'를 삽입한 후 크기를 조절합니다.
(가로 : 100mm, 세로 : 5mm, 높이 : 3mm)

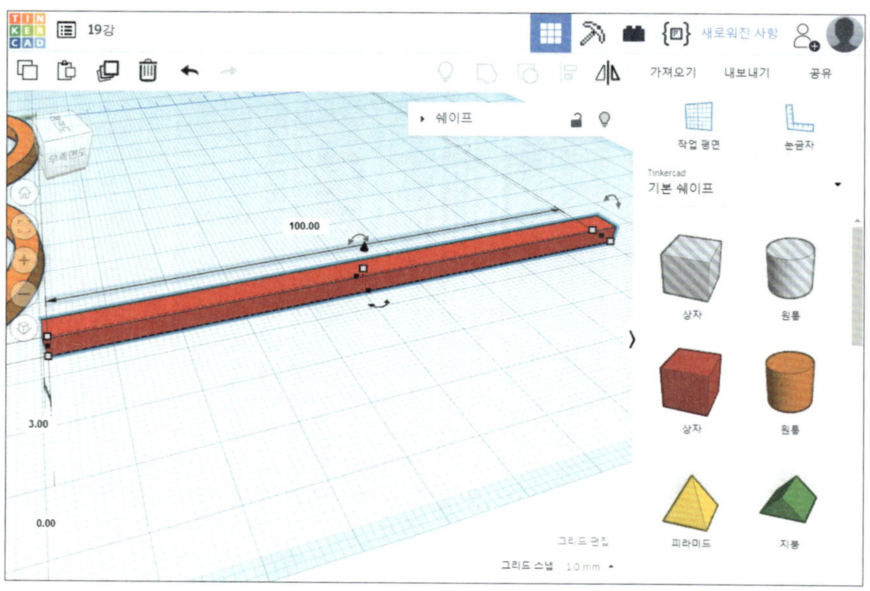

02 끝 부분을 만들기 위해 '튜브'를 선택해 삽입하고 크기를 조절한 후 그림과 같이 안경다리 끝 부분으로 이동합니다.(가로 : 50mm, 세로 : 50mm, 높이 : 3mm)

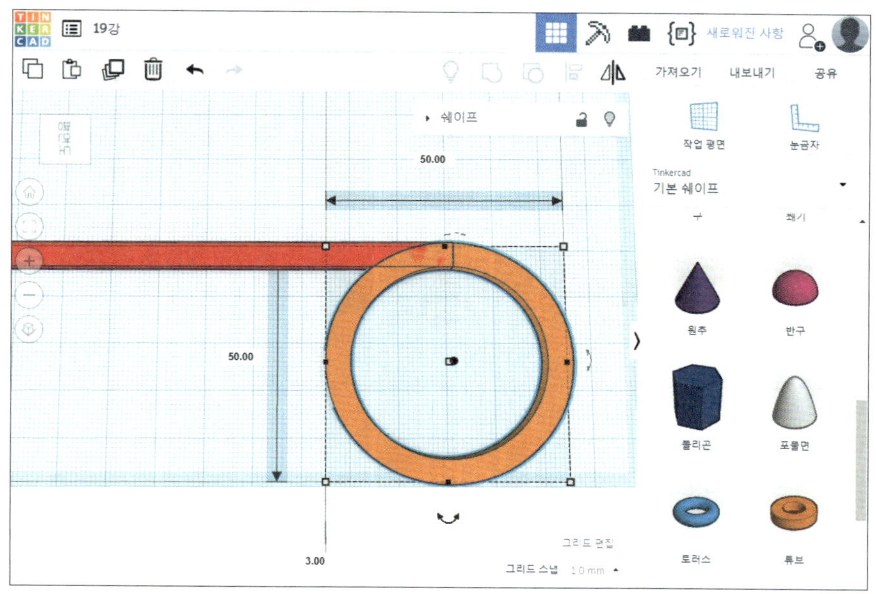

 끝 부분의 모양을 바꾸기 위해 '상자'를 선택한 후 크기와 위치를 조절하여 그림과 같이 끝 부분 모양의 중간을 가리도록 합니다.

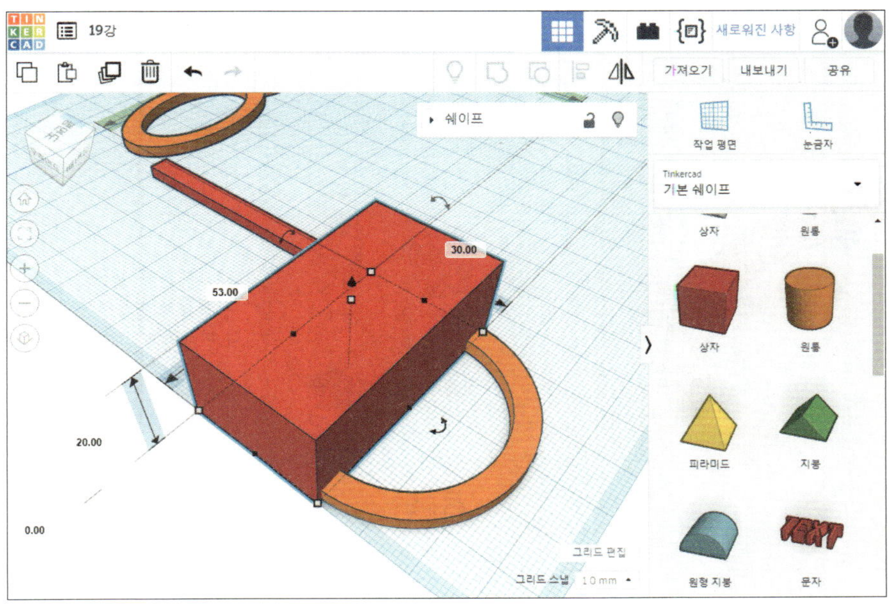

 삽입한 '상자' 도형을 투명하게 만든 후 끝 부분의 모양과 그룹으로 설정하여 그림과 같은 모양이 되도록 합니다.

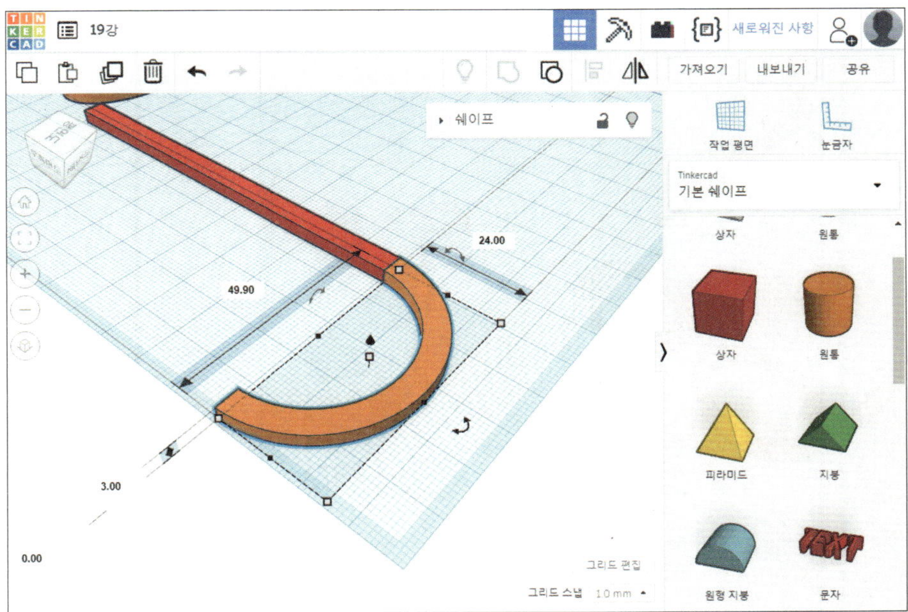

 같은 방법을 이용하여 나머지 부분도 그림과 같은 모양이 되도록 만듭니다.

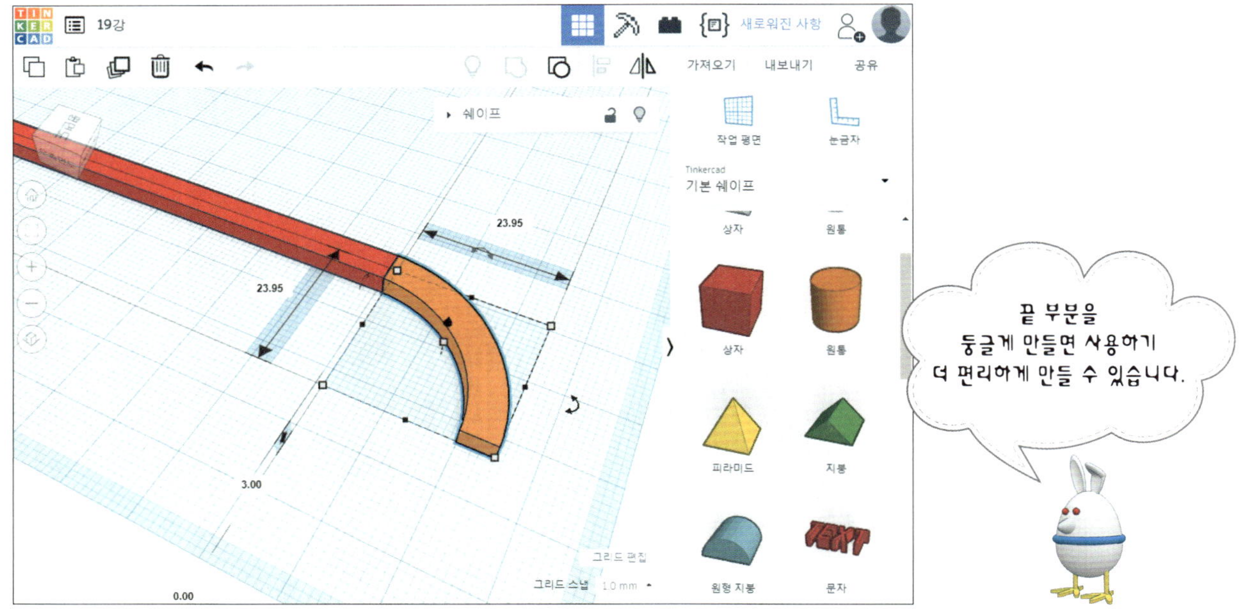

 안경테 부분을 모두 선택하여 그룹으로 설정한 후 하나 더 복사하고 회전시켜 완성합니다.

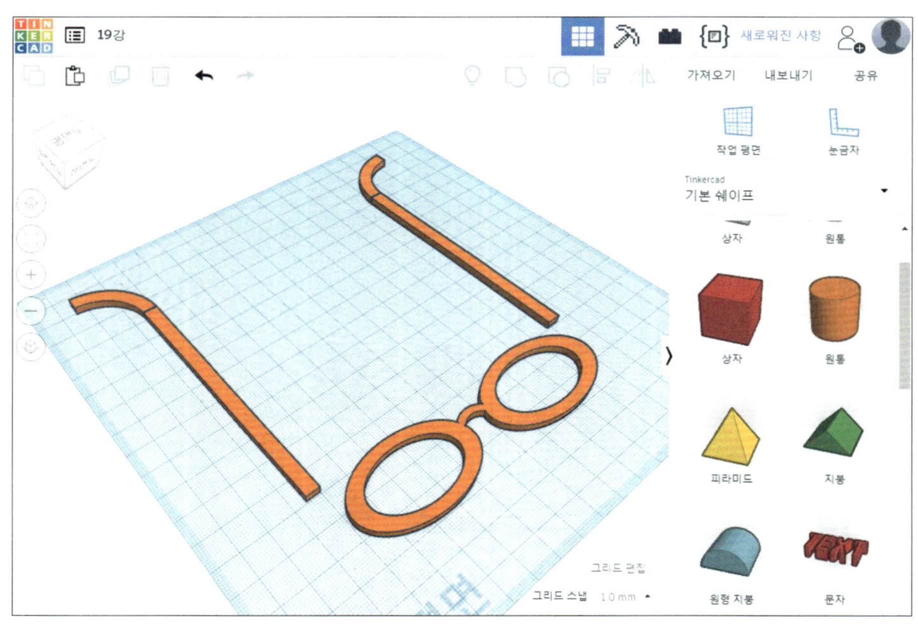

1 안경테를 회전시키고 그룹으로 연결하여 그림과 같은 모양이 되도록 만들어 보세요.

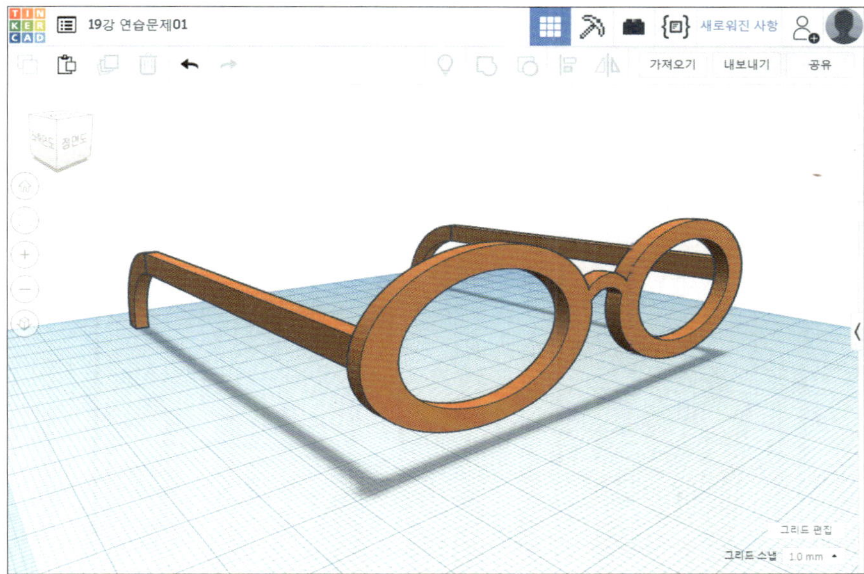

2 그림과 같이 안경 렌즈 부분을 별 모양으로 만들어 보세요.

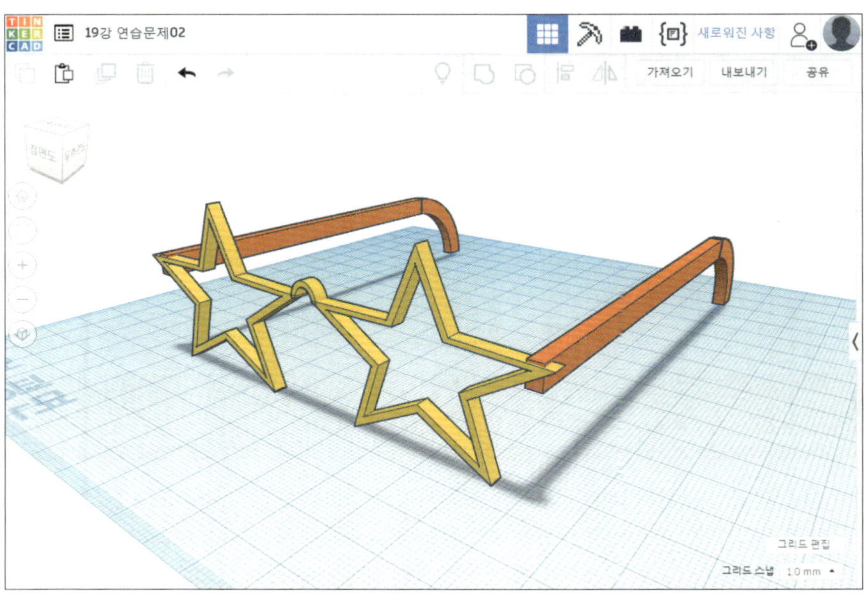

머그컵 만들기

물을 담을 수 있도록 속이 비어있는 컵과 손잡이를 만들어 나만의 머그컵을 만드는 방법에 대해 알아보겠습니다.

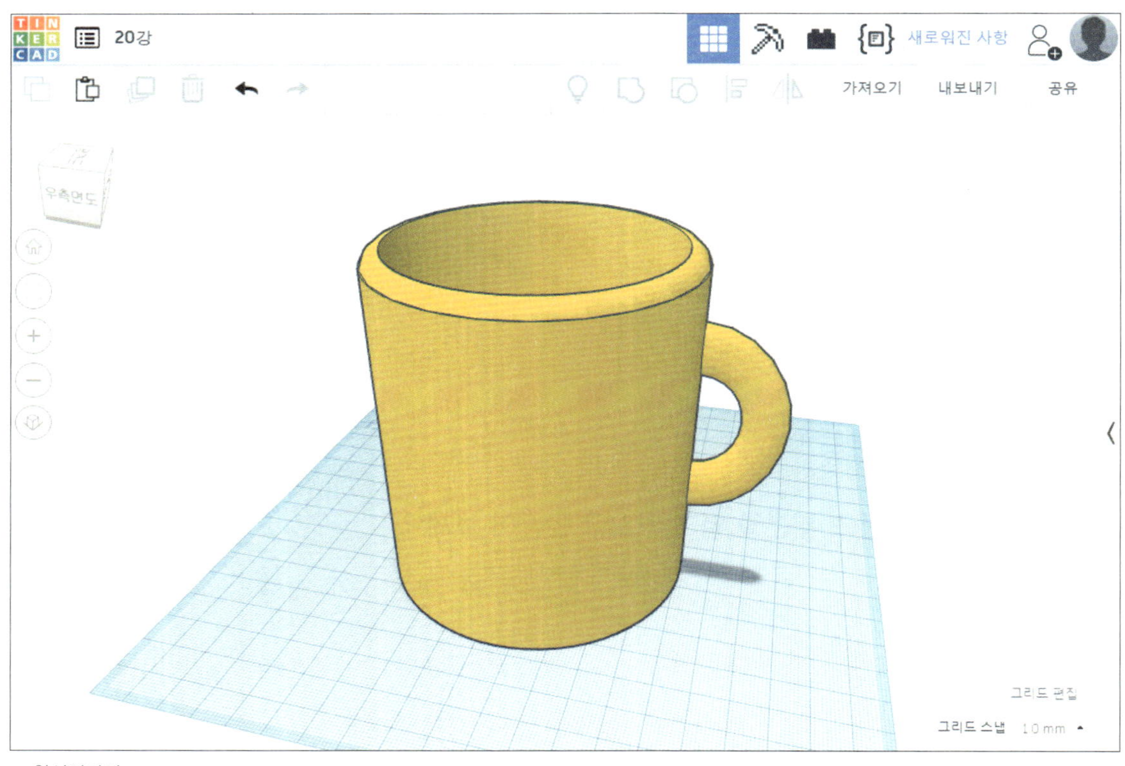

▲ 완성이미지

생각해보아요

컵은 하루에도 여러 번 사용하는 물건입니다. 그런데 대부분의 사람들은 자기가 좋아하는 컵만 사용하는 경우가 많습니다. 사용하기 편리하고 내가 원하는 디자인의 컵을 3D 프린터로 만드는 방법을 알아보도록 하겠습니다. 여러분이 사용하고 있는 컵은 어떻게 생겼는지 이야기를 나누고 내 마음에 쏙 드는 컵은 어떻게 만들어야 되는지 생각해 봅니다.

물이나 음료수를 담는 컵을 만들고 속을 비워 컵모양을 만드는 방법을 알아보겠습니다.

01 컵을 만들기 위해 모양 모음의 [기본 쉐이프]에서 '원통'을 선택하여 그림과 같이 삽입합니다.
(가로 : 90mm, 세로 : 90mm, 높이 : 100mm)

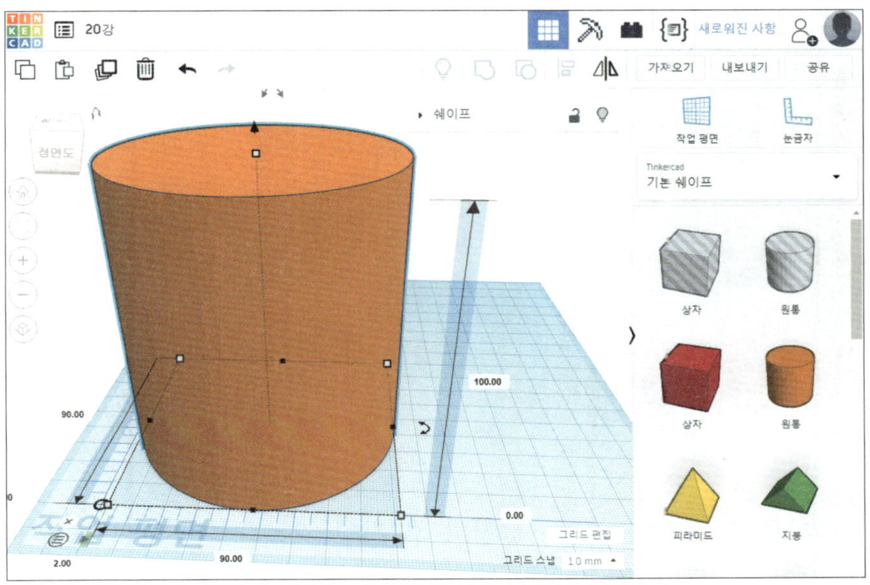

02 컵의 윗부분을 둥글게 만들기 위해 '토러스'를 삽입한 후 크기를 변경하고 그림과 같이 이전에 삽입한 도형 위에 절반 정도가 감춰지도록 위치를 바꿉니다.(가로 : 90mm, 세로 : 90mm, 높이 : 10mm)

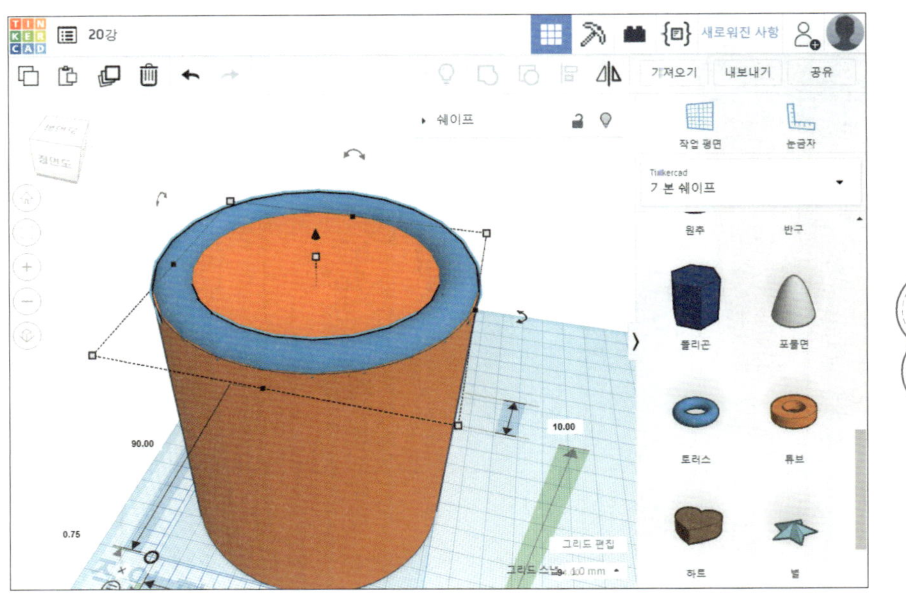

03 다시 '원통'을 삽입한 후 크기를 조절하고 투명한 도형으로 바꿉니다.
(가로 : 80mm, 세로 : 80mm, 높이 : 110mm)

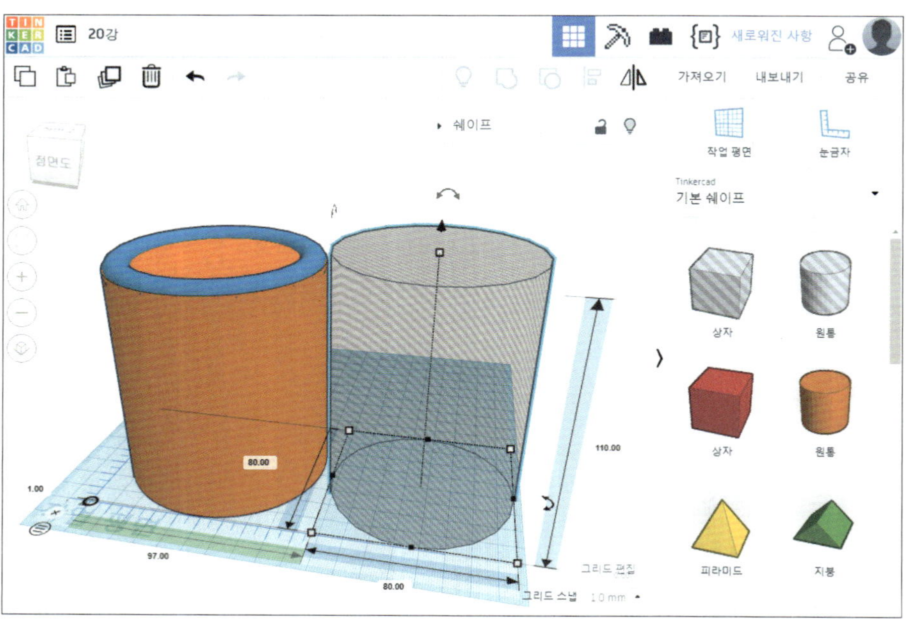

04 '원통'과 [작업 평면]과의 사이를 '5mm'가 되도록 설정한 후 정렬 기능을 이용하여 모든 도형을
정가운데 기준으로 정렬합니다.

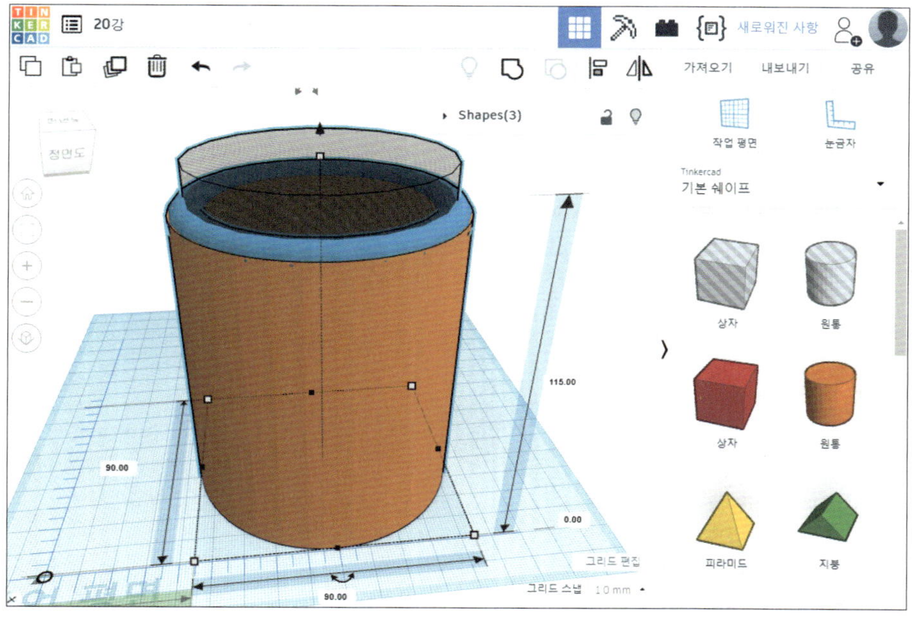

05 모든 도형을 선택한 후 상단 메뉴의 [그룹 만들기]를 클릭합니다.

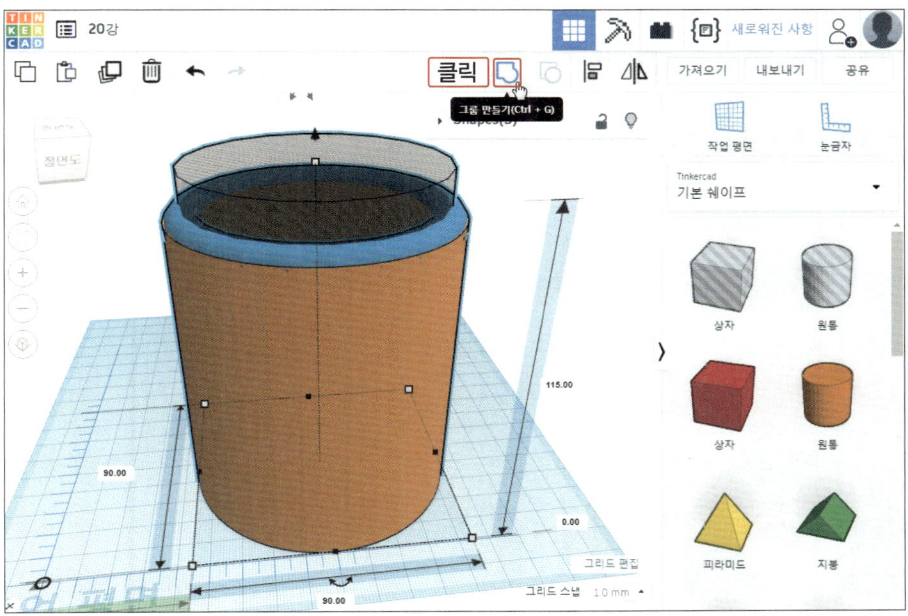

06 그림과 같이 중간 부분이 비워진 컵 모양이 만들어진 것을 확인할 수 있습니다.

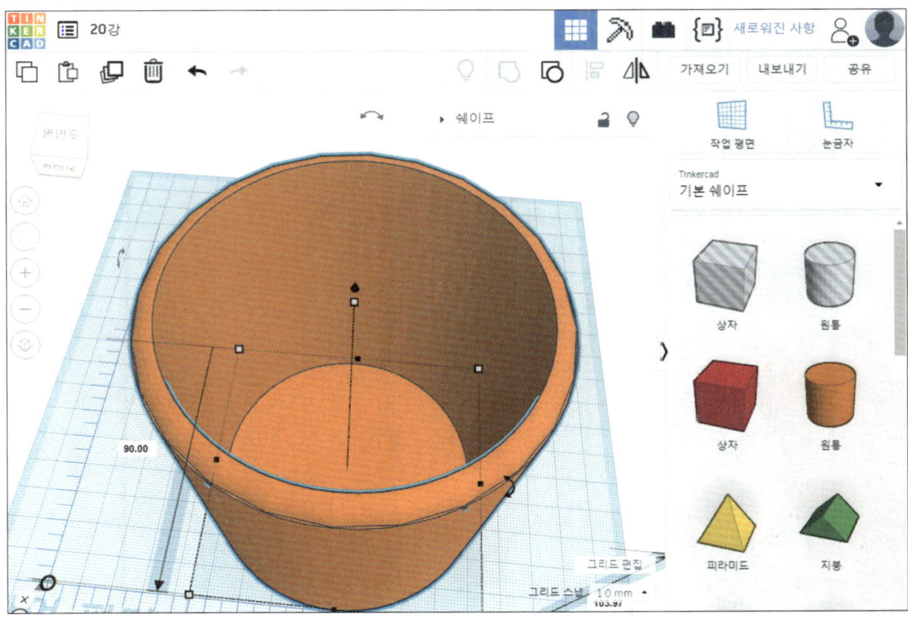

컵을 쉽게 들 수 있는 손잡이를 만들고 컵에 연결하는 방법을 알아보겠습니다.

01 손잡이를 만들기 위해 모양 모음의 [기본 쉐이프]에서 '토러스'를 선택해 삽입하고 크기를 조절합니다.(가로 : 50mm, 세로 : 60mm, 높이 : 7mm)

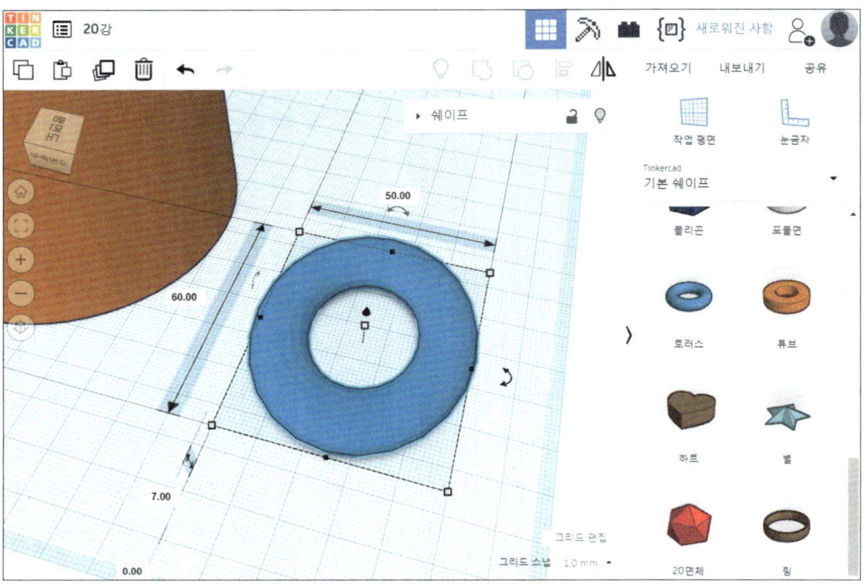

02 '상자'를 삽입한 후 크기를 조절하여 그림과 같이 손잡이 모양의 절반 정도를 가리도록 합니다.

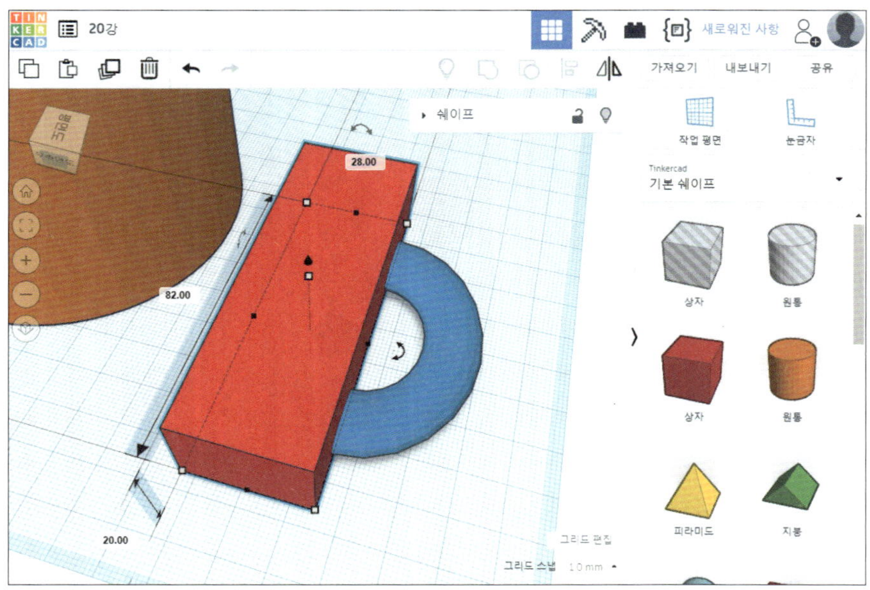

03 '상자'를 투명 도형으로 만든 후 손잡이 모양을 함께 선택한 후 그룹으로 설정합니다.

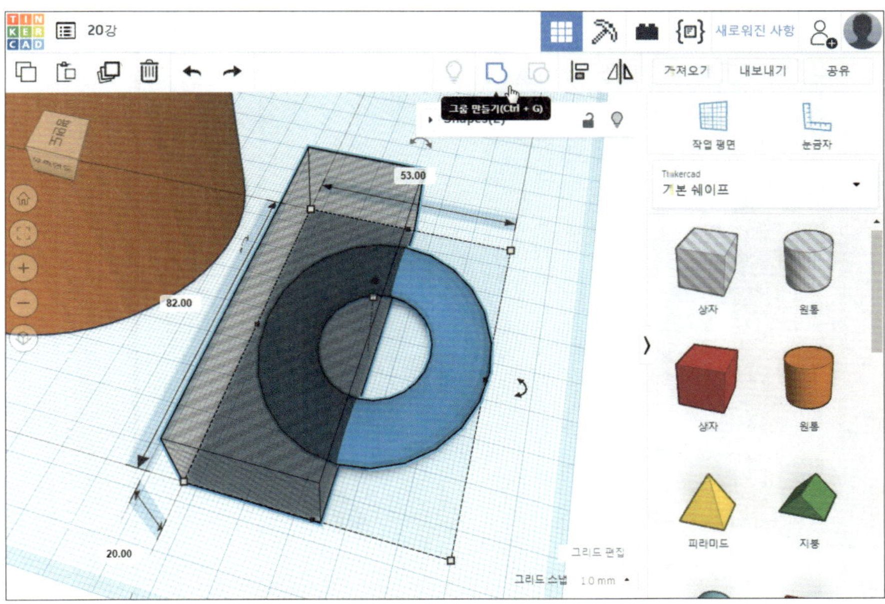

04 그림과 같이 손잡이 모양이 만들어지면 90도 회전시킵니다.

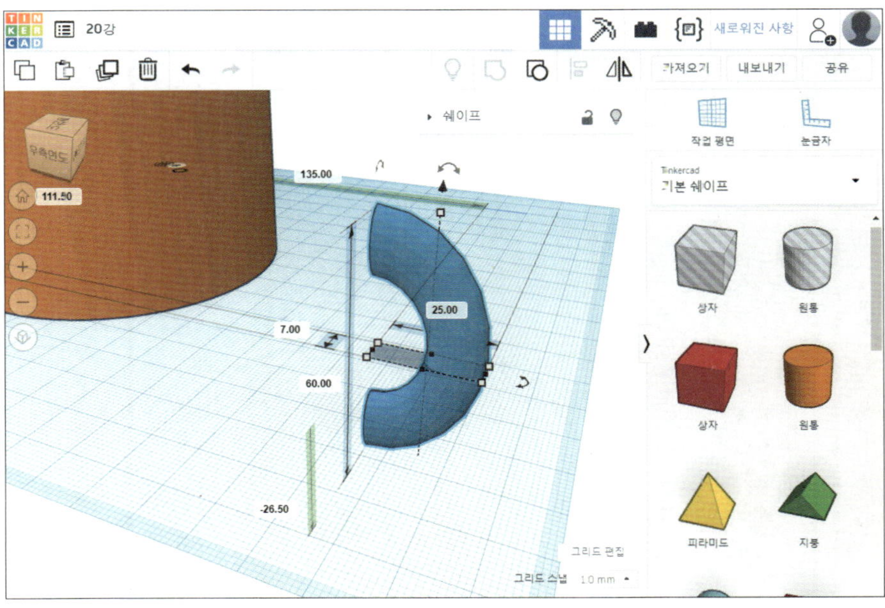

05 머그컵 중간 부분으로 가져간 후 컵 안쪽으로 약간 들어가도록 위치를 조절합니다.

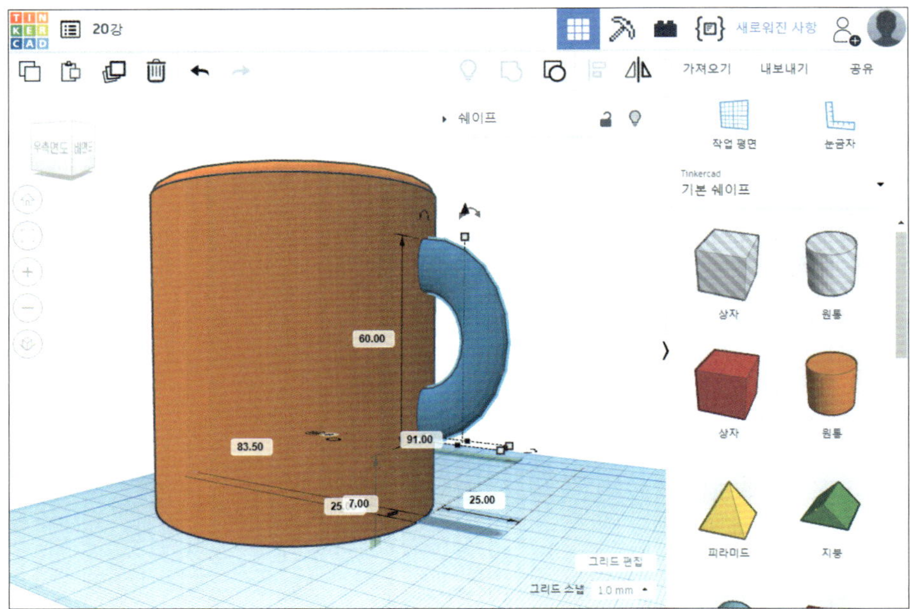

06 모든 도형을 그룹으로 설정하여 하나로 만든 후 원하는 색을 적용하여 머그컵을 완성합니다.

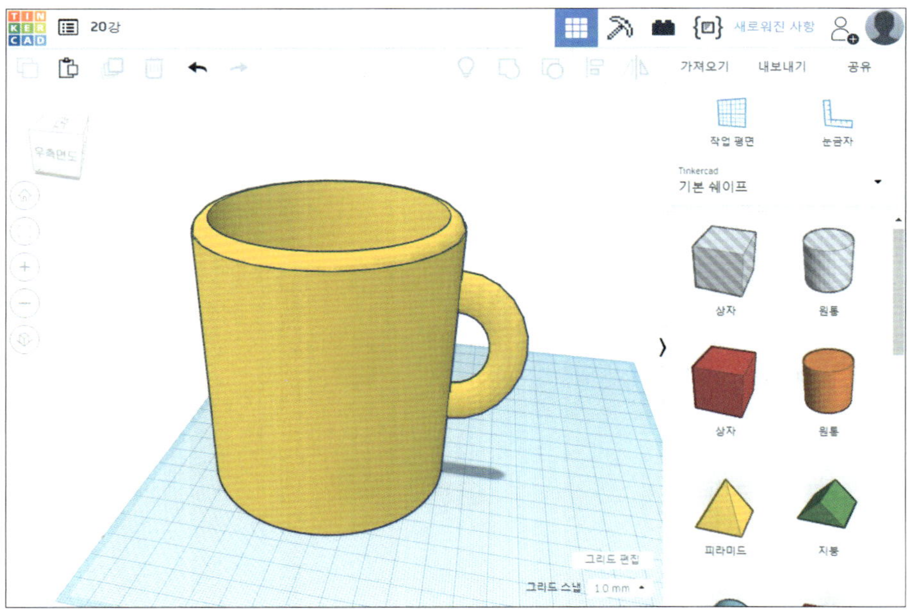

1 그림과 같이 손잡이 모양을 바꿔 보세요.

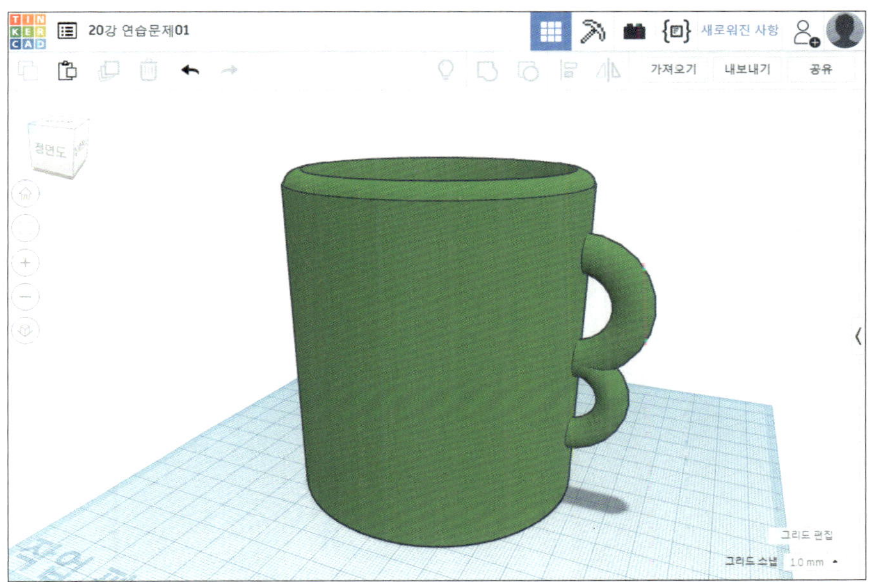

2 그림과 같은 모양의 컵을 만들어 보세요.

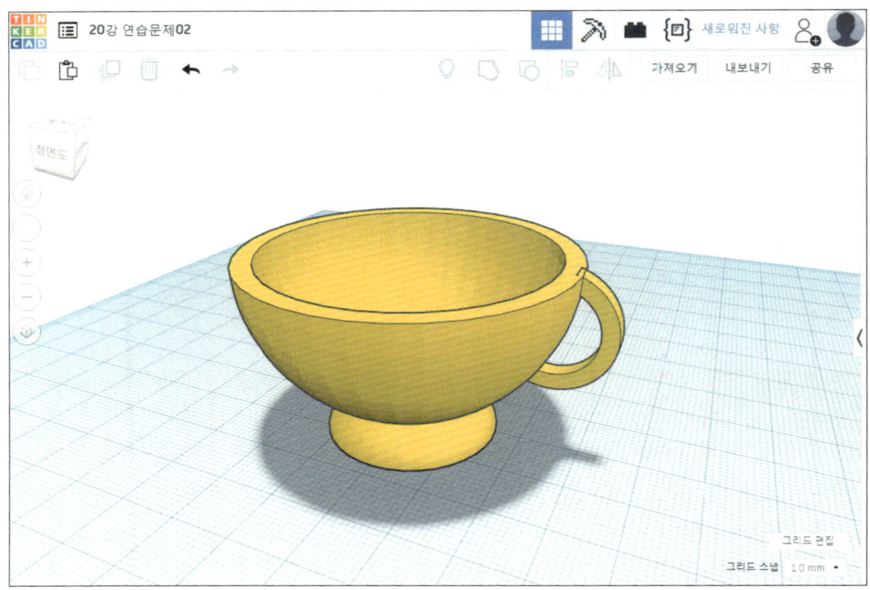

Chapter 21

동전 만들기

동전과 같이 글자와 그림이 입체로 표시되는 모양을 만들 수 있습니다. 나만의 재미있는 동전을 만드는 방법에 대해 알아보겠습니다.

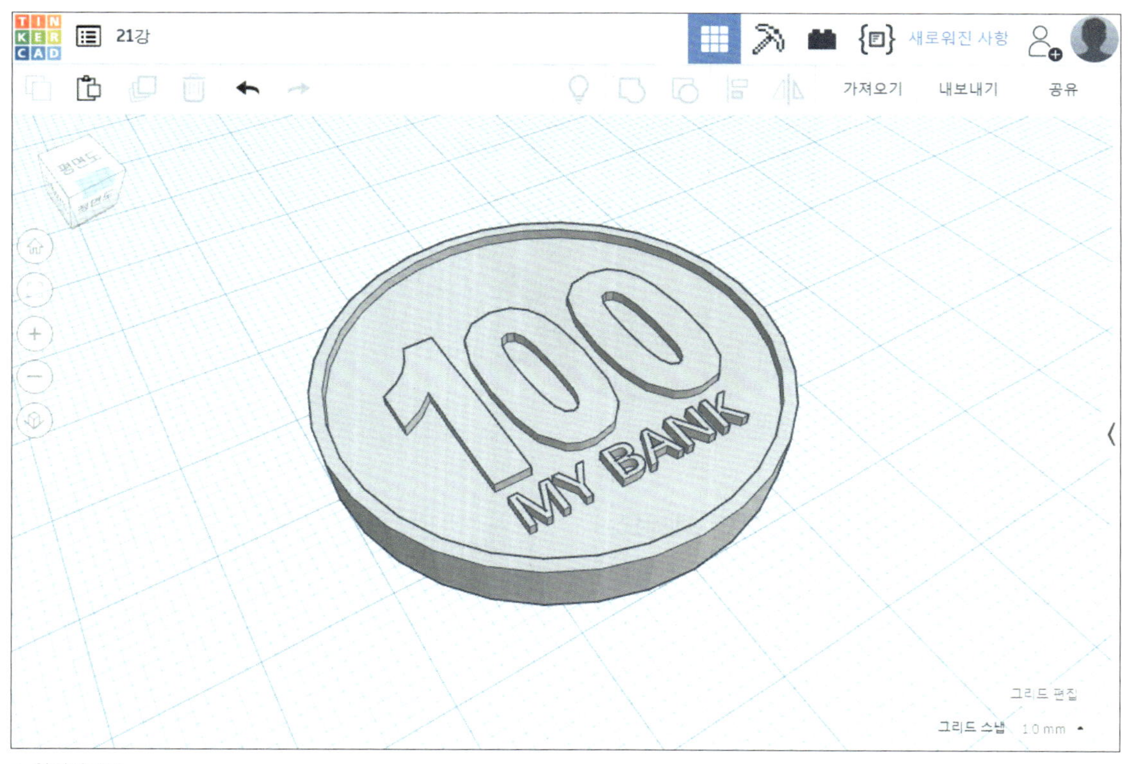

▲ 완성이미지

생각해보아요

우리가 사용하는 돈은 종이로 만든 지폐와 금속으로 만든 동전으로 나누어집니다. 대부분의 나라에서 작은 단위의 돈은 다양한 크기의 동전으로 만들어 집니다. 동전에는 돈의 단위와 제작한 곳의 이름, 날짜가 들어가는 경우가 많습니다. 우리가 사용하는 동전의 모양에 대해 살펴보고 미리 저장된 파일을 가져와 동전 모양을 완성해 봅니다.

01 저장된 파일로 만들기

팅커캐드에서 만들어 저장한 STL 파일을 가져와 동전을 만드는 방법을 알아보겠습니다.

01 미리 저장해 놓은 파일을 가져오기 위해 상단 메뉴에서 [가져오기]를 클릭합니다.

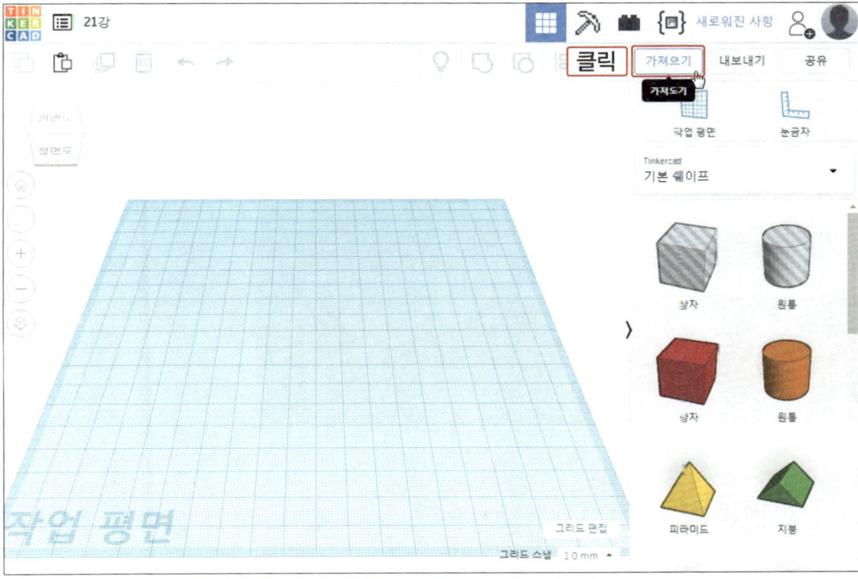

02 [열기] 대화상자가 열리면 [파일 선택] 단추를 클릭합니다. 파일이 저장되어 있는 위치를 선택한 후 'coin.stl' 파일을 선택하고 [열기] 단추를 클릭합니다.

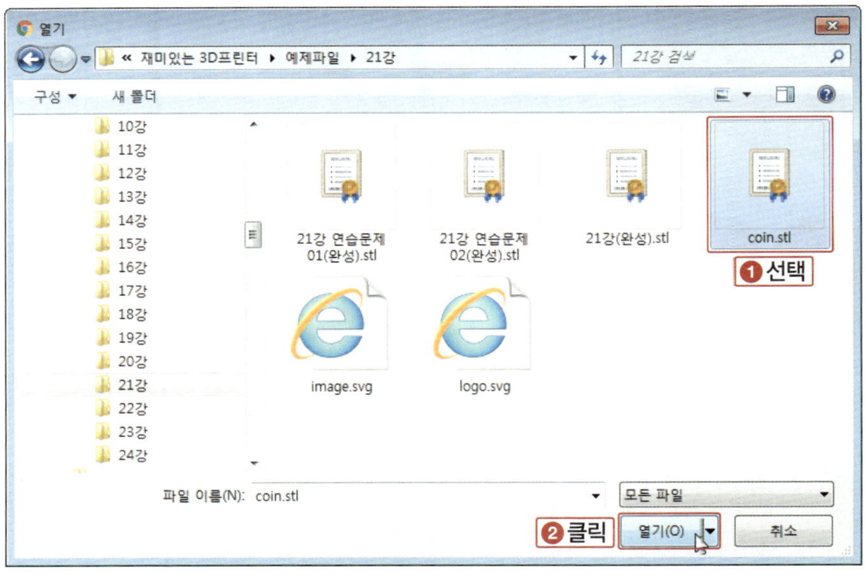

03 파일의 경로가 표시되면 [축척]은 '100%'로 선택한 후 [가져오기] 단추를 클릭합니다.

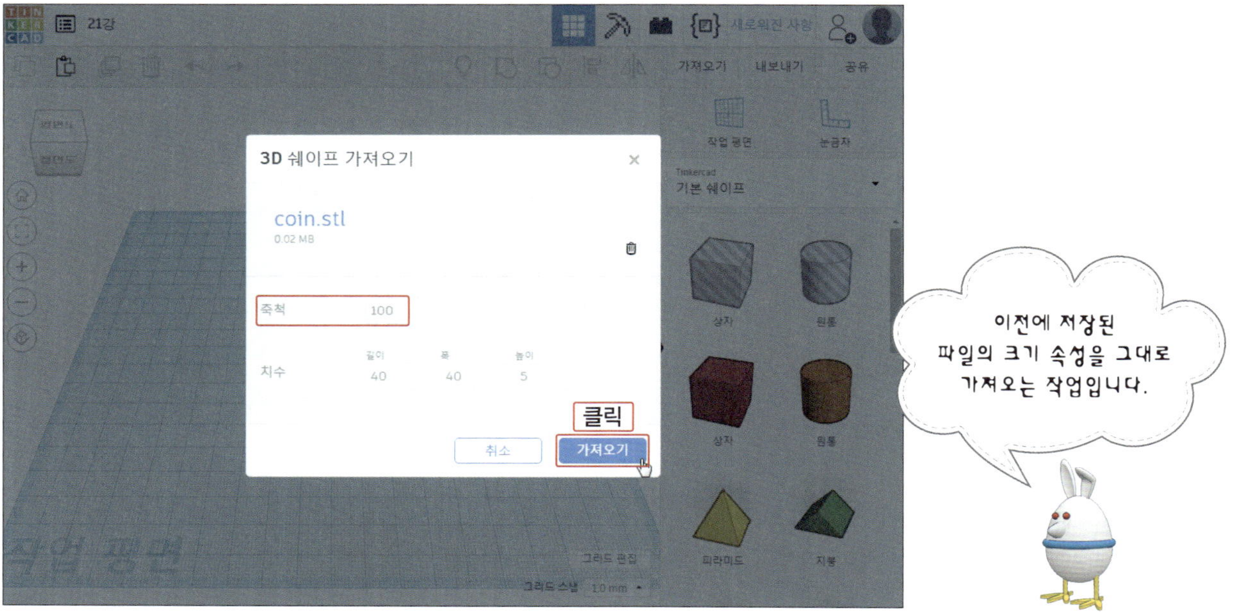

04 그림과 같이 동전 모양이 삽입되면 모양 모음의 [문자]에서 숫자를 가져와 그림과 같이 삽입합니다.

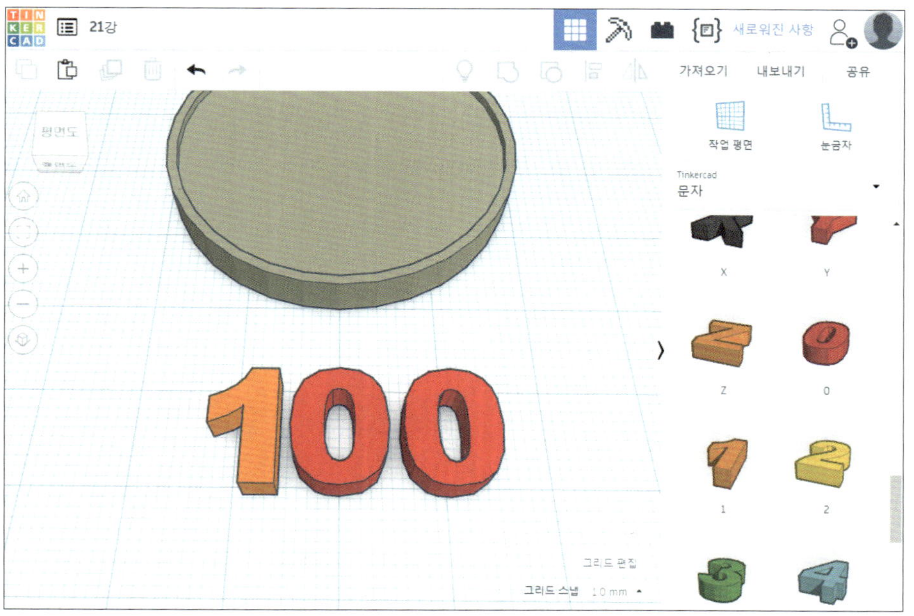

05 삽입한 숫자들을 모두 선택하여 그룹으로 설정한 후 가로 '27mm', 세로 '17mm', 높이 '3mm'가 되도록 설정합니다. [작업 평면]과의 간격을 '2mm'로 설정한 후 그림과 같이 동전 모양 정가운데에 위치하도록 만듭니다.

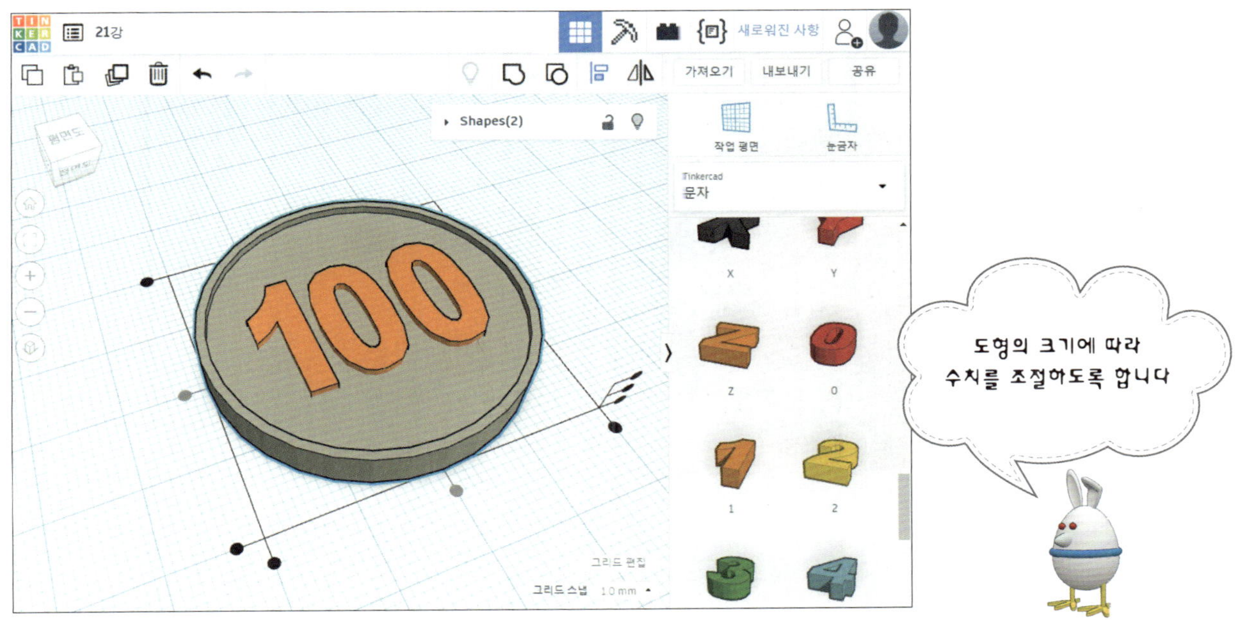

06 내용이 많은 텍스트를 빠르게 입력하기 위해 모양 모음의 [문자]에서 '문자'를 선택합니다. 도형이 삽입되면 [쉐이프] 대화상자의 [문자]에 'MY BANK'를 입력하고 [글꼴]은 'Sans'를 선택합니다.

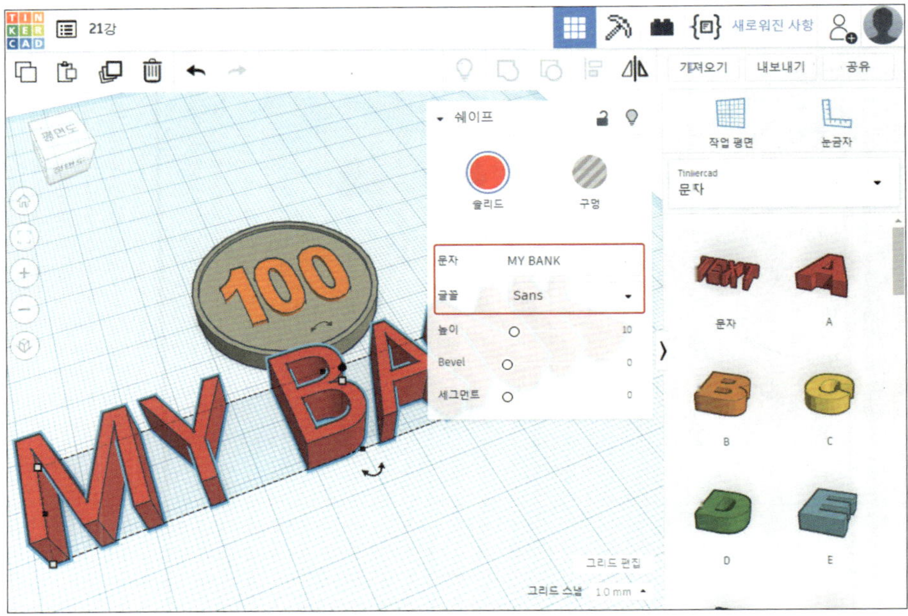

07 입력한 글자가 도형으로 만들어지면 가로 '20mm', 세로 '3mm', 높이 '3mm'로 설정하고 [작업 평면]과의 간격을 '2mm'로 설정한 후 동전 아랫부분으로 위치를 이동합니다.

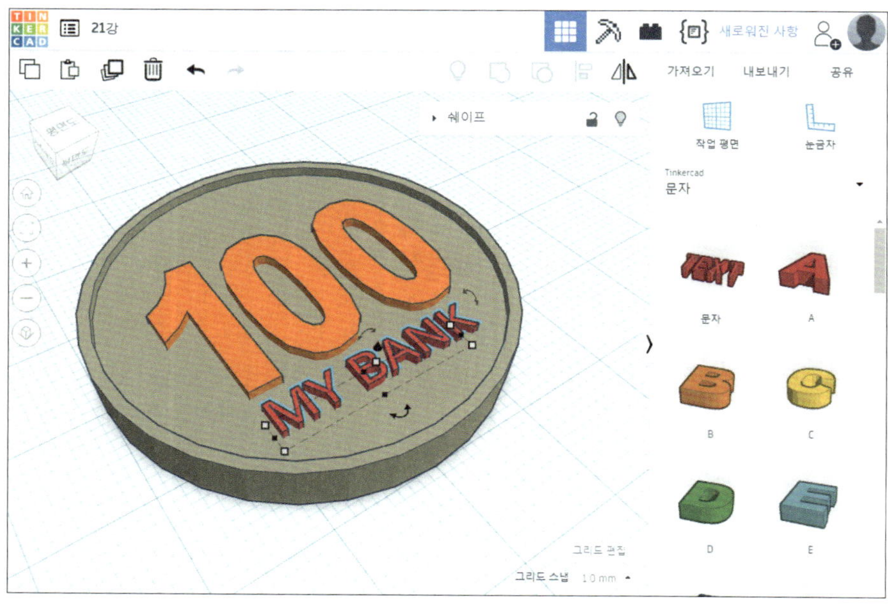

08 모든 도형을 선택한 후 그룹으로 설정하고 원하는 색을 선택해 동전 앞면을 완성합니다.

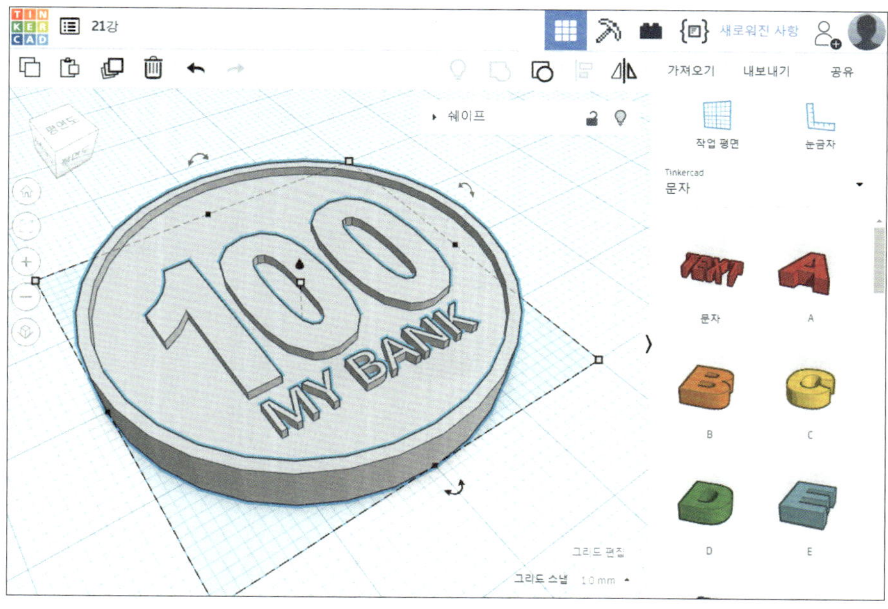

SVG 형식의 2D 이미지 파일을 가져와 활용하는 방법을 알아보겠습니다.

01 동전의 뒷면을 표시하기 위해 동전을 선택한 후 [반전]을 클릭한 후 표시되는 화살표에서 상/하 변경 화살표를 클릭합니다.

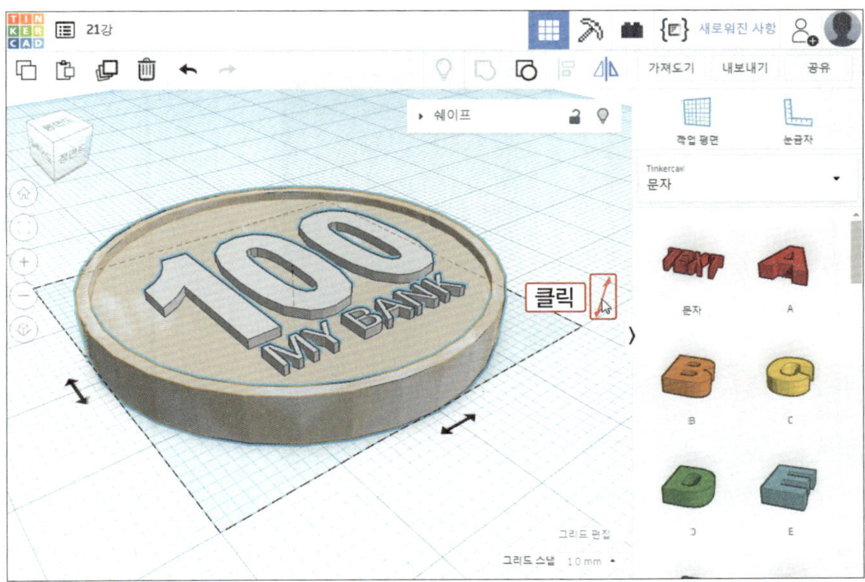

02 비어있는 뒷면이 표시되면 2D 이미지를 가져오기 위해 상단 메뉴에서 [가져오기]를 클릭한 후 [파일 선택] 단추를 클릭합니다.

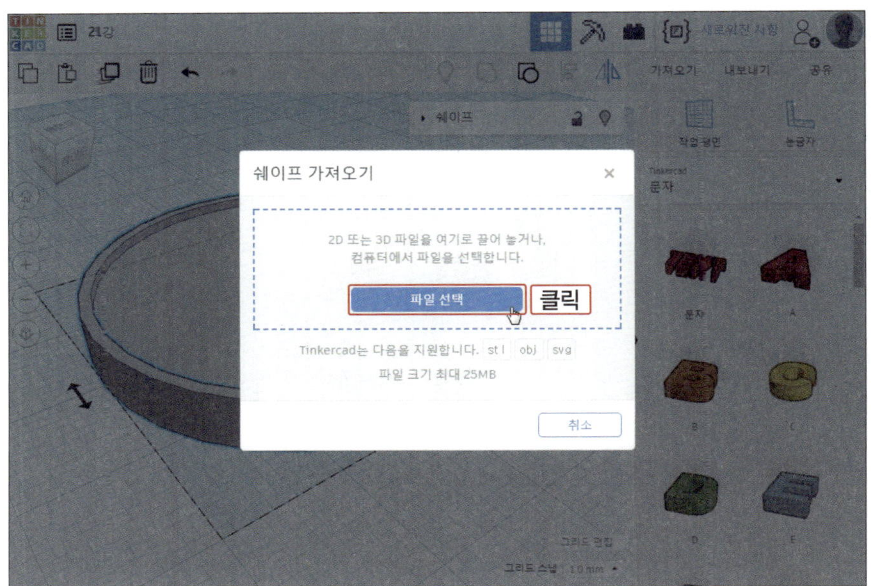

03 [열기] 대화상자가 열리면 파일이 저장되어 있는 위치를 선택한 후 'logo.svg' 파일을 선택하고 [열기] 단추를 클릭합니다. [Center on]은 'Art', [축척]은 '100'을 선택한 후 [가져오기] 단추를 클릭합니다.

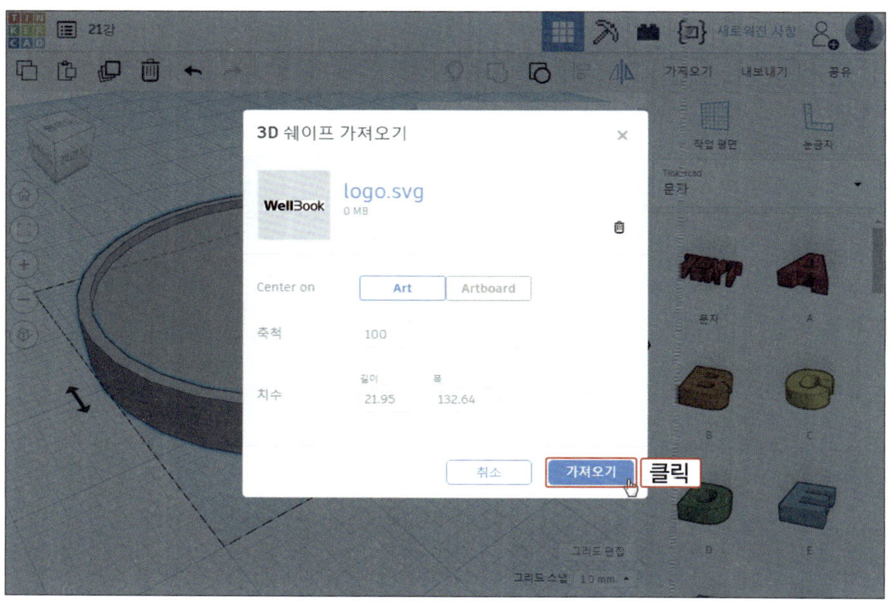

04 가져온 이미지의 크기를 축소한 후 [작업 평면]과의 간격을 '2mm'로 설정하면 그림과 같이 가져온 이미지가 표시되는 것을 확인할 수 있습니다. 모든 도형을 그룹으로 설정하여 완성합니다.

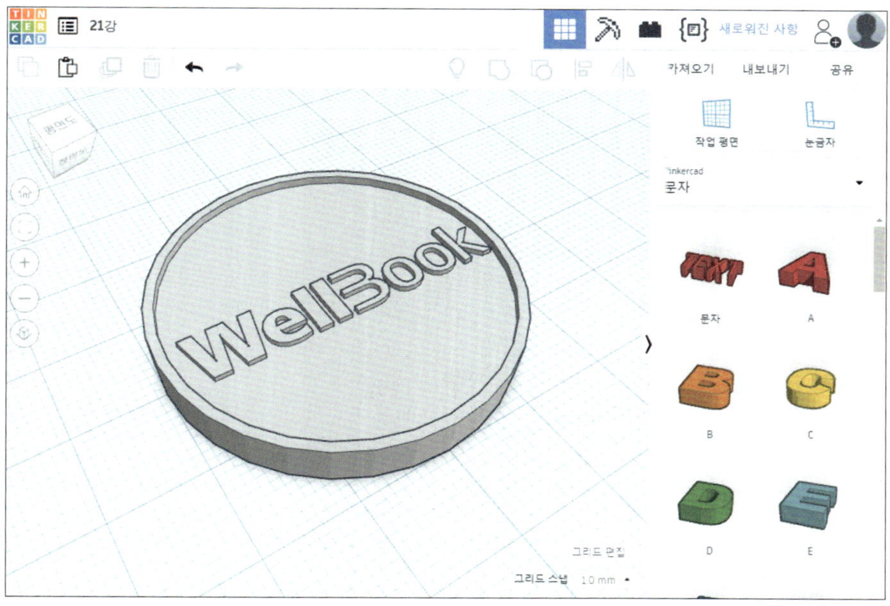

1 '`coin.stl`' 파일을 가져와 앞면을 그림과 같이 만들어 보세요.

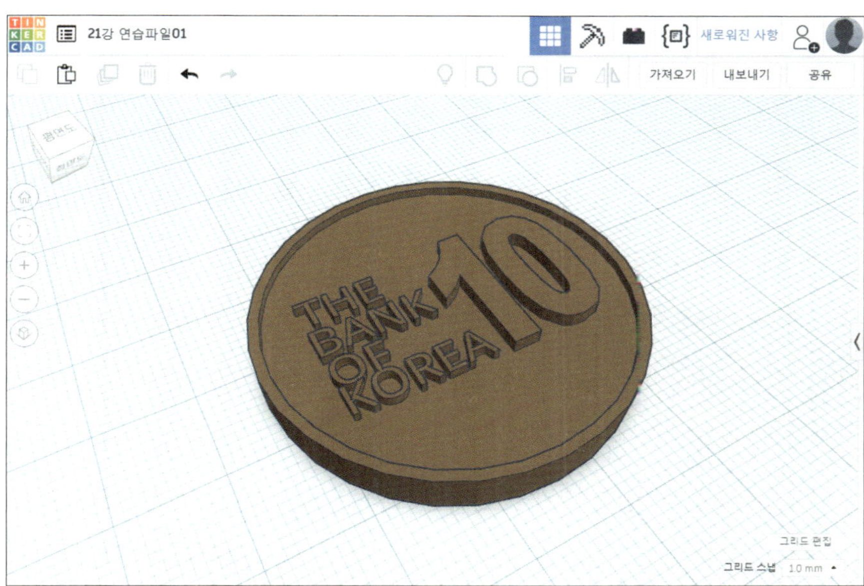

2 '`image.svg`' 파일을 가져와 뒷면을 그림과 같이 만들어 보세요.

스마트폰 거치대 만들기

영상을 감상할 때 편리하게 스마트폰을 세워놓을 수 있는 거치대를 만들고 블록 안에 사진을 삽입하는 방법을 알아보겠습니다.

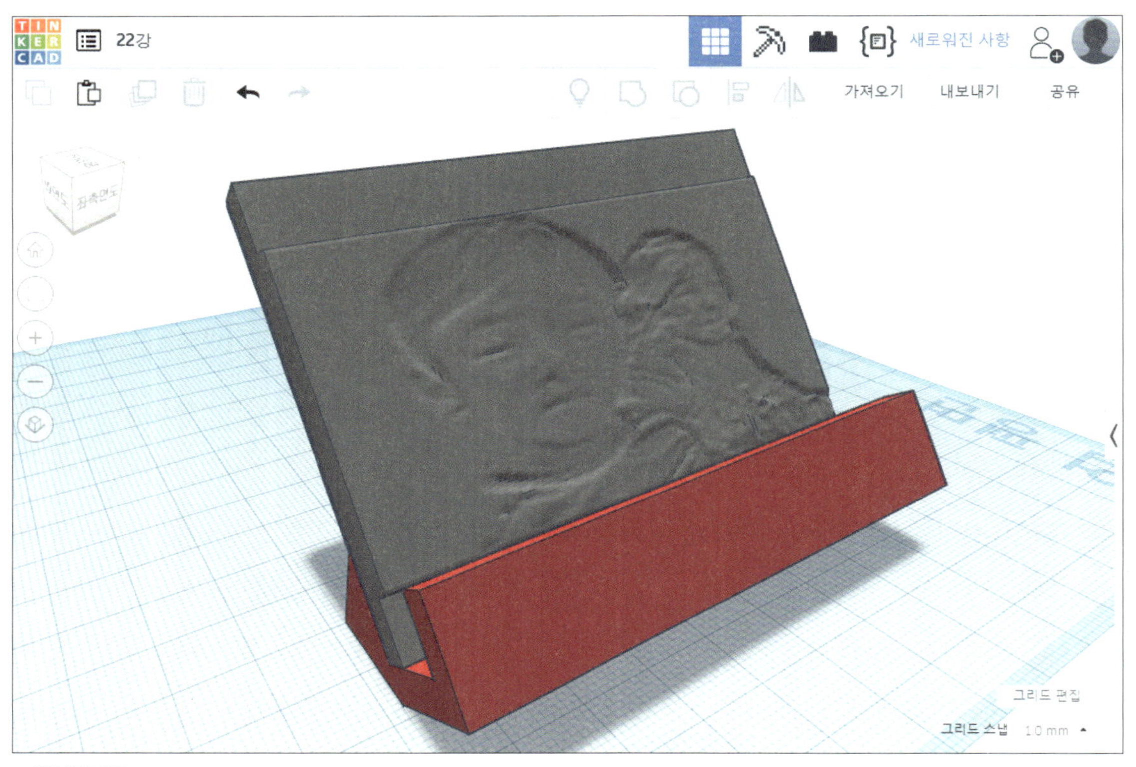

▲ 완성이미지

생각해보아요

스마트폰을 이용하여 영화나 동영상을 볼 때 계속 들고 있으려면 불편하겠죠? 또는 충전을 해야 할 때 바닥에 내려놓지 않고 세워둘 수 있다면 편리하겠죠? 스마트폰 거치대를 만들고 카메라로 찍은 사진을 가져와 입체로 표시하는 방법을 알아볼 것입니다. 내가 사용하는 스마트폰을 올려놓으려면 거치대의 크기를 어떻게 설정해야 하는지 알아보도록 합니다.

도형을 이용하여 거치대를 만들고 그룹 설정과 회전 기능을 이용하여 완성해 보겠습니다.

01 거치대를 만들기 위해 모양 모음의 [기본 쉐이프]에서 '상자'를 선택한 후 그림과 같이 삽입하고 크기를 조절합니다.(가로 : 5mm, 세로 : 10mm, 높이 : 20mm)

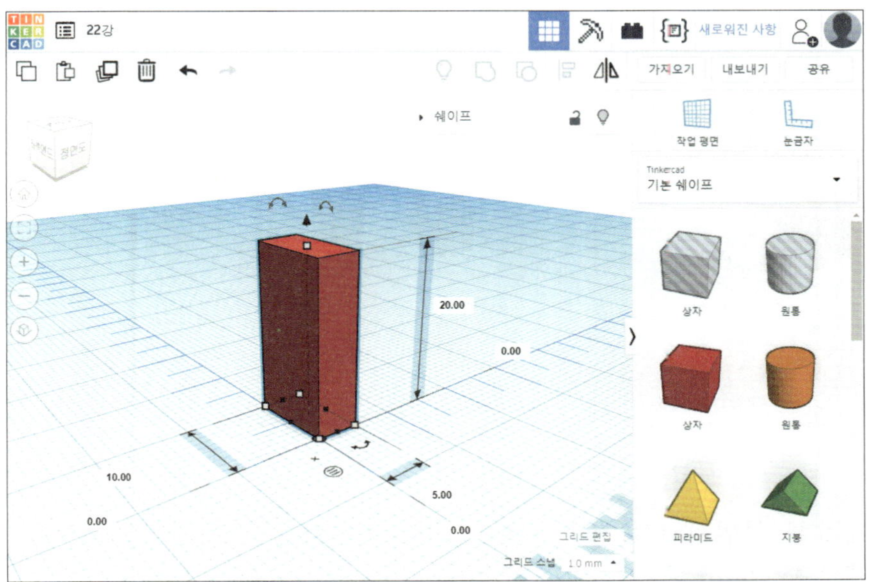

02 삽입한 도형 아래에 '상자'를 삽입하여 그림과 같은 모양이 되도록 만듭니다.
(가로 : 20mm, 세로 : 5mm, 높이 : 20mm)

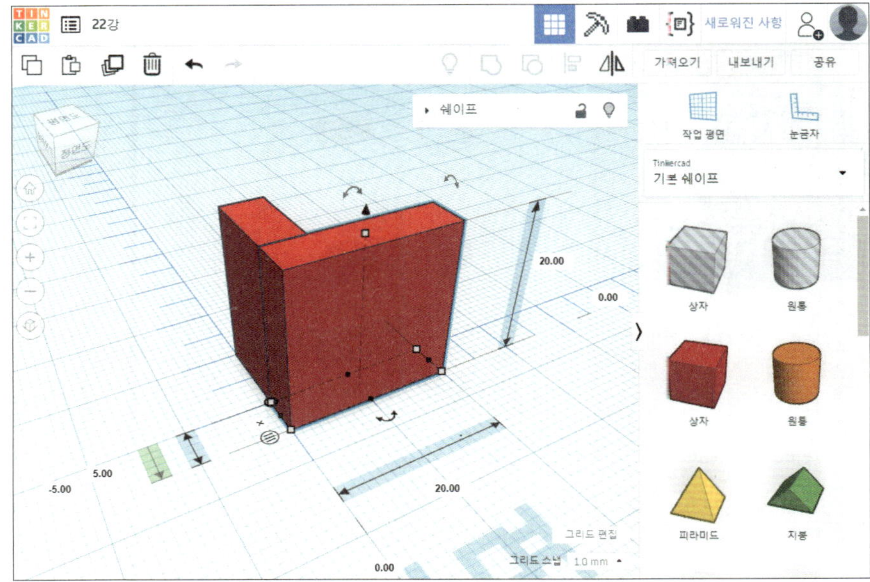

03 뒷면을 만들기 위해 '상자'를 삽입하여 그림과 같은 모양이 되도록 만듭니다.
(가로 : 65mm, 세로 : 1mm, 높이 : 20mm)

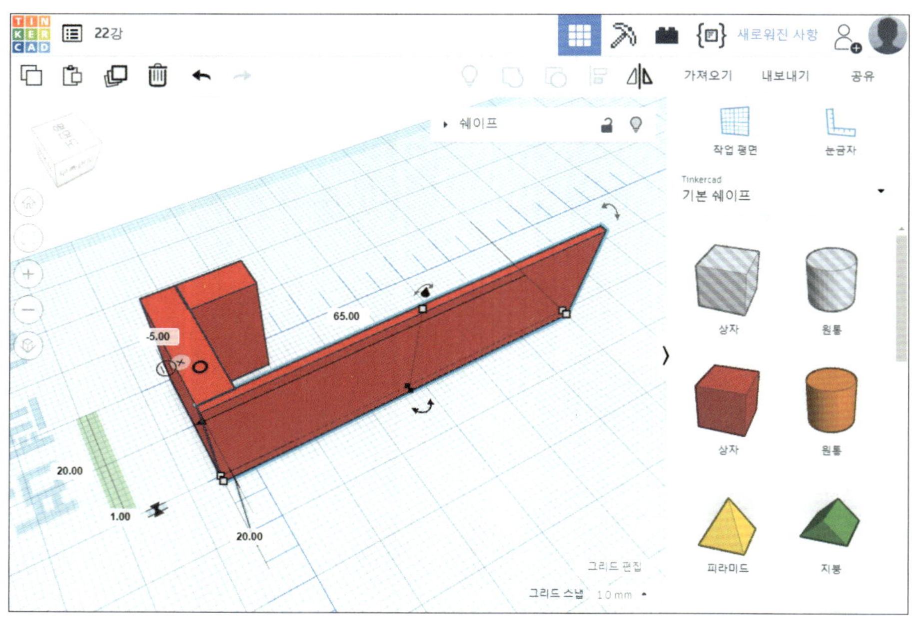

04 받침대를 만들기 위해 '쐐기'를 삽입하고 회전시킨 후 크기를 조절하고 그림과 같이 뒷면에 연결
합니다.(가로 : 15mm, 세로 : 20mm, 높이 : 20mm)

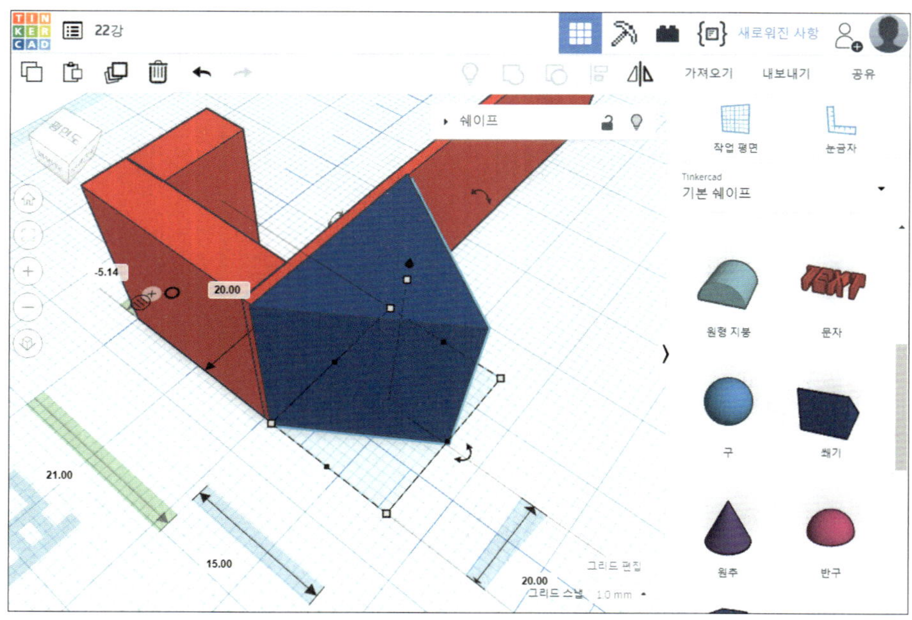

 모든 도형을 선택하여 그룹으로 설정한 후 90도 회전시켜 그림과 같이 만듭니다.

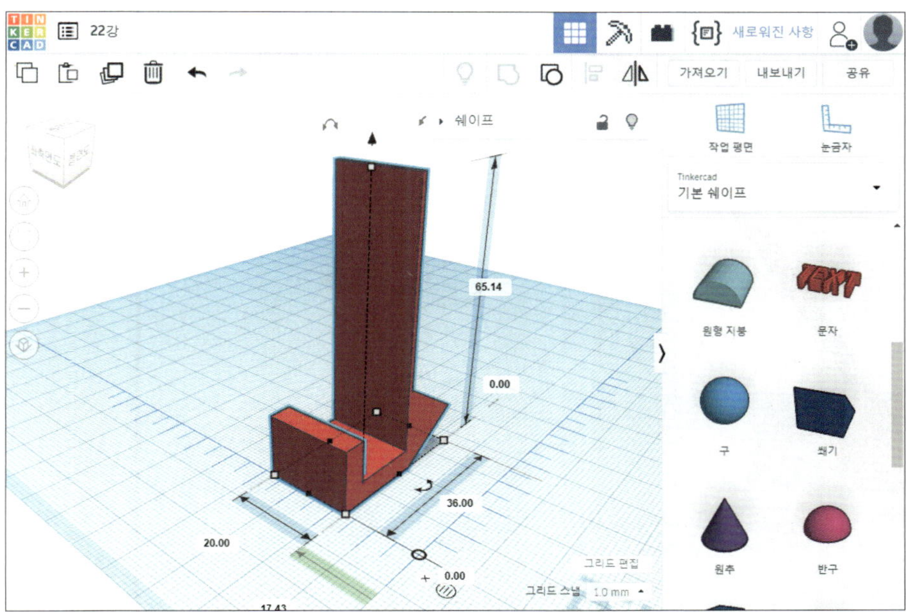

 그룹으로 설정된 도형의 가로 조절점을 드래그하여 너비를 '80mm'로 변경합니다.

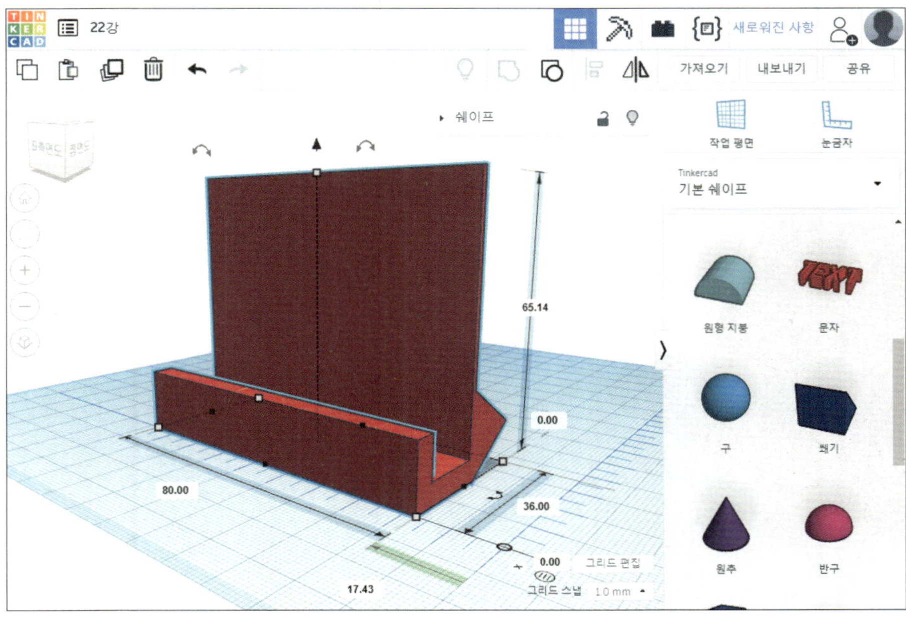

 받침대가 바닥에 일치하도록 도형을 회전시킨 후 [작업 평면]과의 간격을 조절합니다.

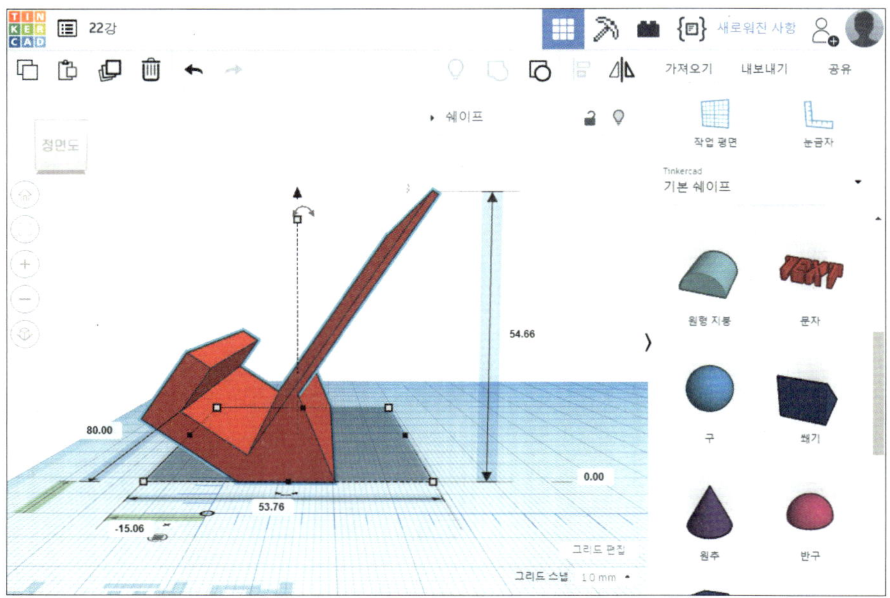

 그림과 같이 스마트폰 거치대가 만들어진 것을 확인할 수 있습니다.

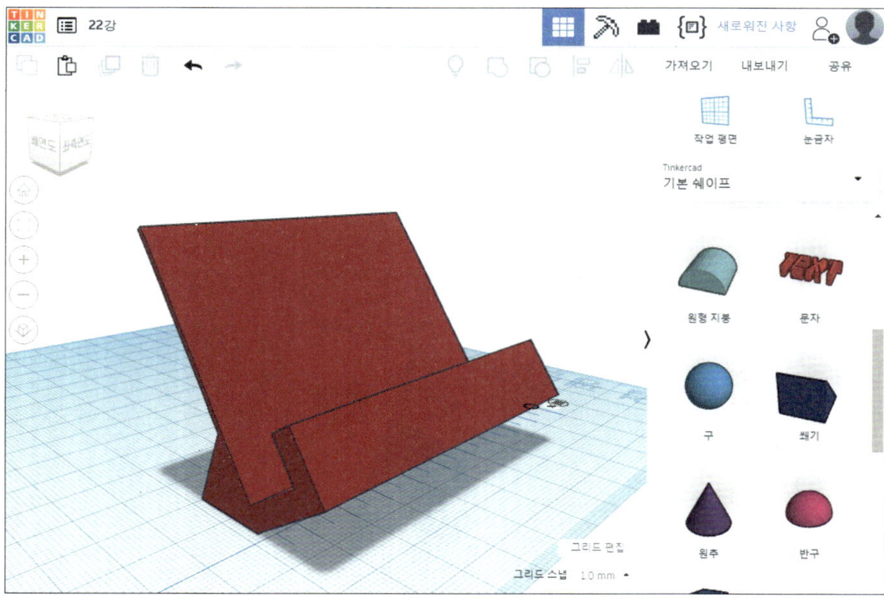

컴퓨터에 저장된 사진 파일을 도형에 넣는 방법을 알아보겠습니다.

01 도형에 사진을 넣기 위해 모양 모음의 [추천 모양 생성기]에서 'Image Generator'를 선택하여 삽입합니다.

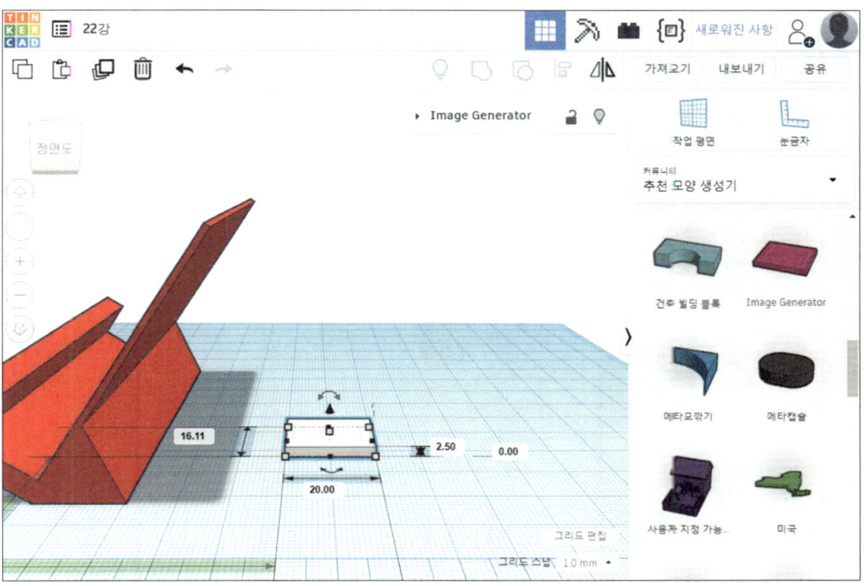

02 [Image Generator] 대화상자의 [그림]에서 [그림을 여기로 끌기]에 'pic.jpg' 파일을 드래그합니다. 그림과 같이 가져온 이미지가 표시되면 창을 닫습니다.

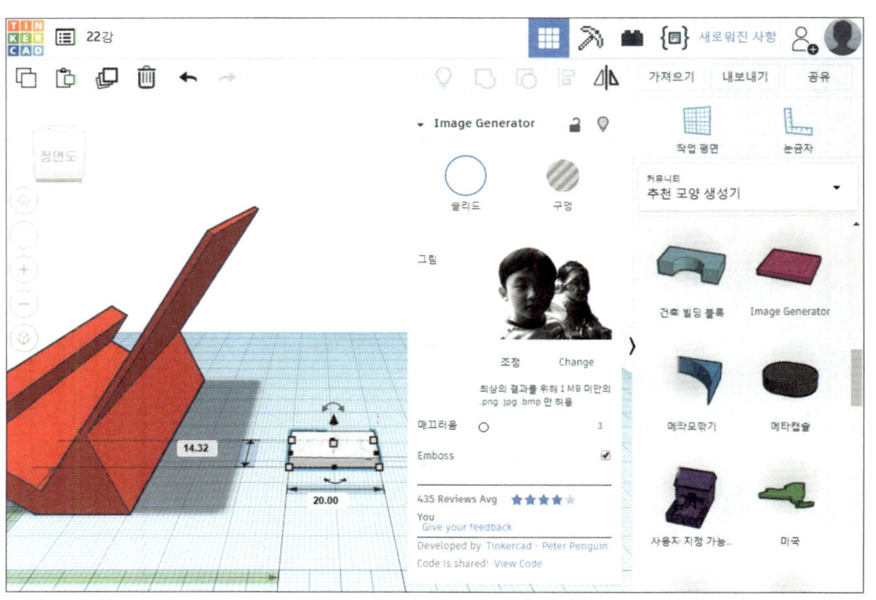

03 선택한 사진을 가져오면 도형의 크기를 조절하여 그림과 같이 만듭니다.
(가로 : 80mm, 세로 : 60mm, 높이 : 6mm)

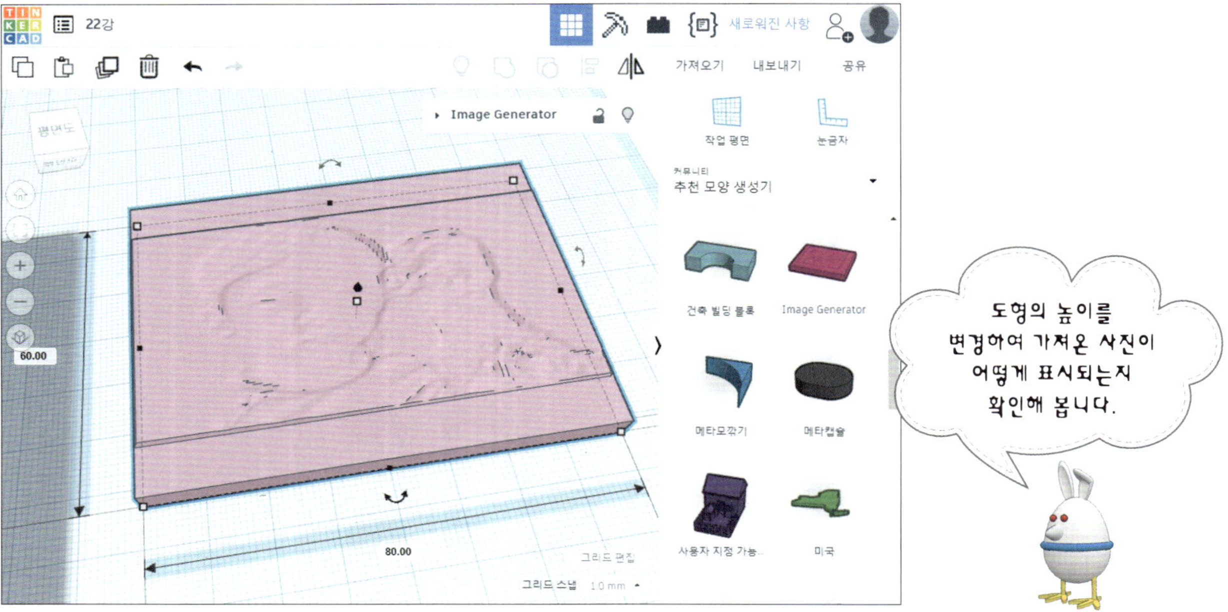

04 도형을 회전시킨 후 거치대에 그림과 같이 연결하고 색을 바꾸어 완성합니다.

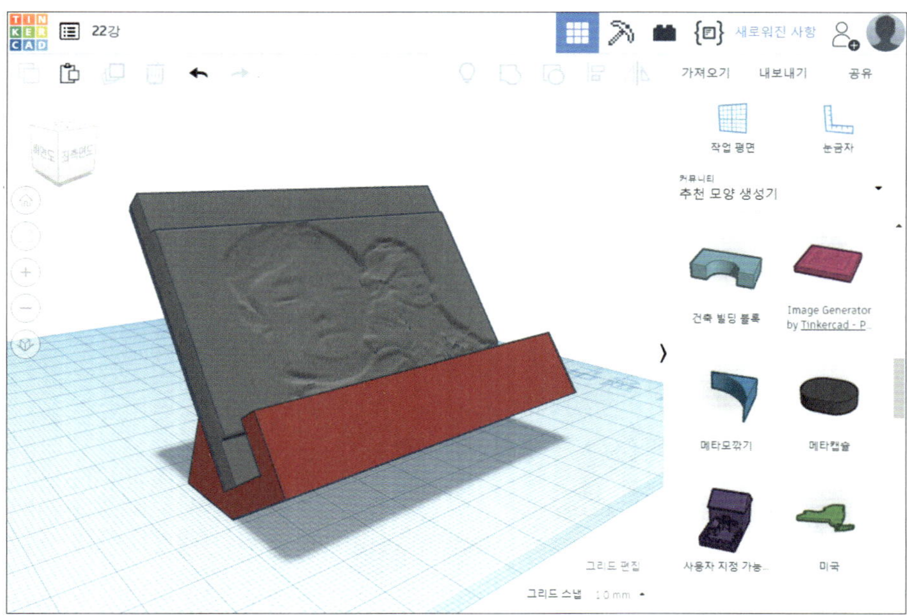

1 거치대 받침대를 그림과 같이 만들어 보세요.

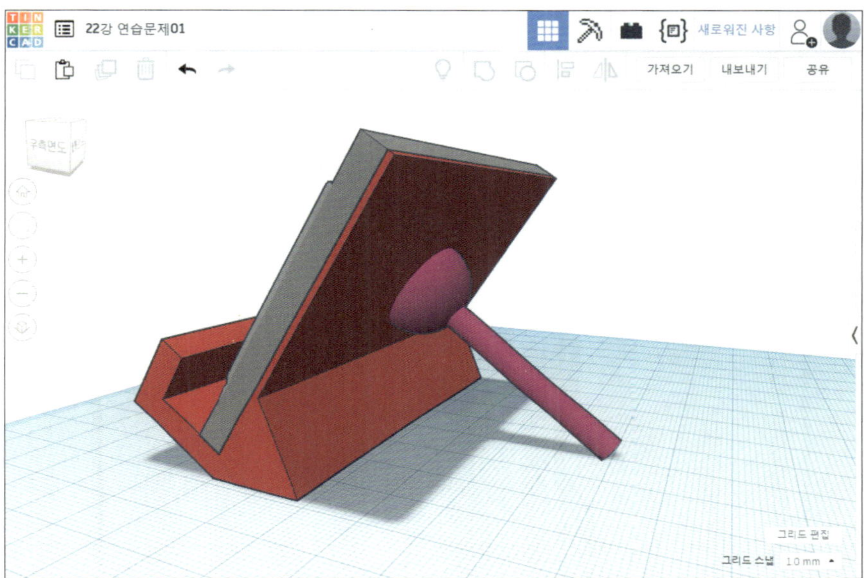

2 도형에 'kid.jpg' 파일을 삽입하여 그림과 같이 만들어 보세요.

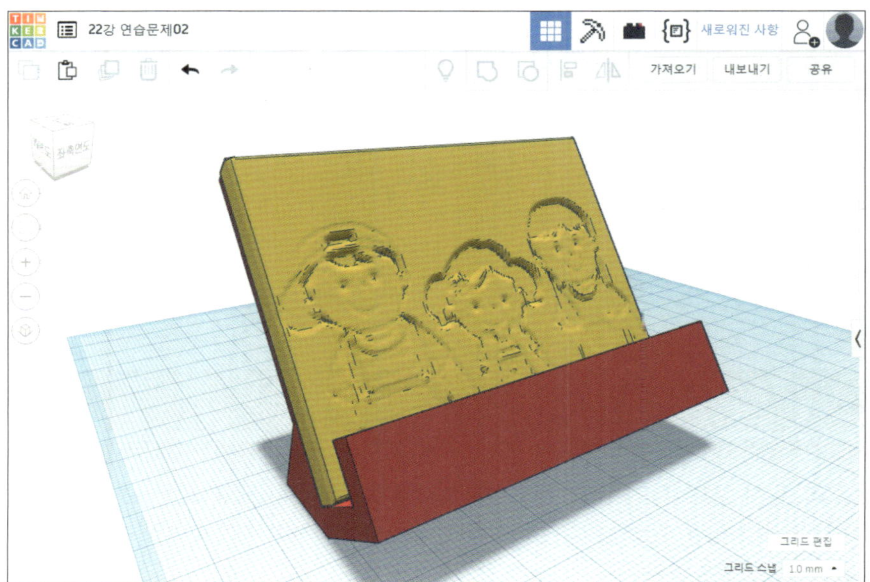

Chapter 23
캐릭터 보관함 만들기

팅커캐드의 [추가 항목] 블록을 이용하여 계란 모양의 재미있는 보관함을 만들어 보겠습니다. 뚜껑을 여닫을 수 있도록 만드는 방법도 알아보겠습니다.

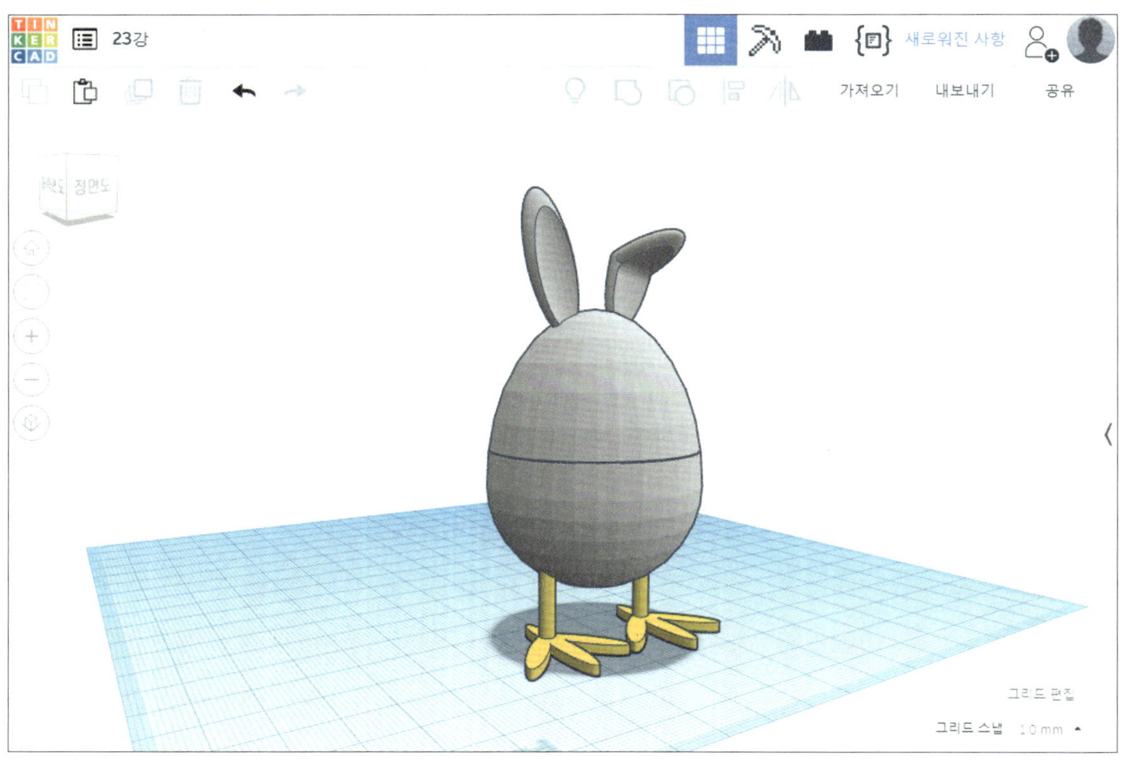

▲ 완성이미지

생각해보아요

팅커캐드에서 사용되는 블록은 그리 많지 않습니다. 하지만 이런 블록을 어떻게 조합하여 연결하고, 적절한 곳에 사용하느냐에 따라 상상하지 못한 재미있는 결과물을 만들 수 있습니다. [추가 항목] 블록을 이용하여 속이 비어있는 재미있는 보관함을 만들어 보고 다른 도형을 이용하여 꾸며보도록 합니다.

[추가 항목] 블록 중에서 계란 모양의 도형을 가져와 삽입하고 속이 비어있는 모양으로 만들어 보겠습니다.

01 오른쪽 모양 모음의 [추가 항목]에서 '계란'을 선택해 그림과 같이 삽입합니다.
(가로 : 45mm, 세로 : 45mm, 높이 : 60mm)

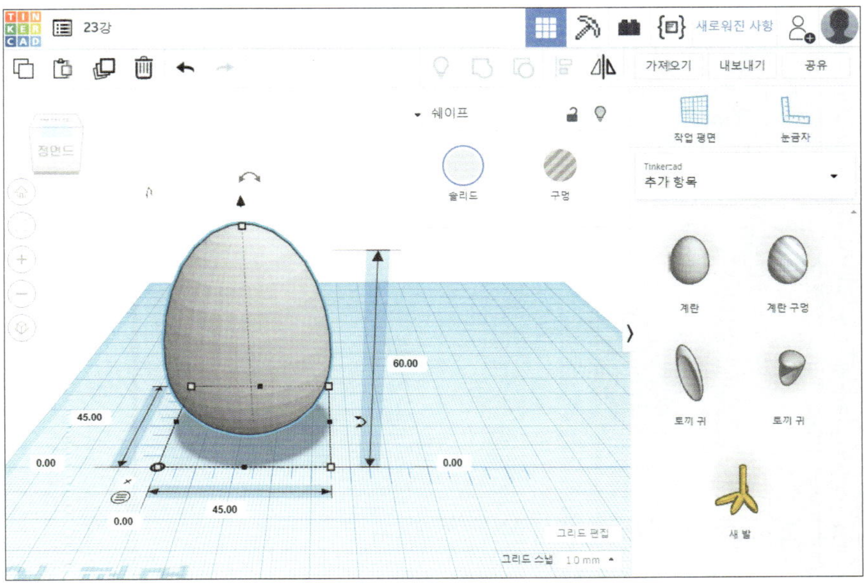

02 '계란 구멍'을 삽입한 후 이전에 삽입한 계란 모양 도형보다 작게 크기를 조절한 후 [작업 평면]과의 간격을 '1mm'로 설정합니다.(가로 : 43mm, 세로 : 43mm, 높이 : 58mm)

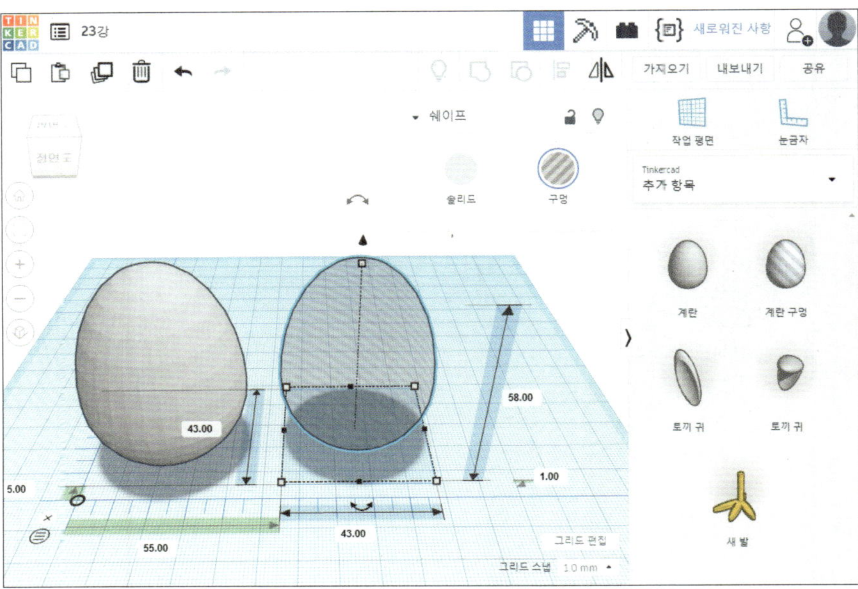

03 도형을 모두 선택한 후 [정렬]을 클릭합니다. 조절점이 표시되면 정가운데를 기준으로 정렬하고 그룹으로 설정합니다.

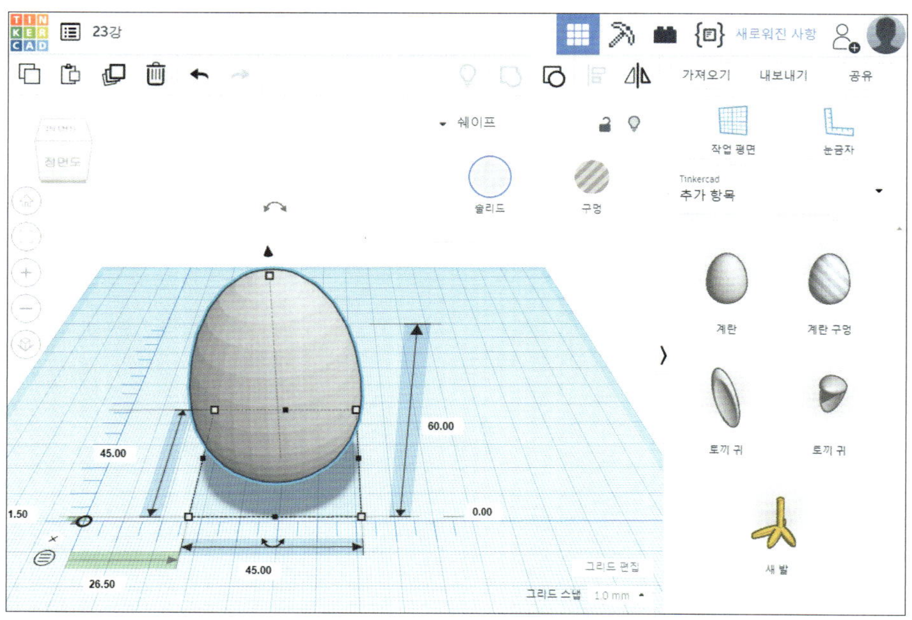

04 그룹 설정된 도형을 하나 더 복사하여 그림과 같이 오른쪽에 가져다 놓습니다.

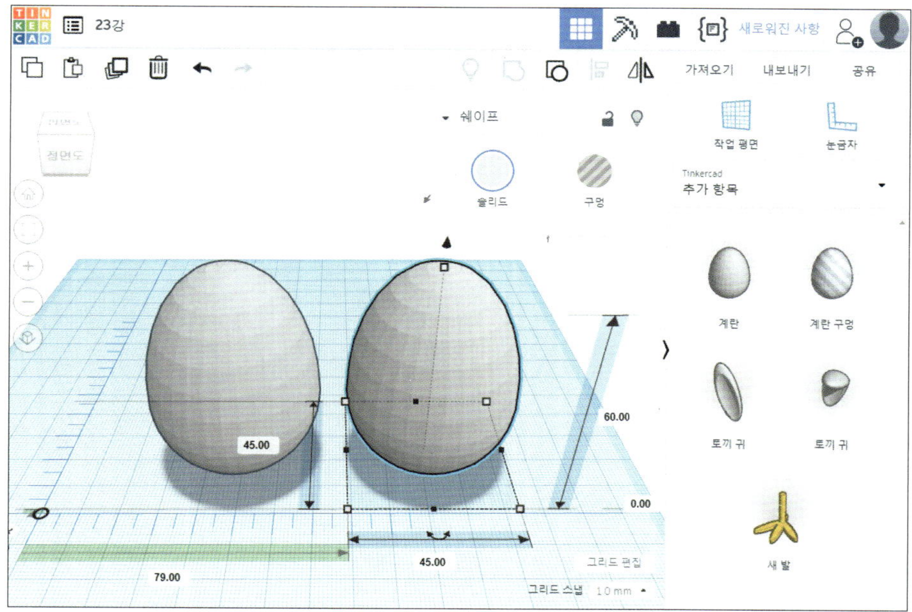

05 [기본 쉐이프]에서 '상자'를 선택하고 높이를 '30mm'로 설정한 후 [작업 평면]과의 사이 간격을 '30mm'로 설정합니다. 그림과 같이 왼쪽 계란의 윗부분이 가려지도록 가로와 세로 크기를 조절합니다.

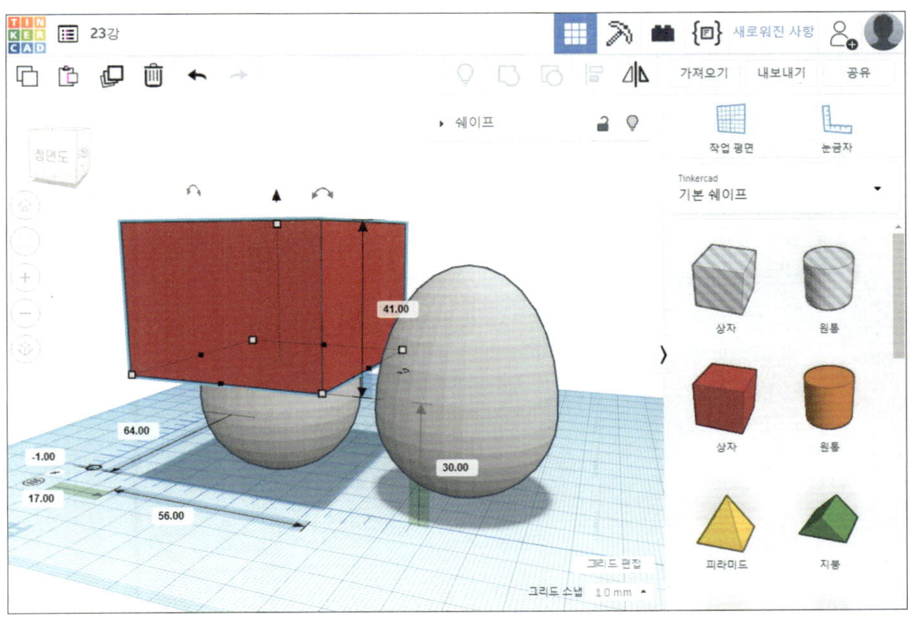

06 '상자' 도형을 투명하게 설정한 후 계란 모양 도형과 함께 선택하고 그룹으로 설정합니다. 계란의 아래 부분만 남게 됩니다.

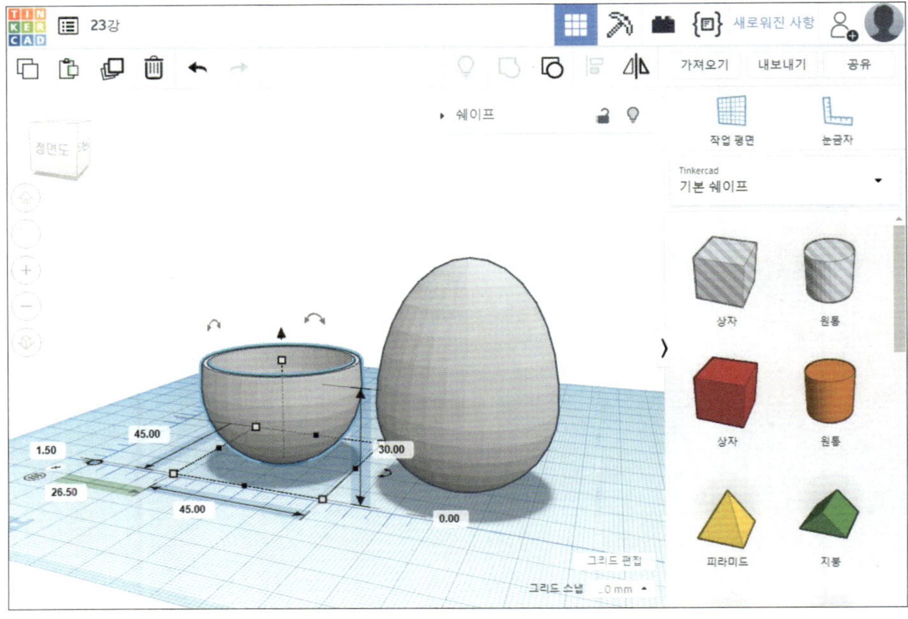

 같은 방법을 이용하여 오른쪽의 계란 모양은 윗부분만 남도록 만듭니다.

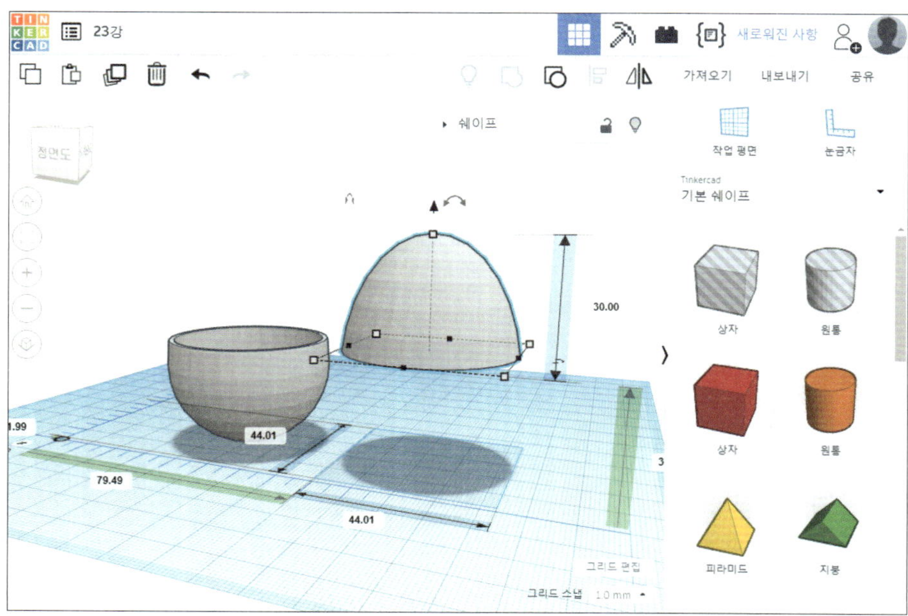

08 [기본 쉐이프]에서 '튜브'를 선택해 삽입하고 가로와 세로의 크기를 '43mm'로 설정합니다. 그림과 같이 왼쪽의 계란 아랫부분 모양 윗부분에 삽입하고 '1mm'만 튀어나오도록 만듭니다.

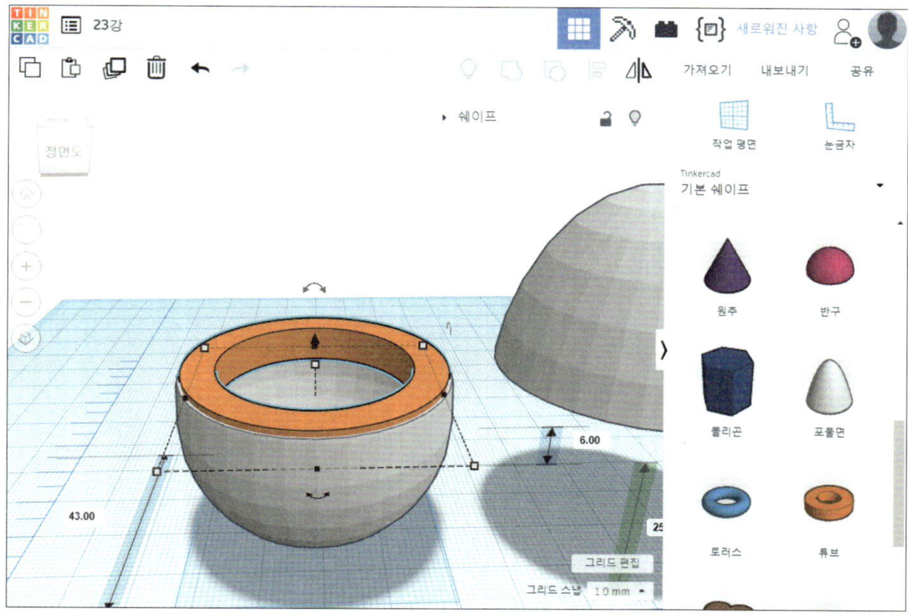

병아리의 다리와 토끼의 귀를 만들어 재미있는 모양을 만들어 보겠습니다.

01 모양 모음의 [추가 항목]에서 '새 발'을 삽입하고 복사하여 그림과 같이 2개의 다리를 만듭니다.

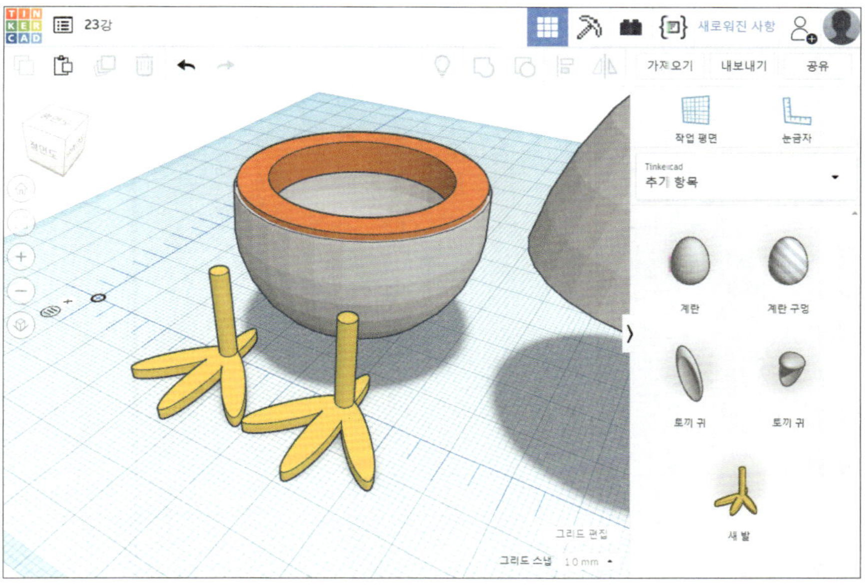

02 보관함 아랫부분을 드래그하여 [작업 평면]과의 사이 간격을 '12mm'로 조절한 후 다리 위에 가져다 놓습니다.

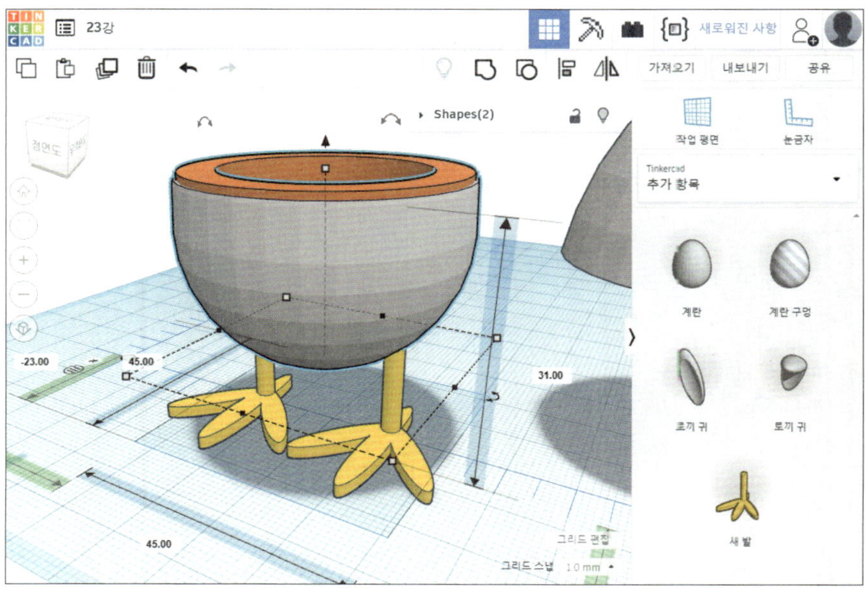

03 [추가 항목]에서 두 모양의 '토끼 귀'를 가져와 삽입하고 보관함 윗부분에 가져가 그림처럼 만듭니다.

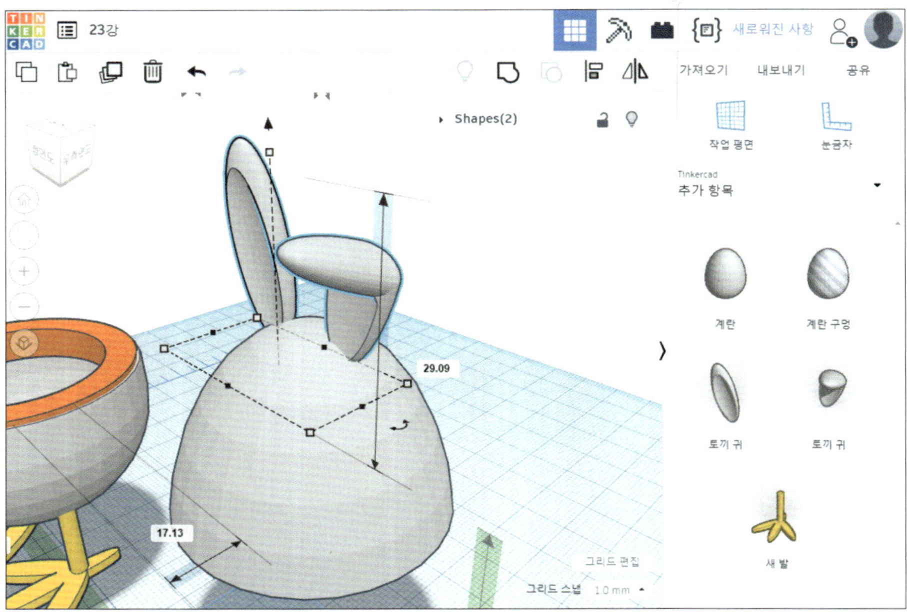

04 보관함 윗부분을 아랫부분의 위로 가져가 하나의 캐릭터 보관함으로 만들어 완성합니다.

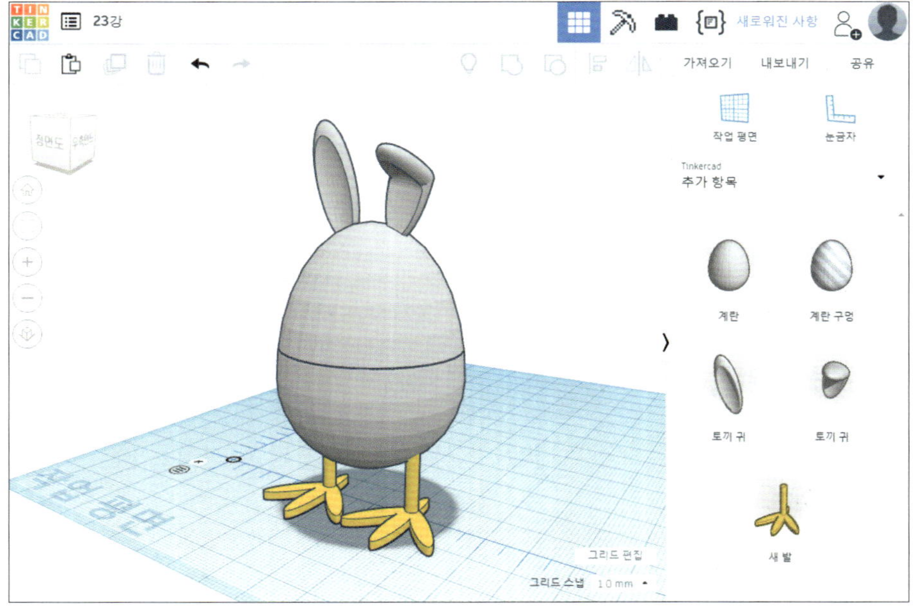

1 '구'를 이용하여 그림과 같이 눈을 만들어 보세요.

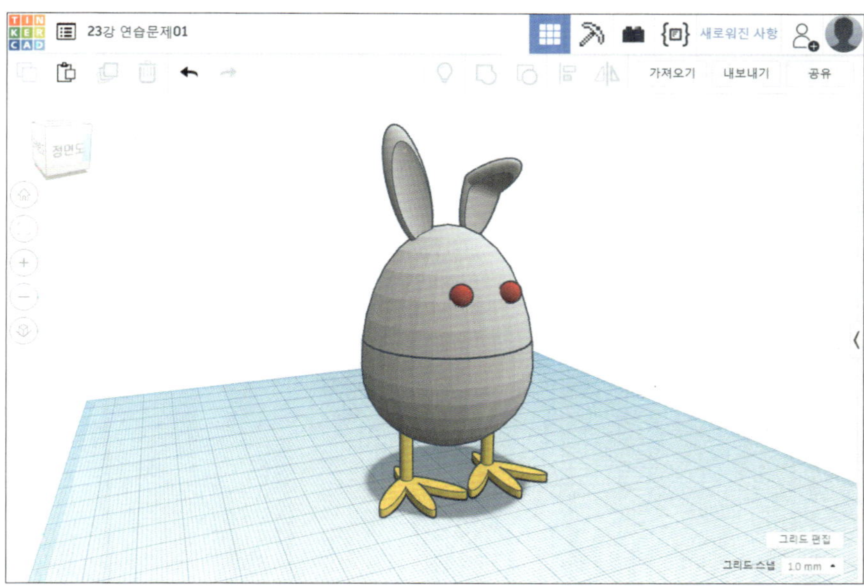

2 다양한 도형을 이용하여 재미있게 꾸며 보세요.

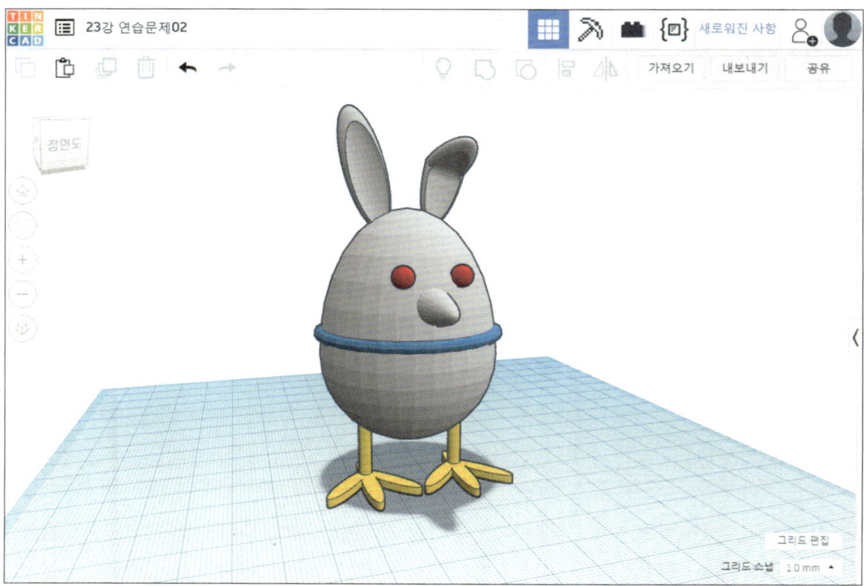

슬라이싱 프로그램 활용하기

3D 프린터에서 출력하기 전에 G-Code로 변환하는 슬라이싱 프로그램을 거쳐야 합니다. 대표적인 슬라이싱 프로그램인 'Cura'의 사용 방법을 알아보겠습니다.

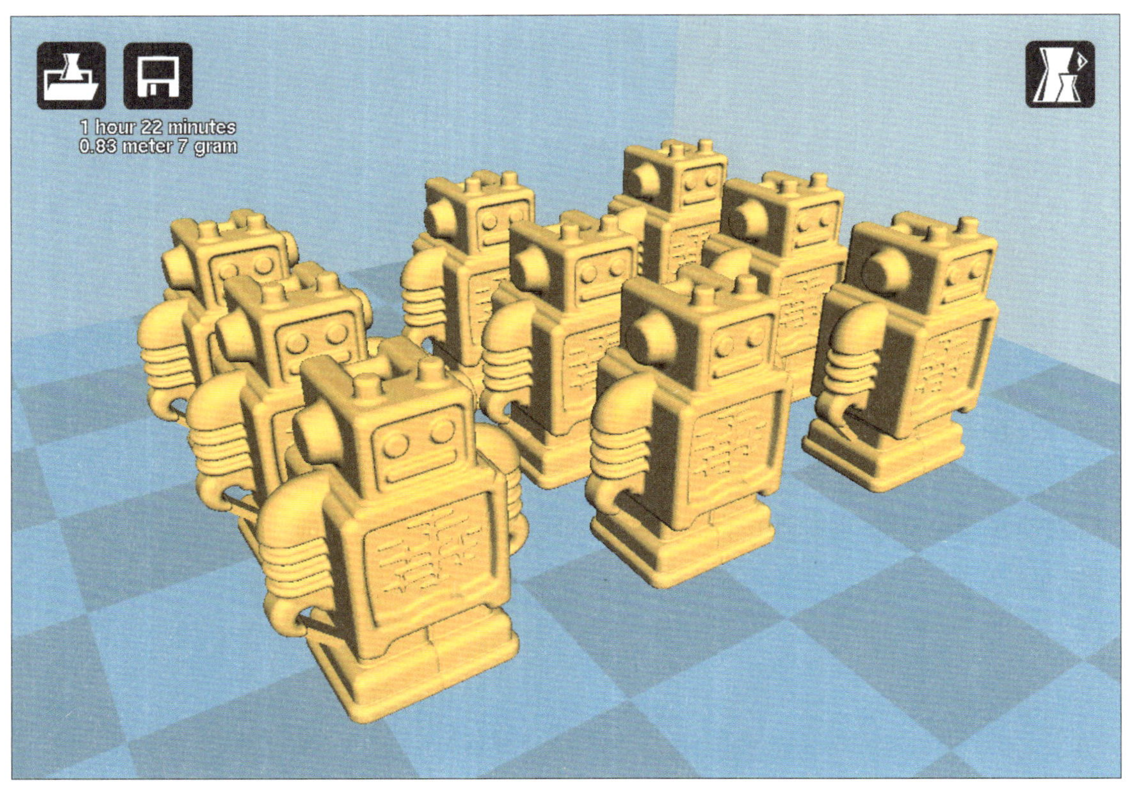

▲ 완성이미지

생각해보아요

모델링 한 파일을 G-Code 형식의 파일로 변환해야 3D 프린터로 출력할 수 있습니다. 대표적인 슬라이싱 프로그램에는 'Cura'가 있으며, 각 프린터 제조회사마다 출력 옵션을 미리 설정한 슬라이싱 프로그램들을 제공하고 있습니다.

'Cura' 프로그램의 화면 인터페이스와 각 기능 설정에 대해 알아보겠습니다.

01 'Cura'를 처음 실행하면 그림과 같이 파란색 프린터 내부 공간에 노란색 로봇이 표시됩니다. 마우스 휠 버튼을 드래그하면 화면을 확대/축소할 수 있습니다.

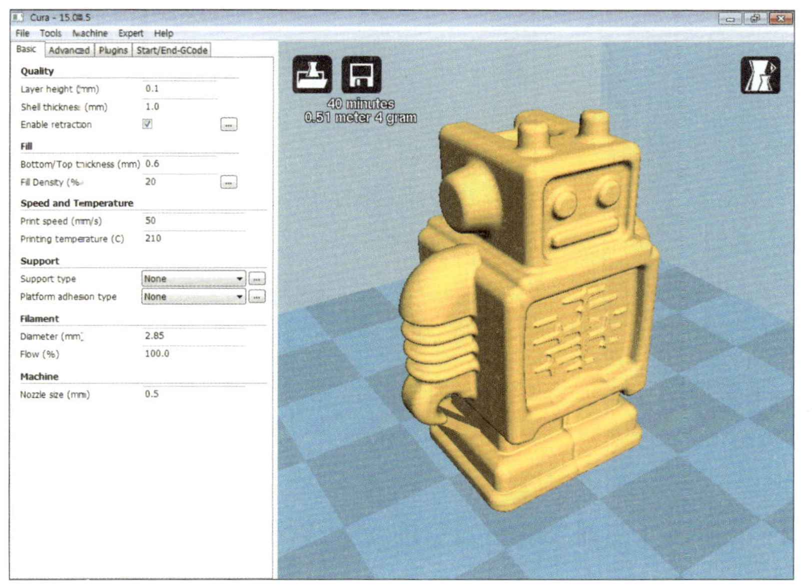

02 마우스 오른쪽 버튼을 누른 상태에서 화면을 드래그하면 원하는 방향을 보여줍니다. 마우스 휠 버튼과 오른쪽 버튼을 이용하여 그림과 같이 로봇의 정면을 표시합니다.

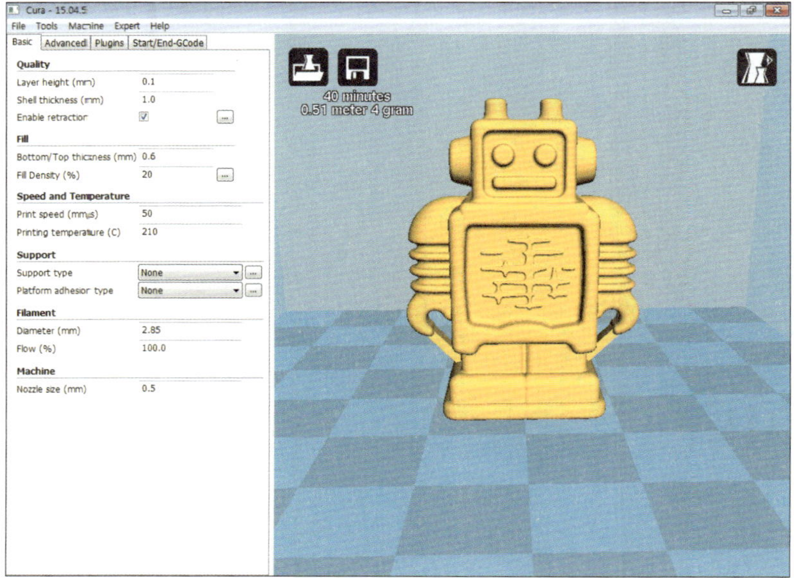

03 화면을 다시 기본 크기로 표시하기 위해 로봇을 마우스 왼쪽 버튼으로 더블 클릭합니다.

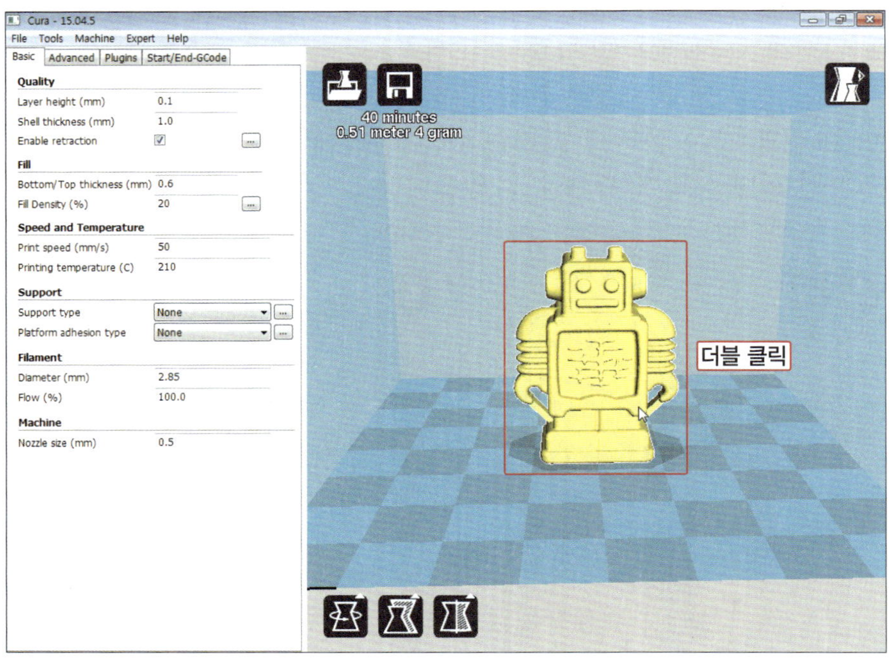

04 로봇을 마우스 왼쪽 버튼을 누른 상태에서 드래그하여 그림과 같은 위치로 이동합니다.

05 로봇을 회전시키기 위해 마우스를 클릭해 선택한 후 화면 아래에 표시되는 메뉴에서 [Rotate]의 [Lay Plat]을 선택합니다.

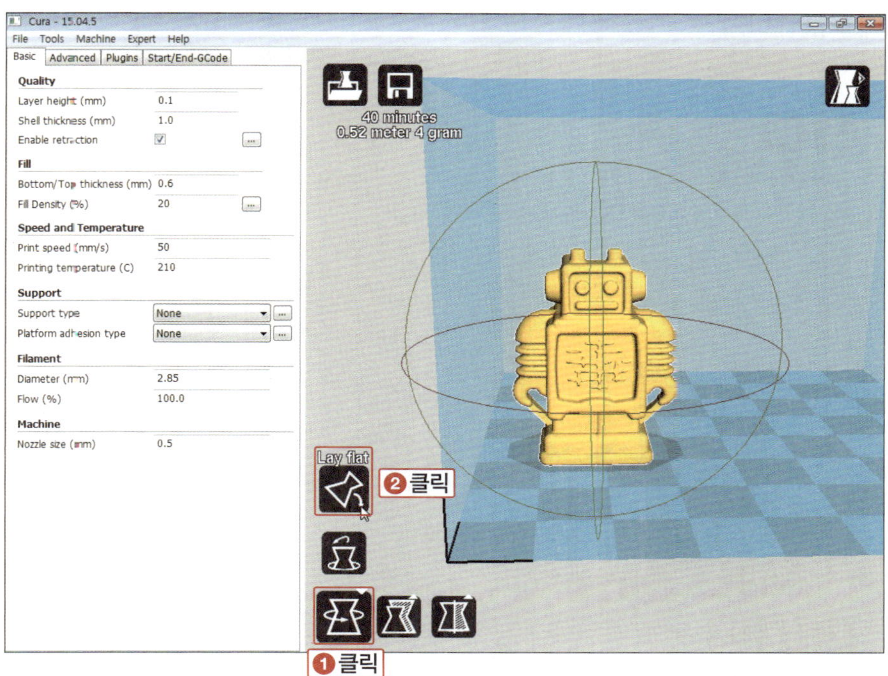

06 로봇 주위에 3개의 원이 표시되면 빨간색 원을 드래그하여 로봇이 화면의 왼쪽을 바라보도록 회전시킵니다.

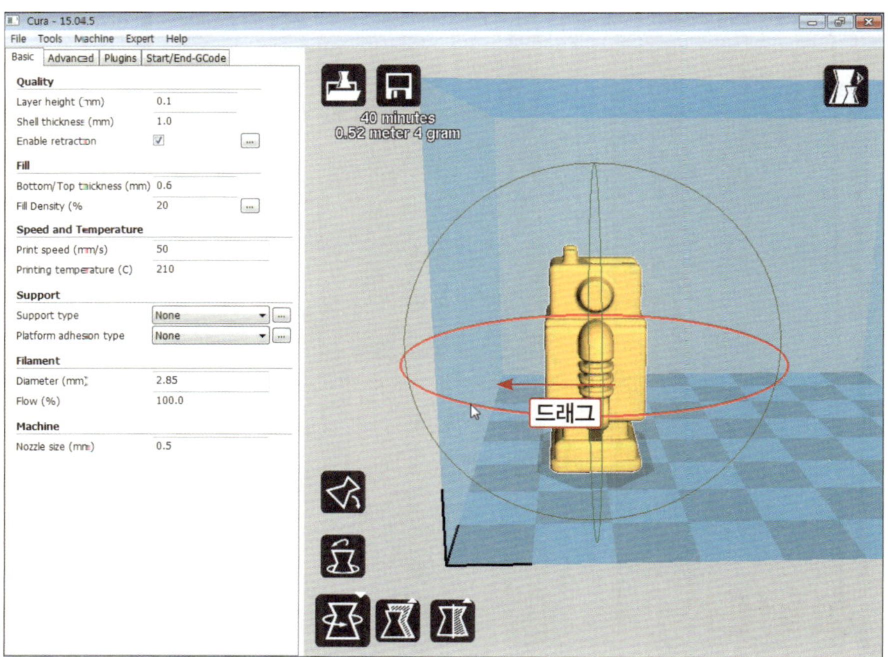

07 로봇의 크기를 바꾸기 위해 화면 아래의 메뉴의 [Scale]을 클릭합니다. 수치를 바꿀 수 있는 대화 상자가 표시되면 [Scale X], [Scale Y], [Scale Z]를 모두 '0.5'로 설정합니다. 비율에 맞게 로봇이 축소된 것을 확인할 수 있습니다.

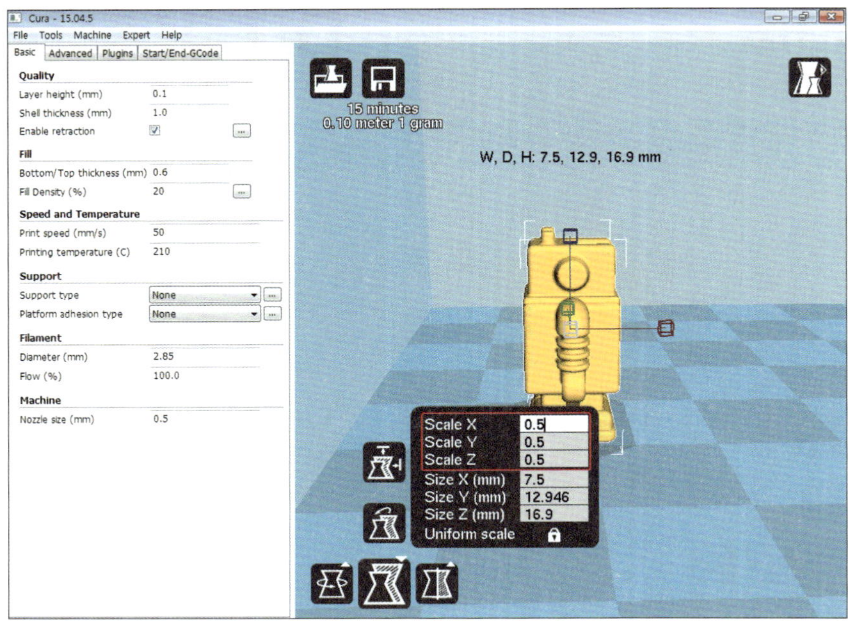

08 로봇을 화면 가운데로 이동시키기 위해 로봇 위에서 마우스 오른쪽 버튼을 눌러 표시되는 메뉴에서 [Center on Platform]을 선택합니다.

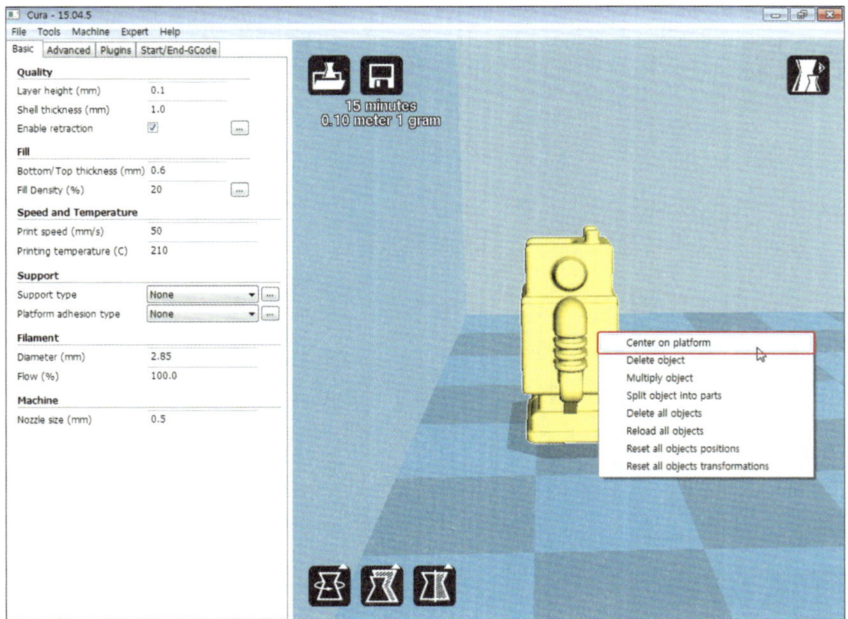

09 로봇을 여러 개 복제하기 위해 로봇 위에서 마우스 오른쪽 버튼을 눌러 표시되는 메뉴에서 [Multifly object]를 선택합니다. [Multiply] 대화상자가 표시되면 [Number of copies]에 '9'를 입력하고 [OK] 단추를 클릭합니다.

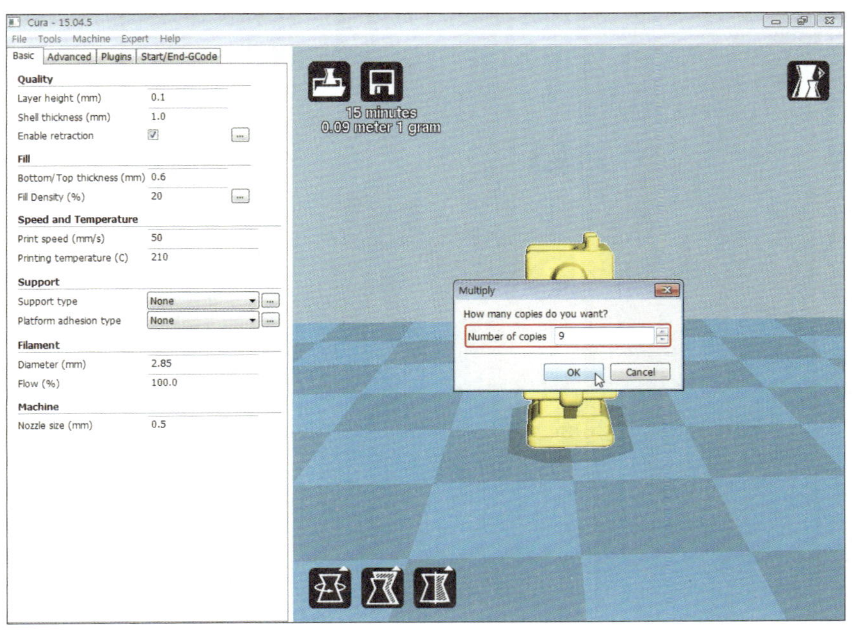

10 그림과 같이 로봇들이 복제되어 화면에 표시됩니다. 필요 없는 로봇을 삭제하기 위해 마우스를 클릭하여 선택한 후 Delete 를 누릅니다.

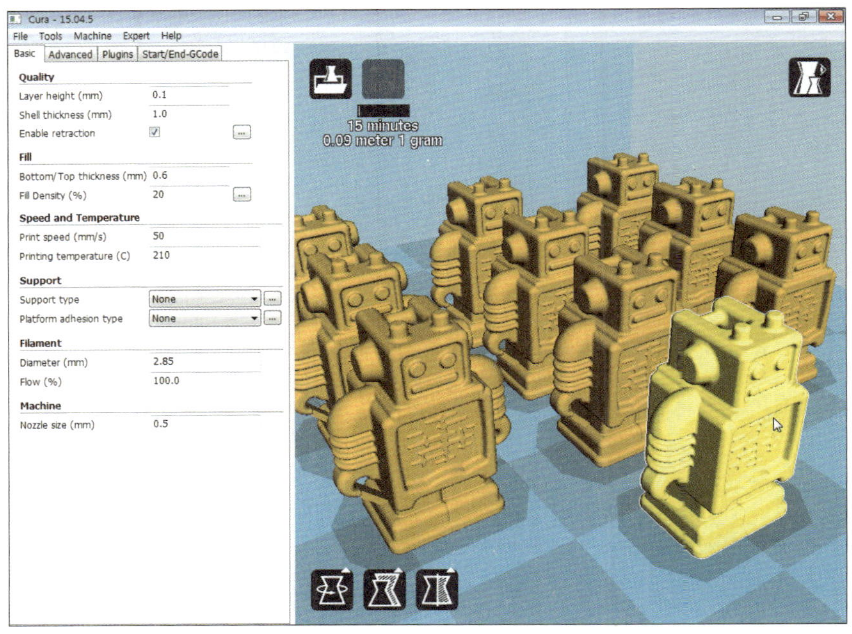

11 모든 설정이 끝난 후 3D 프린터로 출력할 수 있는 파일로 저장하기 위해 [File]-[Save GCode]를 클릭합니다.

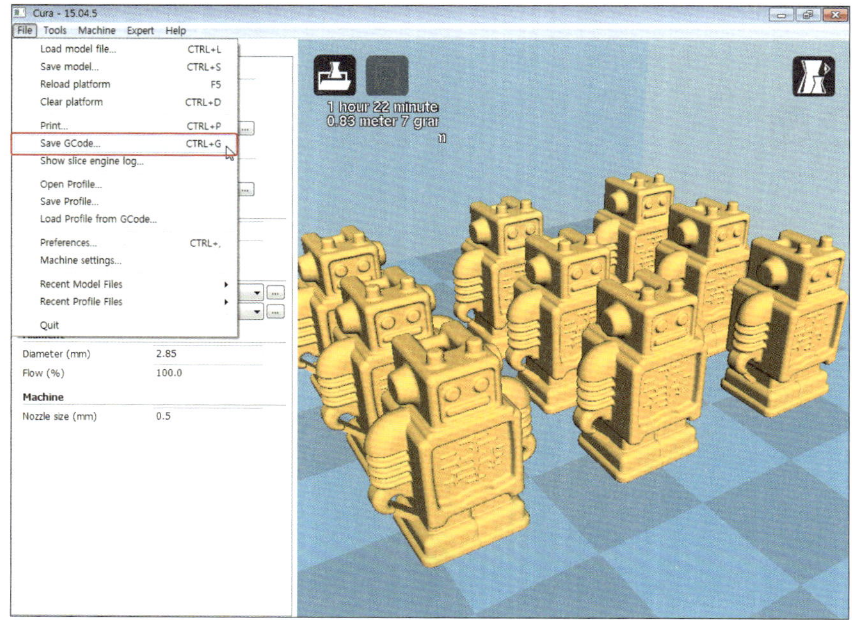

12 [Save toolpath] 대화상자가 표시되면 파일을 저장할 폴더 위치와 파일 이름을 입력한 후 [저장] 단추를 클릭합니다.

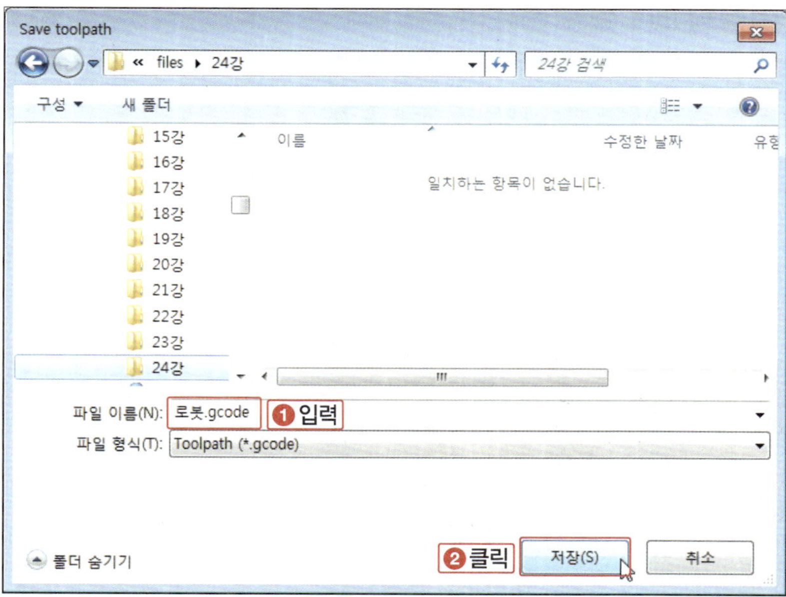

1. '동전.stl' 파일을 불러온 후 스케일을 '0.5'로 축소하고 복제해 보세요.

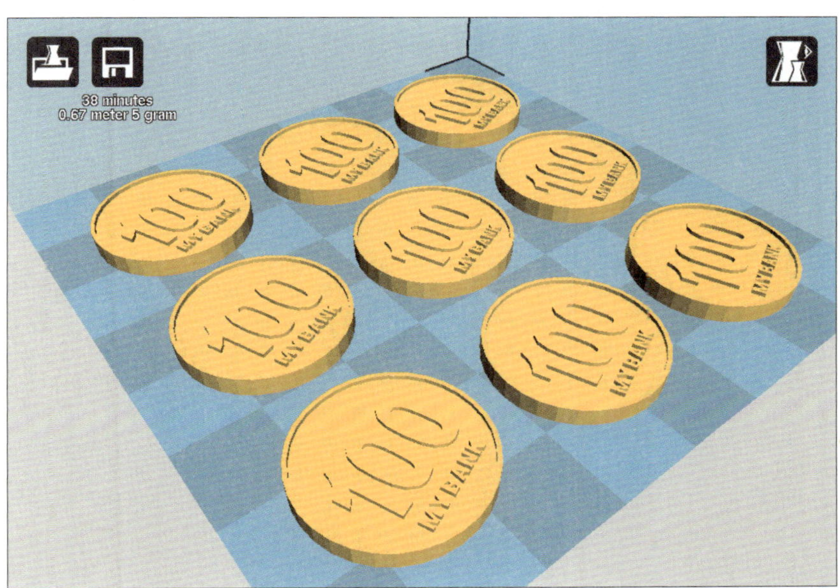

2. '토끼.stl' 파일을 불러온 후 스케일을 축소하고 복제해 보세요.